GEOMANCIA

Oorspronkelijke titel: *Geomancia*

© 2014 Librero b.v. (Nederlandstalige editie),
Postbus 72, 5330 AB Kerkdriel
WWW.LIBRERO.NL

Copyright © 2013 Wooden Books Limited
Tekst Draken © 2009 Joyce Hargreaves
Tekst Feng shui © 2011 Richard Creightmore
Tekst Leylijnen © 2005 Danny Sullivan
Tekst Wichelen © 2009 Hamish Miller
Tekst Aardrasters © 2010 Hugh Newman
Tekst Aardlichten © 2011 Paul Whitehead & George Wingfield

Deze editie is gepubliceerd in overeenstemming met Alexian Limited

Productie Nederlandstalige editie: Vitataal, Feerwerd
Vertaling: Wilma Paalman/Vitataal
Opmaak: Elixyz Desk Top Publishing, Groningen

Printed in China

ISBN: 978-90-8998-405-0

Alle rechten voorbehouden. Niets uit deze uitgave mag worden verveelvoudigd, opgeslagen in een geautomatiseerd gegevensbestand of openbaar gemaakt, in enige vorm of op enige wijze, hetzij elektronisch, mechanisch, door fotokopieën, opnamen of op enige andere manier, zonder voorafgaande schriftelijke toestemming van de uitgever.

We hebben de grootst mogelijke moeite gedaan te bewerkstelligen dat de informatie in dit boek volledig en juist is. Mochten wij, ondanks onze grote zorgvuldigheid, onopzettelijk een copyrighthouder zijn vergeten te vermelden, dan zullen wij deze omissie, wanneer de uitgever daarvan in kennis wordt gesteld, in de volgende uitgave rechtzetten.

GEOMANCIA

Feng shui, leylijnen, wichelen, aardmysteries en draken

Librero

Inhoud

Voorwoord 1

Deel I Draken 3
Joyce Hargreaves

Deel II Feng shui 59
Richard Creightmore

Deel III Leylijnen 111
Danny Sullivan

Deel IV Wichelen 181
Hamish Miller

Deel V Aardrasters 243
Hugh Newman

Deel VI Aardlichten 315
Paul Whitehead & George Wingfield

Bijlagen & register 369

Voorwoord

Geomancia of geomantie, van het Griekse γεωμαντεια, betekent 'aardewaarzeggerij' en betreft de kunst om inzicht te krijgen in de grotere verbanden door de aarde als hulpmiddel te gebruiken. Aan de geomantie als oude westerse voorspelkunst wordt achter in dit boek, in een speciale bijlage (zie blz. 388-391), aandacht besteed; in de hoofdtekst van dit boek wordt de term 'geomantie' in breder verband gebruikt en dan heeft de term betrekking op 'aardmysteries', variërend van leylijnen en wichelen tot de oriëntatie en positionering van eeuwenoude heiligdommen. Zelf raakte ik als jonge jongen gefascineerd door het onderwerp aardmysteries toen ik zag hoe een wichelaar op een bouwterrein op uiterst vakkundige wijze een leiding wist te traceren. Zo traceren ook acupuncturisten de onzichtbare energiestromen door het menselijk lichaam. Welke verborgen krachten zijn er allemaal in de mens en in de aarde te ontdekken?

Om deze vraag te kunnen beantwoorden beginnen we met Joyce Hargreaves' verhandeling over *Draken*, de hoeders van de aardmysteries. Vervolgens wijdt Richard Creightmore ons in in de subtiele kunst van *Feng shui*, terwijl Danny Sullivan ons laat kennismaken met de mysterieuze wereld van *Leylijnen*. Daarna is het de beurt aan de wereldbefaamde wichelaar Hamish Miller, die de geschiedenis en de kunst van het *Wichelen* beschrijft. *Aardrasters* als uitgestrekte netwerken van geomantische structuren worden belicht door Hugh Newman, en als laatsten doen George Wingfield en Paul Whitehead verslag van het onderzoek naar en de waarnemingen van *Aardlichten*.

John Martineau

DEEL I

*Als een held zou Sint-Joris uit de drakenklauwen
een maagd hebben gered, vol van vertrouwen.
Velen zeggen dat draken niet bestaan, noch Sint-Joris.
God verhoede dat de maagd een verzinsel is.*

KORTE GESCHIEDENIS VAN
DRAKEN

Joyce Hargreaves

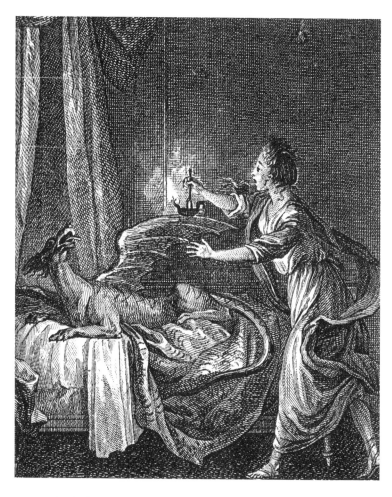

'Hij heeft hoorns als van een hert, een kop als een kameel, ogen als een duivel, een nek als een slang, een buik als een weekdier, schubben als een karper, klauwen als een adelaar, voetzolen als een tijger en oren als een koe.'
Wang Fu, Handynastie, beschrijving van de negen kenmerken van de Chinese draak

Inleiding

Van alle dieren die het woud van onze verbeelding bevolken, is de draak wel het meest ongrijpbaar, complex en ambivalent. Dit fabeldier, het symbool van de kunst van de geomantie, figureert al vierduizend jaar in mythen en verhalen binnen culturen over de hele wereld. In zijn vele aspecten speelt de draak, vaak ook in de belichaming van een slang, een rol op talrijke gebieden, waaronder godsdienst, alchemie, heraldiek en geneeskunde.

De draak kan worden beschouwd als een symbool van zowel de goede als de kwade krachten van de aarde. In combinatie met water kan hij vruchtbaarheid verbeelden of de voorbode zijn van overstromingen of juist droogte. We kennen de draak ook als symbool van het vulkanische vuur, bijvoorbeeld in de gedaante van de mythologische Typhon, de vuurspuwende zoon van Gaia, Moeder Aarde.

Heuvels, grotten en meren waar volgens oude legenden draken huisden, werden later vaak tot heilige plaatsen verklaard, en op de meest onverwachte plekken, zoals in christelijke kerken, zijn nog afbeeldingen van draken te vinden. Uit de bek van deze heidense wezens groeien bladeren, als teken van vruchtbaarheid. Misschien heeft ook de drakendoder wel een heidense oorsprong en stamt hij af van de Groene Man en andere vruchtbaarheidsgoden, waarbij zijn speer het werktuig is waarmee de levenschenkende kracht van de draak wordt vrijgemaakt.

In dit hoofdstuk vindt u wellicht niet de antwoorden op al uw vragen over draken, maar zult u wel kennismaken met enkele van hun meest verbazingwekkende aspecten.

WAT IS EEN DRAAK?
een vleugelloze vliegende slang

Natuurkenners dachten vroeger dat draken echt bestaande dieren waren, die leefden in onbekende landen, in nog onontdekte woestenijen. In een boek als het zeventiende-eeuwse *Historie of Foure-Footed Beastes* van Edward Topsell staan afbeeldingen van draken naast die van salamanders en slangen. Nu er nauwelijks nog een onontdekte plek op de wereld is, kunnen we zo goed als zeker stellen dat draken, zoals wij ons die voorstellen, nergens op aarde daadwerkelijk bestaan.

De moderne voorstelling van een draak is die van een dier met vier poten, een lang, slangachtig lichaam, een staart die eindigt in een weerhaak, een woest uitziende kop, vleermuisachtige vleugels, scherpe tanden en klauwen, en het vermogen vuur te spuwen. Heel vroeger bestond er echter geen onderscheid tussen draken en slangen.

Ons woord 'draak' is afgeleid van *drakon* en *draco*, waarmee respectievelijk door de oude Grieken en Romeinen een grote slang werd aangeduid. Het Griekse *drakon* kon ook verwijzen naar een soort vliegend wezen dat, evenals de meeste Chinese draken, vleugelloos was. In oude teksten wordt dan ook nauwelijks onderscheid gemaakt tussen slangen en draken zonder poten.

Boven: de legendarische kracht en moed van draken hebben vermoedelijk geleid
tot het verhaal dat Alexander de Grote door een draak zou zijn verwekt.
Blz. 8: een gevleugelde draak en slang uit de zeventiende-eeuwse
klassieke verhandeling A Historie of Foure-Footed Beastes.

TIAMAT
in het begin

De Babylonische scheppingsmythe *Enuma Elish* werd in dichtvorm op zeven kleitabletten geschreven die zijn teruggevonden bij opgravingen bij Nineve, in Irak. De inscripties dateren van de tweede eeuw voor Christus en verhalen over de drakenvrouw Tiamat.

Op de kleitabletten is te lezen dat er in het begin twee elementen waren: Apsu, de geest van het zoete water, en Tiamat, de geest van het zoute water en de chaos, die werd voorgesteld als een drakenvrouw met een slangenlichaam, hoorns en een lange staart. Volgens de mythe schonk Tiamat het leven aan de goden die Apsu, hun vader, vermoordden om niet door hem gedood te worden. Uit woede over deze vadermoord verklaarde Tiamat haar godenkinderen de oorlog en bracht elf monsters voort, waaronder de slang, de haai, de schorpioenman, de stormdemon en de draak.

Gewapend met pijl en boog, de bliksem en een net met de vier winden gaat de god Mardoek de strijd aan met Tiamat. Het heldhaftige gevecht eindigt met de dood van Tiamat, nadat Mardoek haar in zijn net heeft weten te vangen en haar van haar krachten heeft beroofd door 'een kwade wind' in haar muil te drijven. Mardoek splijt haar lichaam in tweeën en schept zo de hemel en de aarde, een tweeledige wereld.

Tiamat symboliseert de oerchaos, het water en de duisternis.

Blz. 10: Mardoek en de draak. Uiterst boven: Tiamat, hier in gevecht met Mardoek, werd geboren uit een vermenging van Babylonische en Egyptische mythologische tradities (tekening gebaseerd op een ontwerp uit de 2e eeuw v.Chr.). Boven: hoofd van Tiamat en een schorpioenman, zoals uitgebeeld op een Babylonische grenssteen.

Yggdrasils draken
aan de wortels van de wereldboom

Binnen de oude noordse traditie is de wereldboom Yggdrasil het dragende middelpunt van het universum. De takken van deze es reiken tot in de hemel en omspannen alle werelden. De wortels leiden naar de drie onderwerelden: de wereld van de ijsreuzen, de wereld van de Asen, waar de wijsheid zetelt, en de wereld van de doden, waar de godin Hel heerst. Onder haar rijk leeft de draak Nidhogg, 'de Gevreesde Bijter', die aan de wortels van Yggdrasil knaagt. Terwijl Nidhogg al knagend probeert het universum te vernietigen, wordt de wereld van de mensen bedreigd door de diep in de zee levende Midgaardslang, of Jornungand, die met zijn staart in zijn bek al het land omcirkelt en het water van de oceaan laat golven. Volgens de legende zal de aarde door een ramp worden getroffen wanneer zijn staart uit zijn bek wordt losgewrongen.

De noordse mythologie verhaalt hoe de dondergod Thor de reus Hymir zover krijgt om hem mee uit vissen te nemen. Ver weg op zee slaat hij, met een ossenkop als lokaas, de Midgaardslang aan de haak.

'En je kunt gerust zeggen dat niemand die heeft gezien hoe vuil Thor de slang aankeek en hoe de slang terugstaarde en gif spuugde, ooit een vreselijker aanblik heeft meegemaakt. Er wordt verteld dat Hymer wit wegtrok en in paniek raakte toen hij de slang zag en het water in en uit de boot stroomde. En op het moment dat Thor zijn moker greep en ermee omhoogging, greep de reus zenuwachtig zijn vismes, sneed Thors vislijn bij de boordwand door en zonk de slang terug in zee.' Uit Edda *van Snorri Sturluson (1178-1241), vert. door Marcel Otten.*

Woedend smijt Thor de reus overboord, waarna alleen zijn voetzolen nog te zien zijn. Thor en de Midgaardslang binden opnieuw de strijd aan en doden elkaar tijdens Ragnarok, 'de Ondergang van de Goden'.

De levensboom met de Midgaardslang. Illustratie uit de Engelse vertaling van de Edda uit 1847.

Het teken van de godin
rondom gewenteld

In het Westen worden draken van oudsher met het vrouwelijke geassocieerd. De vroegste beschavingen rondom de Middellandse Zee beeldden de Moedergodin vaak samen met een slangendraak uit. Op een Soemerisch rolzegel uit 4000 v.Chr. staat de godin Bau links van de levensboom uitgebeeld, terwijl achter haar een slangendraak zich verheft als symbool van haar levenschenkende krachten.

In de Pelasgische scheppingsmythe wordt verhaald van de oergodin Eurynome, die uit de wind de reuzenslang Ophion creëert. Nadat Ophion haar heeft bevrucht, legt zij het 'kosmische ei', waar Ophion zich omheen wentelt tot de schaal barst en alles wat bestaat, van de zon tot de kleinste mier, tevoorschijn komt. Wanneer Ophion pocht dat de schepping alleen aan hem te danken is, slaat Eurynome hem de tanden uit en verbant hem naar de diepste grotten onder de aarde.

In het Egyptische hiërogliefenschrift verbeeldt de cobra het woord 'godin'. Neith, een van de oudste godinnen, werd wel uitgebeeld als een grote gouden cobra. In de tempel van Minos op Kreta zijn beelden gevonden van godinnen met slangen in hun handen; het zijn heilige adders die, evenals de Moedergodin zelf, angst kunnen aanjagen en dodelijk kunnen toeslaan.

*Blz. 14: Ophion wentelt zich om het ei.
Links: Babylonische grenssteen, 1120 v.Chr.
Boven: Soemerische figuur met twee slangen.
Onder: minoïsche godin met twee adders.*

DE NAGA
slangengeesten

Naga's zijn half goddelijke, half menselijke slangengeesten die vanuit India in heel Zuidoost-Azië zijn geïntroduceerd. Volgens de legende zou de nagakoning Mucalinda de mediterende Boeddha zeven dagen lang tegen de wind en de regen hebben beschut. Een andere legende zegt dat alle mensen afstammen van een koning uit het oude Cambodja en een reptielachtige nagaprinses uit de Stille Oceaan. Naga's en de vrouwelijke nagini's kunnen op drie verschillende manieren worden uitgebeeld: als volledige slangen, als mensen bij wie slangenkoppen uit de nek groeien, en als half mens, half slang.

Ook in hun aard zijn ze drievoudig: dierlijk, menselijk en goddelijk. Naga's leven in bronnen, meren en rivieren, en heersen over alle wateren, over de wolken en de regen, over overstromingen en droogte.

Binnen het mahayana-boeddhisme worden vier soorten naga's onderscheiden: goddelijke naga's, die verantwoordelijk zijn voor de wolken en de regen; aardse naga's, die ervoor zorgen dat de rivieren vrijelijk stromen; verborgen naga's, de hoeders van de schatten van de aarde; hemelse nagawachters, die het hemelse paleis en de tempels van de goden bewaken. Deze wachters worden vaak uitgebeeld als ineengerolde slangen met een menselijk hoofd. De schat die zij met hun lichaam omvatten, is de heilige parel van goddelijke wijsheid.

Blz. 16 & linksboven: Garoeda, het rijdier van de god Vishnu, schaakt de naga Kanya; een gelukkig nagapaar met verstrengelde slangenlijven. Beide uit Halebidu, India, ca. 1100 n.Chr. Rechtsboven: Fu-Hsi, de mythologische Chinese heerser (2852-2738 v.Chr.) en Nu Kua, zijn gemalin, zouden beide naga's zijn. Ze zijn hier uitgebeeld met ineengestrengelde slangenlijven. Fu-Shi houdt een passer in zijn hand, Nu Kua een lood en een tekendriehoek – meetinstrumenten om orde uit chaos te scheppen.

Chinese en Japanse draken
belangrijke onzichtbare geslachten

In de klassieke literatuur van het oude China wordt gesproken van negen soorten draken: Tian-long (Hemelse Draak), de bewaker van het huis van de goden; Fucang-long (Draak van Verborgen Schatten), de hoeder van de in de aarde verborgen rijkdommen; Shen-long (Spirituele Draak), de heerser over regen en wind met vijfvingerige klauwen, zodat alleen de keizer van China zijn beeltenis mocht dragen; Di-long (Aardse Draak), de gebieder over de stromen en rivieren; Ying-long (Gevleugelde Draak); Jiao-long (Gehoornde Draak); Pan-long (Ineengekronkelde Draak); Huang-long (Gele Draak); en de Drakenkoning (zie ook blz. 376).

Daarnaast zijn er de negen Drakenkinderen, die vaak staan afgebeeld op Chinese bouwwerken. Het getal negen is binnen de Chinese cultuur een geluksgetal. Draken beschikken over 9 kenmerken en 117 schubben, waarvan 81 mannelijke ($3^2 \times 3^2$) en 36 vrouwelijke ($3^2 \times 2^2$). Alle Chinese draken worden geassocieerd met de mannelijke yangkracht, terwijl de feniks yinkracht symboliseert.

De Chinese en Koreaanse draken zijn viervingerig, behalve de Keizersdraken, die aan elke klauw vijf vingers tellen. De Indonesische en Japanse draken worden uitgebeeld met drie vingers, mogelijk in navolging van de Chinese draken uit de Hanperiode.

Tot de Japanse draken behoren de Ryu, een grote vleugelloze draak, en de Tatsu, een kleinere soort met grote vleugels.

i.

ii.

Blz. 18: ornament van jade; karperdraak;
de Gevleugelde Draak van goed gedrag;
decoratieve draak op pot.
Blz. 19: i. Shen-long; ii. Hai Ryio,
Japanse vogeldraak; iii. Japanse Ryu;
iv. De Drakenkoning, Long wang.

iii.

iv.

Feng shui en de Azuren Draak
draken in het landschap

De 2500 jaar oude Chinese kunst van feng shui, of 'wind en water', wordt gebruikt om te bepalen wat het beste ontwerp is en de gunstigste plek om bijvoorbeeld een huis te bouwen, een plek waar de 'geest van de aarde' of 'kosmische adem' (*chi*) in balans is.

Het landschap – de bergen, rivieren en valleien – is gevormd door wind en water. Hoe deze bezielende energie stroomt, wordt mede bepaald door de landschapsvormen die worden gesymboliseerd door vier dieren: de Zwarte Schildpad staat voor een heuvel, die in het noorden dient te liggen; de Rode Feniks hoort bij het zuiden, bij een open vergezicht, zon en water; in het oosten heerst de Azuren Draak (hieronder afgebeeld, samen met de Feniks) over grillige bergruggen; terwijl de Witte Tijger, die zich thuis voelt op laaggelegen en vochtige plekken en in valleien, in het westen het yinprincipe vertegenwoordigt.

Boven: Fengshuidraak *door Chow Hon Lam*. Een beoefenaar van feng shui beschouwt de verhogingen in het landschap in relatie tot de valleien, om te bepalen waar yin en yang in harmonieus evenwicht zijn. De ideale plek wordt 'het hoofd van de draak' genoemd en is gelegen aan de voet van een heuvel die in (noord- of zuid)oostelijke richting oprijst en die enerzijds steil afloopt en anderzijds glooiend uitmondt in een op het zuiden gelegen vallei. In het algemeen kan worden gesteld dat een bouwwerk het gunstigst gelegen is wanneer het uitziet over een stroom of rivier, met de heuvel van de Groene of Azuren Draak links en met een berg als rugdekking.

Draken uit Amerika
heersers over water en bliksem

De draken van de Noord-Amerikaanse indianen hebben een slangachtig lichaam en worden vaak uitgebeeld met een of twee hoorns. Evenals de Chinese draken worden ook de machtige indiaanse slangendraken, die in meren en rivieren huizen en die stormen en bliksem veroorzaken, beschouwd als watergodheden.

In de mythologie van de Noord-Amerikaanse indianen wordt de bliksem vaak beschreven als het spoor van heen en weer schietende bliksemslangen, terwijl zich tijdens stormen gevleugelde reptielen als de Sisiutl en Haietlik uit het water verheffen. Als symbolen van vruchtbaarheid sieren deze dieren de indiaanse ceremoniële maskers.

De verering van de gevederde slang (wind en water) was ook onder de precolumbiaanse culturen in Zuid-Amerika wijdverbreid. De god die door de Azteken werd vereerd als Quetzalcoatl ('vogelslang'), werd door de Maya 'Kukulkan' genoemd. De oudst bekende voorstellingen van de goddelijke vogelslang stammen uit de Olmeekse cultuur en zijn drieduizend jaar oud. Als de Morgenster rijst Quetzalcoatl op uit de bek van de aan de aarde gebonden gevederde slang. Hij wordt beschouwd als de uitvinder van de kalender en zou, evenals de Chinese Gele Draak, de mens de kunst van het schrijven hebben geleerd.

Linksboven: Quetzalcoatl rijst op uit de bek van de slang; rechtsboven: Haietlik, de bliksemslang; boven: 19e-eeuwse draak uit Pennsylvania met Europese invloeden. Blz. 22: Quetzalcoatl, illustratie; in 1675 bij de Mississippi ontdekte indiaanse rotsschildering; Haietlik-motief als embleem van het 442ste Canadese regiment.

De hydra
veelkoppige waterdraak

De mythologische hydra belichaamt de levenschenkende kracht van water. Een van de oudst bekende beeltenissen van de hydra werd gevonden in Syrië, op een rolzegen uit 1400 v.Chr., waarop een deel van de mythe staat uitgebeeld die verhaalt van de zege van de vruchtbaarheidsgod Baäl op de zevenkoppige draak Lawtan, die werd geassocieerd met de verwoestende kracht van water.

In de Griekse mythologie gaat de held Heracles de strijd aan met de hydra van Lerna, die ieders afschuw wekte met haar hondachtige lichaam en acht of negen reptielachtige koppen, waarvan er een onsterfelijk was. Telkens wanneer Heracles een van de koppen afsloeg, groeiden er twee voor in de plaats, totdat hij met een fakkel de nekstompen dichtschroeide. De onsterfelijke kop begroef hij onder een rotsblok. Deze strijd staat mogelijk symbool voor de onderdrukking van de vruchtbaarheidscultus in Lerna. Pas nadat de tempel aan de oever van de rivier in de as was gelegd, keerden er geen priesteressen meer terug.

In het Bijbelboek Openbaring is sprake van *'een grote, vuurrode draak, met zeven koppen en tien hoorns, en op elke kop een kroon'*.

Boven: ets uit de Mansell-collectie: Heracles in gevecht met de hydra van Lerna.
Blz. 24: de Bijbelse hydra (links); beeltenis van de hydra uit ca. 1400 v.Chr. (rechts).

Het sterrenbeeld Draak
kronkelend om de hemelpool

Het Griekse woord *drakon* is vermoedelijk afgeleid van een werkwoord met de betekenis 'kijken' of 'scherp toezien'. Draken staan dan ook bekend als de hoeders van wijsheid en de bewakers van schatten. In de Griekse mythologie bewaakt de honderdkoppige draak Ladon in opdracht van de godin Hera de boom met de gouden appels in de tuin van de Hesperiden. Heracles doodt de draak met zijn pijlen om, zoals hem is opgedragen, enkele appels te plukken. Ter ere van zijn zege voert Heracles op zijn schild de beeltenis van de draak, waarover Homeros schrijft: '*Een schubbig monster dat zich over het gehele veld heen kronkelt. Uit zijn vurig gloeiende ogen en uit zijn zijdelingse blik spreekt een onnoemlijke slinksheid.*' Hera vergiet bittere tranen om de dood van Ladon en schenkt hem een plaats aan het hemelgewelf, als het sterrenbeeld Draco, de Draak, een constellatie van sterren tussen de hemelpool en het sterrenbeeld Hercules/Heracles.

Een andere ontstaansgeschiedenis van het sterrenbeeld Draak verhaalt van de tijd toen de Olympische goden strijd leverden tegen de Titanen. Als Heer van de Chaos, en omdat hij een van de oudere goden was, werd Drakon door de godin Athena de hemel in geworpen, waarbij zijn lichaam zich kronkelde – en in die vorm is hij nog altijd zichtbaar aan het firmament, voor eeuwig verbonden met de noordelijke hemelpool. De ster Thuban (*alpha Draconis*), de derde ster vanaf de punt van de staart, was in 2700 v.Chr. – in de tijd dat Stonehenge ontstond en in Egypte de piramiden werden gebouwd – de noordelijke poolster, de ster die het dichtst bij het verlengde van de aardas staat.

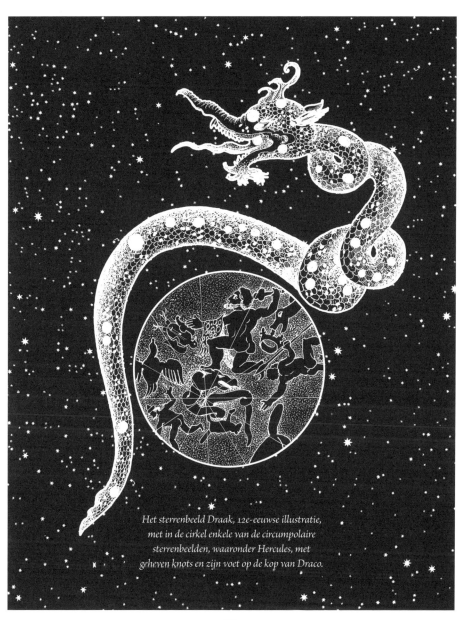

Het sterrenbeeld Draak, 12e-eeuwse illustratie, met in de cirkel enkele van de circumpolaire sterrenbeelden, waaronder Hercules, met geheven knots en zijn voet op de kop van Draco.

De vuurdraak
een lichtflits aan de hemel

Hemelse fenomenen als kometen, meteorieten, de bliksem en het noorderlicht zijn eeuwenlang vanaf de aarde met verwondering gadegeslagen en ooit ergens wel beschreven als draken. Zo spraken middeleeuwse astronomen bij het zien van een fel schijnsel aan de hemel van een vuurdraak en in de Angelsaksische kronieken is sprake van *'(...) buitengewone wervelwinden, bliksem, storm en vurige draken die door de lucht vliegen'*.

Het is ook niet raar dat kometen, die als een vurige bol met een lange, lichtgevende staart aan de hemel verschenen, voor draken werden aangezien, maar het verschijnsel werd ook wel toegeschreven aan een openhoping van vochtige lucht in de lagere luchtlagen. In 1571 schreef William Fulke: *'Ik meen dat dees verschijning werd gehouden voor een vliegende draak en dat hij vrees aanjoeg daar hij leevend leek, terwijl het slechts wolken en vochtige luchten betrof (...)'*

In Noord-Europese mythen bewaken vuurdraken het goud dat als grafgeschenk werd meegegeven en ze werden dan ook wel beschouwd als de geesten van de overledenen.

In de noordse Völsunga-sage verandert de reus Fafnir zichzelf in een vuurdraak om het goud te bewaken dat hij naar een afgelegen grot heeft gebracht. Regin, Fafnirs broer, haalt de jonge Sigurd over om Fafnir te doden. Wanneer Sigurd het drakenhart wil koken, komt er bloed aan zijn vingers, die hij vervolgens aflikt, waarna hij de taal van de vogels kan verstaan. De vogels bevestigen wat de stervende Fafnir hem al had verteld: dat Regin van plan is Sigurd te doden. Sigurd is nu op zijn hoede, trekt op tijd zijn zwaard en slaat Regin het hoofd af.

Illustratie van Arthur Rackham uit de Engelse editie van Das Nibelungenlied.

Typhon
de vuurdraak

De Griekse god Typhon geldt als de oervader van de vuurspuwende draken. Deze jongste zoon van Gaia was verwekt door Tartarus, de grote leegte, en vertegenwoordigt een van de meest destructieve krachten van Moeder Aarde. Om zijn reusachtige benen kronkelden zich gifslangen, met zijn uitgespreide vleugels verduisterde hij de zon, en zijn hoofd reikte tot tussen de sterren. Hesiodos omschrijft hem als volgt: '(...) *en zijn schouders torsen honderd slangenkoppen, de likkebaardende, vuurspuwende koppen van een dode draak, waarvan de ogen vurig opvlamden.*'

Zeus ging de strijd aan met het monster en wist hem naar het eiland Sicilië te drijven, waar hij hem onder de vulkaan Etna bedolf. Tot op de dag van vandaag spuwt hij vuur vanuit het diepst van de aarde en braakt hij de gesmolten aarde uit die als lava uit de mond van de vulkaan stroomt, en zo geeft hij de aarde opnieuw vorm.

Typhon is ook de heerser over het vierde element, over de lucht in zijn gevaarlijkste vorm, over de warme tropische winden die zich tot een spiraal vormen en die we nog altijd een 'tyfoon' noemen.

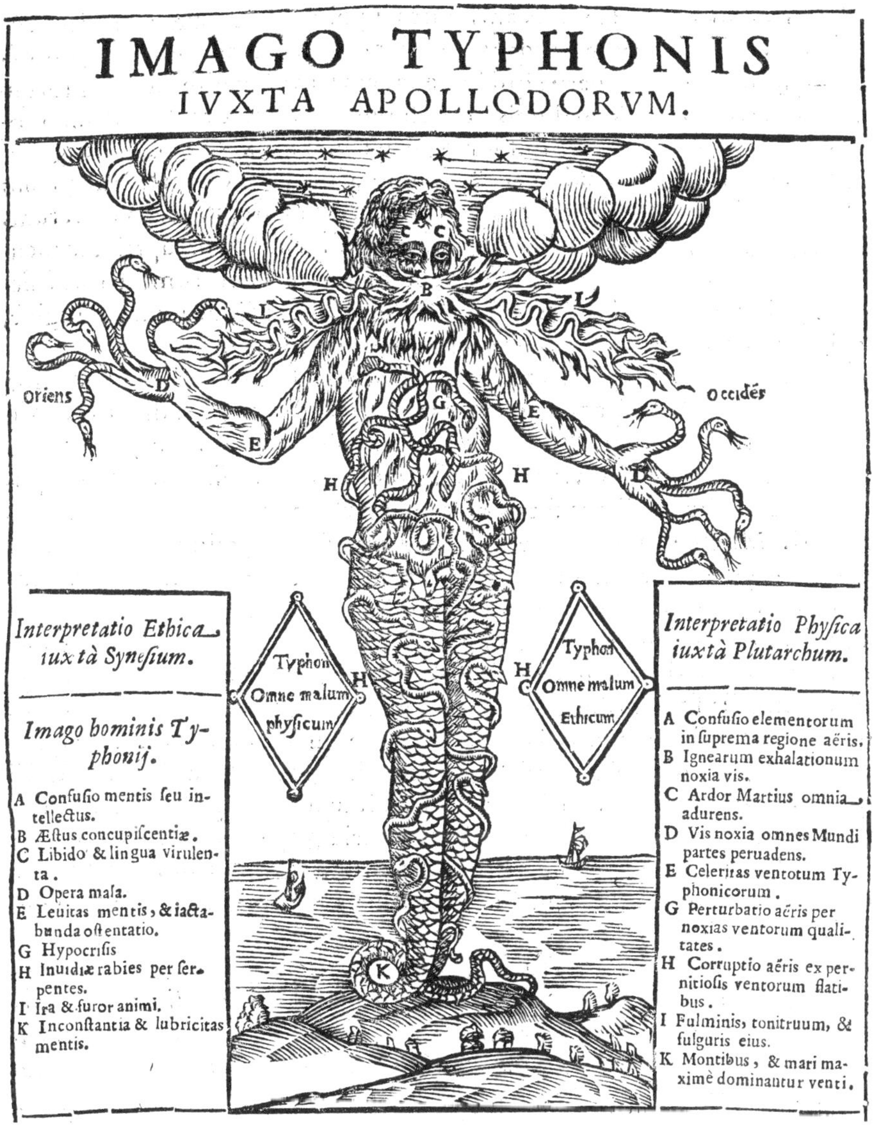

IMAGO TYPHONIS
IVXTA APOLLODORVM.

Oriens   Occidés

Typhon Omne malum physicum

Typhon Omne malum Ethicum

Interpretatio Ethica iuxtà Synesium.

Imago hominis Typhonis.

A Confusio mentis seu intellectus.
B Æstus concupiscentiæ.
C Libido & lingua virulenta.
D Opera mala.
E Leuitas mentis, & iactabunda ostentatio.
G Hypocrisis
H Inuidiæ rabies per serpentes.
I Ira & furor animi.
K Inconstantia & lubricitas mentis.

Interpretatio Physica iuxtà Plutarchum.

A Confusio elementorum in suprema regione aëris.
B Ignearum exhalationum noxia vis.
C Ardor Martius omnia adurens.
D Vis noxia omnes Mundi partes peruadens.
E Celeritas ventotum Typhonicorum.
G Perturbatio aëris per noxias ventorum qualitates.
H Corruptio aëris ex pernitiosis ventorum flatibus.
I Fulminis, tonitruum, & fulguris eius.
K Montibus, & mari maximè dominantur venti.

Imago Typhonis, illustratie uit Oedipus Aegyptiacus van Athanasius Kircher, 1652.

De draconcopedes
de verboden vrucht

Wanneer een nieuwe religie een oudere verdrijft, worden oude goden en gebruiken binnen die nieuwe godsdienst geïntegreerd of gedemoniseerd. Terwijl de Egyptische god Osiris en de Griekse god Dyonisos binnen de joods-christelijke traditie zijn opgegaan in de figuur van Jezus, werden aan tal van oude vruchtbaarheidsgoden satanische eigenschappen toegekend. Hieruit vormde zich het beeld van de gehoornde Duivel. Draken, de hoeders van wijsheid en de symbolen van zich vernieuwend leven, werden afgeschilderd als negatieve, verwoestende krachten. In de Hof van Eden was het de slangendraak Lilith die Eva verleidde om van de verboden vruchten te proeven. In oude Hebreeuwse teksten wordt Lilith de eerste vrouw van Adam genoemd; zij weigerde (letterlijk en figuurlijk) om een positie onder Adam in te nemen en nam wraak toen Adam Eva boven haar verkoos. De Lilith als de vijand van pasgeboren baby's is vermoedelijk ontstaan uit een vertekende voorstelling van veel oudere moedergodinnen.

In dit verband is het interessant dat de Romeinen Isis, de Egyptische godin van vruchtbaarheid en moederschap, uitbeeldden als een slang met een vrouwenhoofd; deze traditie zette zich voort tot in de middeleeuwen, met Lilith die zich met het lijf van een slang om de Boom der Kennis kronkelt, maar het hoofd heeft van een mooie vrouw. Een wezen dat, net als een zeemeermin, het hoofd of het bovenlijf heeft van een vrouw, maar een slangachtig onderlijf, wordt een 'draconcopedes' genoemd.

De draconcopedes in de Hof van Eden, gebrandschilderd glas in de kathedraal van Ulm, 1420.

De worm
rondom een heuvel genesteld

Een Noord-Europese draak met de gedaante van een slang, zonder vleugels of poten, wordt ook wel een 'worm' of 'lintworm' genoemd, naar het noordse *ormr* ('slang' of 'kruipdraak'). De worm is de belichaming van in zichzelf opgesloten energieën en heeft weinig innemende kenmerken. Hij wordt beschreven als een slang met een gehoornde reptiel- of paardachtige kop die huist in water of op vochtige plaatsen als moerassen, en zich soms rondom kleine heuvels kronkelt.

In Britse volksverhalen zijn veel verwijzingen naar wormen te vinden: in Somerset leefde de *Gurt Vurm of Shervage Wood* en in Schotland, bij Pitempton, staat nog de voet van een Pictisch kruis, 'Martin's Stone' genoemd, met daarop de beeltenis van een draak die volgens de legende door een zekere Martin werd gedood.

De legende van de 'Worm van Lambton' verhaalt hoe de erfgenaam van het geslacht Lambton tijdens het vissen een akelig uitziende worm aan de haak sloeg, die hij in een bron wierp, waar de worm zich tot een groot en gevaarlijk monster ontwikkelde. De erfgenaam realiseerde zich zijn fout en ging, beschermd door een harnas met messcherpe stekels, op een steen in het midden van de rivier staan. Toen de worm hem wilde vermorzelen, sneed het dier zichzelf in stukken, die door de snelstromende rivier werden meegevoerd.

Omslag van een geschrift uit 1875 dat verhaalt over de worm van Lambton.

De wyvern
hoed u voor de ogen

De wyvern is een soort draak die het midden houdt tussen de oudst bekende slangachtige wormen en de latere gevleugelde vierpotige draken. Van deze tweepotige draak zijn Chinese, Tolteekse en Pictische voorstellingen bekend, die mogelijk als voorbeeld hebben gediend om de weinig dynamisch ogende slangdraken een ander aanzien te geven.

Als illustratie is een slangachtig wezen niet spectaculair. De moed van een held of heilige komt beter tot zijn recht tegenover een agressiever en angstwekkender wezen.

Tussen de elfde en twaalfde eeuw doet zich een verschuiving voor en maakt de slangengedaante geleidelijk plaats voor een woest tweepotig monster met vleermuisachtige vleugels en een afschrikwekkende kop; dit beest werd 'wyvern' genoemd, naar het Oudfranse *wivre*, dat 'slang' en 'leven' betekent. Deze draak met zijn nieuwe naam bood een veel levendiger aanzien, dat echter niet altijd als een positief kenmerk werd voorgesteld. In sommige Europese landen werd hij uitgebeeld als een boosaardige en nietsontziende jager, die het leven nam in plaats van dat hij het schonk. Soms hoefde hij niet eens te jagen, want de wyvern beschikte over een hypnotiserende macht – een mens of een ander levend wezen dat hem in de smaragdgroene ogen keek, werd zijn willoze prooi.

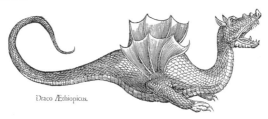

Draco Æthiopicus.

Een wyvern uit 1150 (boven) en enkele andere voorstellingen.

La vouivre

een op de luchtstromen zwevende mystica

La vouivre is een goedgunstige Franse variant van de wyvern en wordt uitgebeeld met het bovenlichaam van een weelderige vrouw, met een robijn op haar voorhoofd als derde oog dat haar door de onderwereld kan leiden. Dit kostbare oog wordt ook wel als een schitterende bol weergegeven die los boven haar hangt. Wanneer ze zich baadt, legt ze het juweel op de grond en alleen dan kan het haar ontstolen worden en zal ze hulpeloos blind zijn.

In *Le Noble Hystoire de Lusignan* (1387) vertelt Jean d'Arras het aloude verhaal van Melusine, de gravin van Lusignan, die, nadat haar geheim was ontdekt, voor eeuwig een vouivre moest blijven. In die gedaante was zij eeuwenlang de beschermster van haar nakomelingen, die zij door drie kreten te slaken voor dreigend gevaar waarschuwde.

De term 'vouivre' wordt ook wel gebruikt met betrekking tot de kronkelende beweging van slangen en rivieren, een beweging die in de geomantie ook aardse energiestromen kenmerkt. De vouivre is in die zin ook verwant aan de genius loci, de beschermende geest van een plek. De vouivre huist in bergachtige streken, ruïnes en verlaten kastelen.

Een middeleeuwse houtsnede van Melusine, de gravin van Lusignan, een vouivre met een blauw-witte staart. Op zaterdagen hield ze zich, in haar drakengedaante, schuil voor haar man. Nadat haar geheim was ontdekt, trok ze zich terug in de Franse Alpen, ter hoogte van de Apollo-Athenalijn (zie blz. 52).

De basilisk
koning der slangen

De basilisk is de koning der slangen en de vorst van de kleine reptielen. De oudste afbeeldingen van de basilisk tonen een slangachtig wezen met een smalle puntige kop waarop drie kamvormige uitsteeksels staan. Later wordt hij uitgebeeld met een zwaarder lijf, twee vogelpoten en een kroon in plaats van een kam.

De basilisk leeft in woestijnen die hij zelf creëert door zijn giftige, alles verschroeiende adem. Wie door een blik van zijn gloeiende ogen wordt getroffen, valt onmiddellijk dood neer. De basilisk kan slechts gedood worden door de beet van een wezel, het kraaien van een haan of door zijn eigen blik in de spiegel.

In de eerste eeuw na Christus zou het in de Noord-Afrikaanse woestijnen wemelen van de basilisken, en reizigers namen ter bescherming dan ook vaak een haan mee. Maar al spoedig daarna deden geruchten de ronde over basiliskachtige wezens met de kop van een haan, een cockatrice.

De cockatrice kroop uit een leerachtig ei zonder schaal dat onder het teken van de Hondsster door een zeven jaar oude haan was gelegd en in een mesthoop was uitgebroed door een pad of een slang. Voor middeleeuwse christenen stond de cockatrice, als een van de vier aspecten van de duivel, symbool voor zonde en een plotselinge dood.

Diverse voorstellingen van de cockatrice (rechtsboven, linksonder en blz. 40 links) en de basilisk zoals uitgebeeld door Athanasius Kircher rond 1600.

DE AMPHISBAENA
de tweekoppige draak

De amphisbaena is een draak of slang die gewoonlijk wordt uitgebeeld met vogelklauwen, gepunte vleermuisvleugels en aan beide uiteinden van het lichaam een kop. Met beide bekken zou het dier met zijn giftanden een dodelijke beet kunnen toebrengen. Een amphisbaena is moeilijk te doden. Het beest kan zich zowel vooruit als achteruit zeer snel verplaatsen (*amphisbaena* is Grieks voor 'gaat twee kanten op') en wanneer zijn lijf in tweeën wordt gehakt, kunnen de twee delen weer aaneengroeien. In 1893 schreef de dichter John Greenleaf Whittier over de tweekoppige slang van Newbury:

'Op de plaats van zijn staart droeg hij een kop,
Die in onmin leefde met zijn kop voorop.
Het beest kronkelde wat af en ging maar door,
Nu eens naar achter, dan weer naar voor;
Het was een gedurig getrek en gedouw,
Want de ene kant wist niet wat de andere wou.'

Volgens Plinius de Oude bood een levende amphisbaena het ongeboren kind bescherming en kon een dood exemplaar reuma genezen.

Ook in zijn aard is de amphisbaena tweezijdig en belichaamt hij zowel de kracht van de zon (positief, actief, mannelijk) als die van de maan (negatief, passief, vrouwelijk), zoals gesymboliseerd in de caduceus. In de christelijke symboliek ligt de nadruk op het negatieve aspect van de amphisbaena en wordt hij voorgesteld als de 'tegenstander' die door de held of heilige bevochten en overmeesterd moet worden. In de moderne psychologie staat de draak voor 'iets wat erg of moeilijk is en dat overwonnen moet worden'.

Sint-Michaël in gevecht met een amphisbaena, detail van een borduursel.

Heilige drakendoders
de slang verslagen

De heilige drakendoders worden vaak uitgebeeld op het moment dat zij met hun speer de draak aan de grond hebben vastgenageld of op het punt staan dat te doen. Dit beeld doet denken aan de wijze waarop volgens zeggen de tellurische stromen beheerst zouden kunnen worden: hij die met een roede de grond doorboort op het punt waar deze stromen samenkomen, zou meester zijn van de aardse energieën.

In Sint-Joris, de beschermheilige van Engeland, leeft de heidense vruchtbaarheidsgod de Groene Man voort, evenals de Keltische god Belinus, die ook een draak heeft bevochten.

Sint-Michaël is een van de aartsengelen en de personificatie van de zon. Hij beschikt over helende krachten en is daarmee de joods-christelijke evenknie van de Grieks-Romeinse Asklepios en de Helleense Serapis, die beiden door een slang worden gesymboliseerd.

In de Bijbel staat het gevecht van de engel met de draak beschreven: *'Michaël en zijn engelen bonden de strijd aan met de draak. De draak en zijn engelen boden tegenstand maar werden verslagen (…). De grote draak werd op de aarde gegooid.'*

Linksboven: naar Rafaël, een vroeg-20e-eeuwse ets van J.L. Petit. Rechtsboven: ets van Dürer van Sint-Michaël die de draak uit de hemel drijft. Onder: Strijd tegen een drakenfamilie, tekening van F. Anstey. Blz. 44, v.l.n.r. de drie belangrijkste heilige drakendoders: Sint-Michaël, Sint-Margaretha van Antiochië (die de draak vanbinnen opensplijt met haar kruis) en Sint-Joris.

Draken binnen de heraldiek
rood, wit en groen

Een van de indrukwekkendste en kunstzinnigste symbolen binnen de heraldiek is de draak. Als heraldisch embleem is de draak een vierpotig, met schubben gepantserd schepsel dat vleermuisachtige vleugels en een in weerhaken eindigende tong en staart heeft. Hoewel de heraldiek als zodanig pas in de middeleeuwen ontstond, is het gebruik van een persoonlijk blazoen al veel ouder. Zo voerde Mardoek, de overwinnaar van Tiamat (zie blz. 10), een draak als embleem en ook het schild van Heracles werd door een draak gesierd.

De legende rond de rode draak op de nationale vlag van Wales verhaalt van koning Vortigern en het raadsel rond de bouw van het fort dat hij bij Dinas Emrys wilde laten verrijzen: elke nacht vielen de muren om die overdag waren opgericht. Een jongen genaamd Merlijn vertelde de koning dat twee draken die elkaar diep onder de fundamenten bevochten hiervan de oorzaak waren. Toen Merlijn gelijk bleek te hebben, liet Vortigern de draken hun strijd beslechten, waarbij de rode draak won. Deze legende verwijst vermoedelijk naar een historische strijd tussen de Saksen (die aan een witte draak te herkennen waren) en de inwoners van Wales (die een rode draak als embleem voerden). Op de nationale vlag van Wales staat deze rode draak van Cadwaladr uitgebeeld op een wit met groen veld.

Merlijn werd de raadgever van koning Arthur, de zoon en opvolger van Uther Pendragon, die deze achternaam (letterlijk 'hoofd der draken') aannam nadat hij in een visioen een vlammende draak zou hebben gezien, een beeld dat werd uitgelegd als teken dat hij koning zou worden. Zowel Uther als Arthur voerde de draak als heraldisch wapen.

Links: een oorlogsmachine in de vorm van een draak uit De Re Militari *van Roberto Valtrio. Draken als embleem op banieren, vaandels en schilden staan symbool voor moed en heldhaftigheid en spreken van de kracht van degene die het embleem voert. Een bij de Romeinen veelgebruikt vaandel was de draco, die was uitgevoerd in de vorm van een drakenkop met een als windzak functionerend stuk stof dat op levendige wijze het lijf van de draak verbeeldde wanneer de* draconarius *het vaandel hoog hield. De aanblik van het zich tijdens de aanval met lucht vullende drakenvaandel moest de vijand angst aanjagen en was van belang voor de boogschutters, omdat zij aan de hand van het drakenlijf de kracht en de richting van de wind konden bepalen. Ook de Perzen en Scythen voerden drakenvaandels.*

Links: deze heraldische tekening beeldt niet een verslindende draak uit, maar het bereiken van verlichting door wijsheid. Midden: een Duitse Lindwurm, eenzelfde soort draak als de rode draak van Wales, uit A Complete Guide to Heraldry *van A.C. Fox-Davies. Rechts: nog een voorbeeld van een heraldische draak.*

Draken en alchemie
aardse mysteries

In de literatuur over alchemie spelen draken een belangrijke rol. Binnen deze magische wetenschap die veranderingen van stoffelijke en onstoffelijke aard behelst, wordt van de draak gezegd dat hij 'zichzelf verslaat, zich met zichzelf verenigt en zichzelf bevrucht'.

Het belangrijkste drakensymbool binnen de alchemie is dat van de ouroboros, de slang die, met zijn staart in zijn bek, zichzelf opeet en alchemisten eraan herinnert dat 'alles één is' en dat het universum wordt gekenmerkt door cycli van verwoesting en schepping.

In de alchemie staat de gevleugelde draak voor vluchtige substanties, terwijl de vleugelloze draak eerder in verband wordt gebracht met vaste substanties, hoewel veel alchemisten alle draken zien als symbool van kwikzilver, de in materie gevatte geest of levenskracht. Vechtende draken verbeelden geestelijke wanorde of een conflict tussen zwavel (de ziel) en kwikzilver (de geest).

De tweekoppige amphisbaena (zie blz. 42) wordt in de alchemie verbeeld als de caduceus (zie links- en rechtsonder), de gevleugelde staf waar twee slangen zich omheen kronkelen; dit attribuut van Hermes symboliseert de harmonieuze verstrengeling van tegendelen, zoals dat in de alchemie wordt nagestreefd.

Om de *prima materia* (kwikzilver) te kunnen transformeren tot Luna, de Witte Koningin, moet eerst de draak worden gedood.

Uiterst boven: Sol en Luna overwinnen hun lagere natuur.
Boven: om de man in zijn graf slingert zich de Universele Ziel. Uit Atlanta
Fugiens: De Secretis Naturae Chymica, 1617, van Michael Maier.

DE SLANGENKRACHT
de kundalini van de aarde

Het beeld van de caduceus met de twee ineengestrengelde, langs een staf omhoog kronkelende slangen is al heel oud en staat binnen de oud-Indiase tantrische yoga bekend als symbolische blauwdruk van het menselijk lichaam – vanaf de onderkant van de wervelkolom reiken twee slangenkoppen spiraalsgewijs steeds hoger, tot boven de kruin, en omvatten zo de zeven centra van wervelende energie, de chakra's.

Deze tweekoppige slang belichaamt een kracht die 'kundalini' wordt genoemd, een begrip dat vergelijkbaar is met het Chinese *qi* (in verwesterde vorm ook wel *chi*) en dat, evenals yin en yang, een evenwicht van tegengestelde principes, van vrouwelijke en mannelijke energie omvat, in India belichaamd door Shakti en Shiva (zie linksonder). Yogaoefeningen zijn erop gericht de kundalini te laten ontwaken en de energie omhoog te laten stromen om tot zelfverwerkelijking te komen.

Linksboven: een alchemistisch embleem met de goddelijke hermafrodiet die zich verenigt met de energieën van de ontwaakte kundalini, die zich als een tweekoppige slang spiraalsgewijs verheft.

Boven: de traditionele oud-Indiase posities van de zeven centra van levensenergie komen overeen met die van de endocriene klieren. Om de chakra-energie te laten stromen, moet de kundalinikracht worden bevrijd.

Linksonder: de tantrische yogatraditie stelt de kundalini voor als een rondom het heiligbeen opgerolde slang die, wanneer hij ontwaakt, zijn energie langs het ruggenmerg omhoog laat stromen. Dankzij de transformerende kracht die is gelegen in het evenwicht tussen het mannelijke en vrouwelijke principe, kan het individu één worden met het universum.

Drakenpaden
bloedsporen in de aarde

De term 'ley' of 'leylijn' verwijst naar rechte lijnverbindingen tussen plaatsen van belang, zoals steencirkels, hooggelegen forten, heilige bronnen en oude kerken, vaak op plekken waar drakenlegenden zich afspeelden. De langste leylijn in Engeland is de Sint-Michaëlslijn, die vanaf de uiterste westpunt van Cornwall via St Michael's Mount (zie onder), Glastonbury en Avebury naar Bury St Edmunds voert. Wichelroedelopers hebben ontdekt dat de leylijn wordt omwonden door twee slangvormige energiestromen: een mannelijke, die langs veel hooggelegen plaatsen en aan Sint-Michaël gewijde kerken voert, en een vrouwelijke, die laag bij de grond blijft en langs putten en bronnen en aan de heilige Maria en Margaretha gewijde kerken leidt.

Ook een dwars door Europa lopende leylijn wordt omwonden door twee energiestromen: de mannelijke (Apollo) en vrouwelijke (Athena) stroom vormen samen met de leylijn een enorme caduceus door het landschap en markeren zo de weg die de Geest van de Aarde volgt.

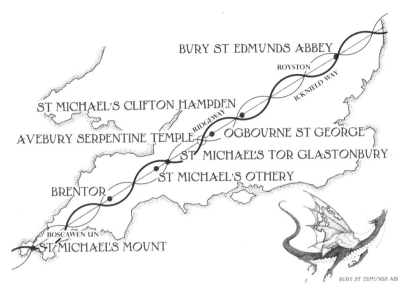

Boven: de Sint-Michaëlslijn voert van oost naar west dwars door Zuid-Engeland en wordt gevoed door twee kronkelende energiestromen die door tal van oude heilige plaatsen voeren. Onder: ook de Apollo-Athenalijn, die in Ierland begint, wordt omwonden door een mannelijke en vrouwelijke energiestroom, die langs plaatsen leiden die respectievelijk aan Sint-Michaël en aan de heilige Maria zijn gewijd, of, eenmaal in Griekenland, langs aan Apollo en Athena gewijde tempels.

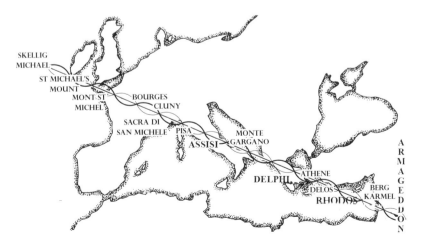

De regenboogslang
altijd slechts half zichtbaar

De oudst bekende voorstellingen van door het landschap kronkelende lijnen vinden we in de kunst en mythologie van de oorspronkelijke bewoners van Afrika en Australië. In West- en Midden-Afrika zijn Danbhalah (de mannelijke slangengod) en Aida Hwedo (de vrouwelijke regenboogslang) de belichaming van wijsheid; in Australië maakt de slang deel uit van de oerlegende.

Voor de Aboriginals begint de geschiedenis met de droomtijd, toen er nog geen dieren, vogels, heuvels en bergen waren. Tot de Grote Regenboogslang in beweging kwam en op zoek ging naar soortgenoten. Tijdens die zoektocht vormde hij het landschap en liet hij een spoor na van kloven en bergen, van kreken en rivieren. Toen de slang het zoeken moe was, sleepte hij zijn machtige lijf naar een groot water en verdween in de diepte, maar zijn geest straalt nog altijd in de vorm van de regenboog. De droompaden (*songlines*) die de Grote Regenboogslang en andere scheppende wezens uit de droomtijd hebben achtergelaten, worden nog altijd gemarkeerd en verbonden door zichtbare en onzichtbare landschapsvormen, elk met een eigen verhaallijn en liedstructuur.

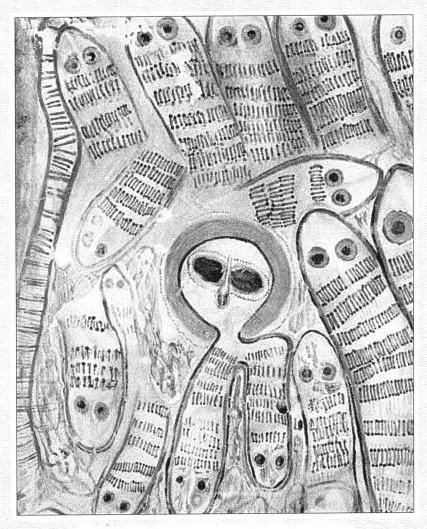

Een 50.000 jaar oude door de Aboriginals gemaakte rotsschildering van een door slangen omgeven menselijk gezicht.

De aarddraak
en haar vuurspuwende kern

Wat heeft schubben, spuwt vuur en vliegt? De aarde. We hebben gezien dat de draak, van de Chinese feng shui tot de Franse vouivre, en van de als een drakenrug gevormde heuvelrij in Australië tot de grote Europese leylijn, wordt geassocieerd met ongrijpbare, beweeglijke energieën. Pas in de tweede helft van de twintigste eeuw, nadat de mens het atoom had gesplitst, de dinosaurus had ontdekt en foto's had gemaakt van ver weg gelegen sterrenstelsels, zagen wetenschappers eindelijk de gelijkenis tussen de aarde en een vuurspuwende draak.

Op de bodem van de oceaan, daar waar de tektonische platen van elkaar af bewegen, bevinden zich langgerekte, vuur en rotsen spuwende bergketens. Daar waar de platen naar elkaar toe bewegen, schuift de ene plaat onder de andere en verdwijnt er een stukje oceaanbodem in het vloeibaar gesteente onder het oppervlak. De geschiedenis van de aarde ligt besloten in het aardse gesteente en laat zich lezen in veranderingen van druk, omkeringen van het aardmagnetisch veld, kristal- en mineraallagen en wind- en waterpatronen. Misschien is de aarde wel de draak waarover de Ouden spraken en hebben we altijd al op een draak gewoond.

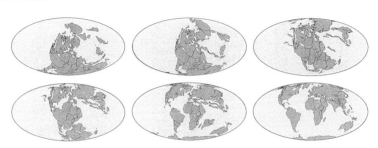

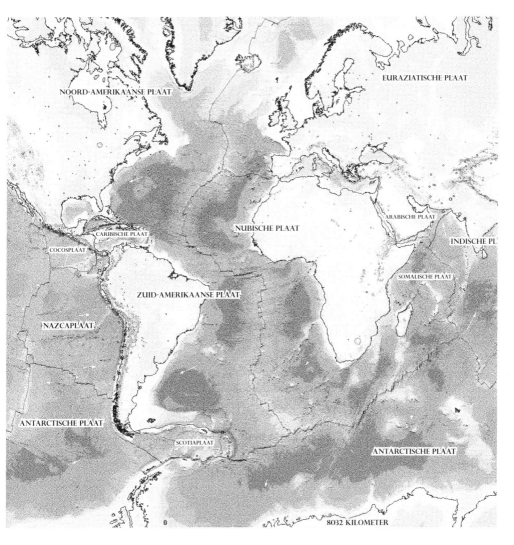

De tektonische platen onder Noord- en Zuid-Amerika, Europa en Oost-Azië (met dank aan het Smithsonian Institution). Onder zijn dunne korst bestaat de aarde uit vloeibaar gesteente, waarvan de temperatuur in de kern hoger is dan die van het zonneoppervlak. De platen met daarop de continenten zijn voortdurend in beweging. Vulkanen brengen de schatten van de draak aan de oppervlakte.

DEEL II

FENG SHUI

GEHEIMEN VAN DE CHINESE GEOMANTIE

Richard Creightmore

*Boven: vier van de twaalf tekens van de Chinese dierenriem;
linksboven beginnend met de klok mee: de tijger, het paard, de haan, de draak.
Blz. 60-61: boeddhistische tempel en een cirkelmotief als voorbeelden van de perfecte vorm.*

Inleiding

Feng shui (letterlijk 'wind water') is de filosofie van de relatie van de mens tot zijn omgeving. 'Geomancia' of 'geomantie' betekent 'het lezen van de aarde'. Als de Chinese vorm van geomantie biedt feng shui inzicht in wat de gunstigste plaats in het landschap is voor woningen, werkplekken, steden, paleizen, tempels en graven. Feng shui is geworteld in de taoïstische en confucianistische filosofie en praktijk.

De oorspronkelijke benaming van feng shui is *kan yu*, waarbij *kan* voor 'hemel' en 'hogergelegen plaatsen' staat, en *yu* voor 'aarde' en 'lagergelegen' land. Een van de fundamentele leerstellingen van de Chinese filosofie is dat de mens de verbindende schakel is tussen hemel en aarde en dat zijn welzijn en geluk afhankelijk zijn van de mate waarin deze twee krachten in balans zijn. Een beoefenaar van *kan yu* bestudeert de geest van de aarde en de hemel en is een deskundige op het gebied van astrologie, bouwkunde, economie, geografie, hydrologie, landschaps- en binnenhuisarchitectuur, geneeskunde, sociologie, technische ontwerpen en planologie. Een aan *kan yu* verwant begrip is *xiang di*, waarbij het landschap wordt beschouwd in relatie tot zaken als de jacht, landbouw, reizen en oorlog, maar ook tot het bouwen van huizen en steden. In het oude China bouwde men bij voorkeur op hogergelegen plaatsen (voor veiligheid) en in de nabijheid van een rivier (voor voedsel en water). De praktische overwegingen van *xiang di* liggen daarmee aan de basis van feng shui.

In deel II van dit boek worden de kernelementen belicht van een traditie die tegelijkertijd wetenschappelijk, magisch en esthetisch is.

Geschiedenis

de ontwikkeling van geomantische ideeën

Om te bepalen of een huis zijn bewoners geluk zou brengen, werden tijdens de Zhoudynastie (1046-256 v.Chr.) orakelbeenderen geraadpleegd. In de periode van de Strijdende Staten (475-221 v.Chr.) werd het gebruik van de *Yijing* (*I Tjing*) populair en werd de basis gelegd voor het taoïsme en het confucianisme en voor de principes van yin en yang, van *wu xing* (de vijf elementen) en *Ba Gua* (de acht trigrammen). De eerste schriftelijke verwijzingen naar de praktijk van feng shui stammen uit de Handynastie (206 v.Chr.-220 n.Chr.). De term zou voor het eerst zijn gebruikt door Guo Pu, ten tijde van de Jindynastie (265-420), in de *Zang Zhu* (Het boek van het begraven):

> *'De doden kunnen baat hebben bij de sheng qi. De wind zal de qi verspreiden, water zal de qi vasthouden. De ouden zeiden dat men moet proberen de qi te vergaren, om het in beweging (wind) en bijeen (water) te houden. Vandaar de benaming feng shui.'*

Feng shui is de kunst om beweging en rust in het landschap te duiden:

> *'Zonder water zal qi door de wind worden verstrooid, in water komt qi tot rust. De beste plekken zijn die waar water is of, bij gebrek daaraan, beschut zijn voor de wind.'* – Fan Yu Bing

Sinds de Songdynastie (960-1279) hebben zich binnen feng shui twee hoofdstromingen ontwikkeld: de *xing shi pai* of vormschool, waarbinnen subjectieve observaties van de stoffelijke wereld leidend zijn, en de *li qi pai* of kompasschool, waarbinnen objectieve observaties met behulp van het *luopan* (fengshuikompas) van de onstoffelijke wereld de leidraad vormen.

Boven: keizer Da Yu, ervaren beoefenaar van kan yu en wichelroedeloper. Links: voorspelkunde met schildpadschild en duizendbladstengels.

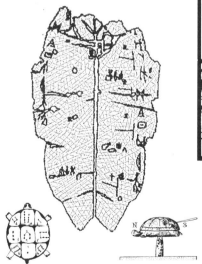

Boven: het berekenen van de nachtevening met behulp van een zonnewijzer. Links: oude wijze van voorspellen door verhitting van een schildpadschild of schouderblad van een os.

Krachten en Gelukssferen
tussen hemel en aarde

De fundamentele drie-eenheid van het taoïsme is de *san cai*: hemel (*tian*), aarde (*di*) en mens (*ren*). In de Drie Krachten komen alle aspecten van feng shui samen en deze drievoudigheid is vaak ook een kenmerk van bouwkundige ontwerpen. Zo bestaat de Tempel van de Hemel (zie blz. 67, boven) in Beijing uit drie hoofdgebouwen met elk een aan de *san cai* gewijd altaar.

Een ander kernprincipe van het taoïsme is die van de Vijf Gelukssferen: lotsbestemming (*ming*) heeft zowel betrekking op de voorouderlijke geschiedenis als op de plek waarvoor ieder is voorbestemd; voorspoed (*yun*) betreft zowel het geluk dat ieder mens zelf bewerkstelligt als het geluk dat hem overkomt; bij *feng shui* gaat het in de kern om de wisselwerking tussen de omgeving en het innerlijk, en in die zin is feng shui een van de acht principes van de traditionele Chinese geneeskunde, waarvan een van de fundamentele leerstellingen is dat een verandering van de uiterlijke vorm van invloed is op de innerlijke beleving; deugd (*yin de*) staat voor goede daden en dienstbaarheid; kennis (*du shu*) ten slotte betreft onderwijs en zelfontwikkeling.

Het taoïsme benadrukt de eenheid waarbinnen elk wezen, levend en dood, met een ander wezen is verbonden. Deze band is het sterkst binnen de familie en ieders lotsbestemming kan dan ook worden beïnvloed door de voorouders in hun graven (bijvoorbeeld de Keizerlijke Graven uit de Mingdynastie, blz. 67, midden), terwijl ook het lot van de voorouders beïnvloed kan worden door de plek waar hun nakomelingen wonen.

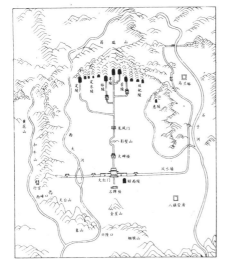

Qi van de kosmos	Astronomie
	Astrologie
	Maan & sterren
Hemelse qi	De Yijing
	Tijd & cycli
	Regen
	Zonlicht
Qi van het weer	Hitte & kou
	Wind
	Seizoenen
	Getijden
	Bergen
	Valleien & vlakten
Qi van de topografie	Stromen & rivieren
	Magnetische velden
Aardse qi	Di mai (geografische meridianen)
	Plaatsbepaling
	Woonhuizen
	Niet-natuurlijke objecten
Qi van de omgeving	Vorm & ruimte
	Kleur & geluid
	Inrichting
	Politiek
	Cultuur
Qi van de maatschappij	Sociale contacten
	Buren
	Naaste & verre familie
Menselijke qi	Levenspartner
	Herinneringen
	Idealen & dromen
Qi van het individu	Persoonlijkheid
	Gevoeligheid
	Levenskracht

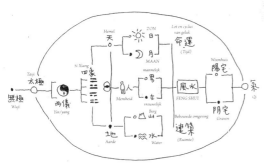

'De tao brengt het Ene voort, het Ene Twee, uit Twee komt Drie voort, uit Drie de Tienduizend dingen.' Tao Te Ching, 42. Tao, 'de weg,' is zowel allesomvattend als de in alles besloten eenheid.

QI
levensadem

Qi of *chi* wordt vaak vertaald als 'energie', maar het zou exacter zijn om van 'levensadem' te spreken. Qi is de levenskracht die deel uitmaakt van alles wat bestaat in de hemel en op aarde. In *sheng qi*, de scheppende, vruchtbare qi, de in alles aanwezige, altijd stromende qi, zijn yin en yang in harmonieus evenwicht. *Sha qi* daarentegen is een verwoestende qi, een in de omgeving werkzame, ondermijnende kracht die iemands lichaam, geest en voorbestemd lot schade toe kan brengen (zie ook blz. 100-102). Beoefenaars van feng shui zoeken naar de tijd, de ruimte en de richting van de heilzame *sheng qi* en proberen de ongunstige *sha qi* te vermijden of te transformeren:

> '*Binnen feng shui wordt de qi van de bergen en de rivieren hooggeacht omdat zij de ruggengraat van de aarde zijn. Qi geeft de bergen hun vorm en in hun vorm komt qi tot uitdrukking.*' – Di Li Wu Jue, Zhao Jiu Feng

De in de aarde aanwezige levensenergie wordt *di qi* genoemd; van plekken waar gewassen en mensen goed gedijen wordt gezegd dat de *di qi* goed is. Het gesteente en de aarde, de vochtigheid, magnetische velden, minerale straling, geologische breuken en ondergrondse stromen beïnvloeden op subtiele wijze de lichamelijke gezondheid.

Qi is onderhevig aan verandering in tijd en ruimte en wordt beïnvloed door hemelse bewegingen en de draaiing van de aarde om haar eigen as. Wanneer de feng shui van een plek goed is, moet daarvan op dat moment in de tijd gebruik worden gemaakt. Maar de goede feng shui van een plek kan niet door iedereen worden benut, omdat dit mede afhankelijk is van iemands persoonlijke qi.

Links: een op een draak gelijkende berg is een heilzame landschapsvorm. Midden: de gunstigste locatie is die plek waar de sheng qi samenkomt, waar het Hol van de Draak (long xue) door bergen en rivieren wordt omvat. Rechts: verborgen qi is zuivere qi.

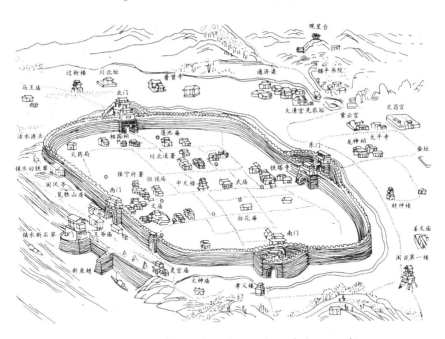

Boven; de qi cang is een plek waar de qi zich verzamelt, een schatkamer waarbinnen yin qi en yang qi op elkaar kunnen inwerken en in balans kunnen komen.

SHAN SHUI
bergen en water

Qi is een overal aanwezige stromende kracht. De *long mai* (drakenmeridiaan) is een stroom van geconcentreerde aardse qi waaruit de waardevolle *long qi* (adem van de draak) voortvloeit. Langgerekte bergketens worden 'bergdraken' genoemd en lange rivieren 'waterdraken'. Hoog oprijzende bergen zijn de belichaming van yang qi, terwijl yin qi zich tot een kronkelende rivier vormt. Draken zijn de verbindende schakel tussen de diverse landschapskenmerken. Een gunstige locatie voor een hoofdstad is een plek waar de *long qi* sterk aanwezig is; waar deze minder sterk is, zal alleen een kleinere stad gedijen. Op de plek van de romp van de draak kunnen steden worden gesticht en op de plek van zijn voeten dorpen.

De hemelse qi daalt van boven neer op de ruggengraat van de bergdraak en stroomt via de bergkammen en uitlopers naar beneden. Soms wordt de van de berg neerstromende qi steeds dunner verspreid, soms wordt de qi vastgehouden om te condenseren als water qi. *Shan* (de berg) is de gastheer die *shui* (het water) als gast voedt. De qi die stroomt, schenkt leven aan de afzonderlijke landschapsvormen.

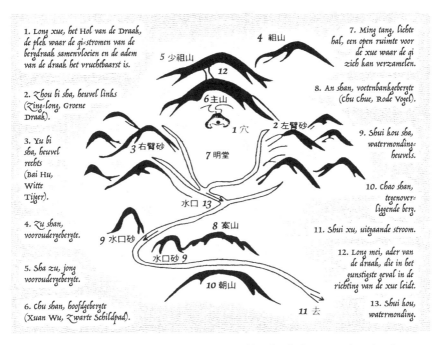

1. Long xue, het Hol van de Draak, de plek waar de qi-stromen van de bergdraak samenvloeien en de adem van de draak het vruchtbaarst is.

2. Zhou bi sha, heuvel links (Zing-long, Groene Draak).

3. Yu bi sha, heuvel rechts (Bai Hu, Witte Tijger).

4. Zu shan, vooroudergebergte.

5. Sha zu, jong vooroudergebergte.

6. Chu shan, hoofdgebergte (Xuan Wu, Zwarte Schildpad).

7. Ming tang, lichte hal, een open ruimte voor de xue waar de qi zich kan verzamelen.

8. An shan, voetenbankgebergte (chu chue, Rode Vogel).

9. Shui kou sha, watermonding heuvels.

10. Chao shan, tegenover liggende berg.

11. Shui xu, uitgaande stroom.

12. Long mei, ader van de draak, die in het gunstigste geval in de richting van de xue leidt.

13. Shui kou, watermonding.

Boven: naamregister van landschapskenmerken rondom een plek. Linksonder: locatie van welvarende steden. Rechtsonder: de belangrijkste berg- en waterdraken van China. Blz. 70, links: kriskras lopende aderen van de bergdraak; een gebergte zonder systematisch patroon. Blz. 70, rechts: een inham met glooiende heuvels waar de qi van berg en water samenvloeit.

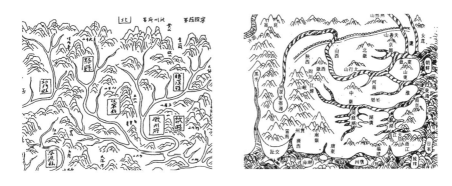

Shan long

waar bergdraken huizen

Bergdraken worden beoordeeld naar de kracht van de centrale rug en de uitlopers die, in het gunstigste geval, *'vanuit de verte komen aanrollen en nauwelijks merkbaar verglijden'*. De beste plek om te bouwen is het *long xue*, het hol van de draak, dat in de beschutting van de berg is gelegen, waar de gunstigst gerichte uitlopers samenvloeien en waar de adem van de draak het heilzaamst is.

De kop van de draak wordt gevormd door de uitlopers het dichtst bij de beoogde plek; de uitlopers aan de meest veraf gelegen zijde worden de 'staart' genoemd. Afhankelijk van de vorm van de ledematen van de bergdraak stroomt de qi voor- of achteruit. Een ideaal gevormde berg vloeit zo geleidelijk mogelijk over in de vlakte, waarbij de qi zich samenvoegt op de plek waar de bergdraak zich neervlijt. De aanleg van een (spoor)weg, dwars door de rug van de bergdraak, kan rampzalige gevolgen hebben voor de doorstroom van de qi, zoals ook het indammen van een rivier een waterdraak kan verstikken. De *ming tang* (zie blz. 74), waar overtollige yang wordt afgevoerd, wordt omvat door het voetenbankgebergte en de tegenoverliggende berg.

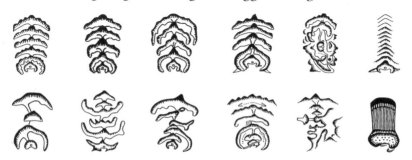

Diverse xue (als cirkels weergegeven) waar de adem van de draak samenvloeit.

Kale of eenzame bergen of verbroken bergketens verwoesten geluk.

Volwassen bergdraak voedt diverse xue (als cirkels weergegeven).

Centraal gelegen xue, omgeven door een samenhang van uitlopers.

Shui long
waterdraken

De *ming tang* is de open ruimte, bij voorkeur een vruchtbare vlakte met een rivier, waarop de *xue* uitkijkt en waar de qi zich als een voorspoed schenkende kracht kan verzamelen. De plaats waar het water de *ming tang* binnenstroomt, wordt de *shui kou* ('watermonding') genoemd. In een lange, diepe rivier die zich langzaam een slingerende weg baant, kan de qi van de waterdraak zich opeenhopen. In het gunstigste geval lijkt het stromende water bijna te dralen en is de *shui xu*, het punt waar het water de *ming tang* uitstroomt, vanaf de beoogde plek niet zichtbaar.

> *'Van bergen verlangt men vastigheid. Van water verlangt men helderheid en rust. De kronkelende rivier voert de belofte van hoge posities, overvloed en rijkdom met zich mee. Waar de berg de rivier een bochtige weg laat volgen, zal de bewoner met nakomelingen gezegend worden; waar het water in een rechte lijn uit de bergen komt, zal de bewoner een ondergeschikte positie innemen of afhankelijk van familie zijn. Water dat van oost naar west stroomt, brengt onmetelijke rijkdom.'* – Qing Wu

Plekken in de buitenbocht van een rivier zijn overstromingsgevoelig en dus ongunstig, evenals locaties naast rechte of woest stromende rivieren die de qi te snel wegvoeren. Op een plek waar waterdraken (in de vorm van rivieren, maar ook van wegen of paden) zich samenvoegen, kan de qi zich juist goed concentreren.

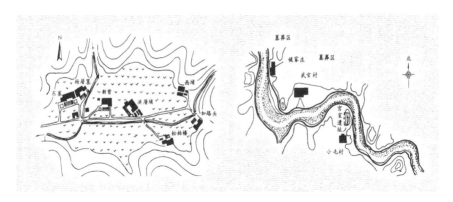

Boven: rivieren die in navolging van de zon van oost naar west stromen, zijn het gunstigst als verbinding tussen de draak en de tijger. De beste plek op de kaart links is rechtsboven, en op de kaart rechts in het midden. 'De ideale plek is gelegen in de beschutting van de buik van de draak en wordt omringd door stromend water.' (uit Shui Long Jing)

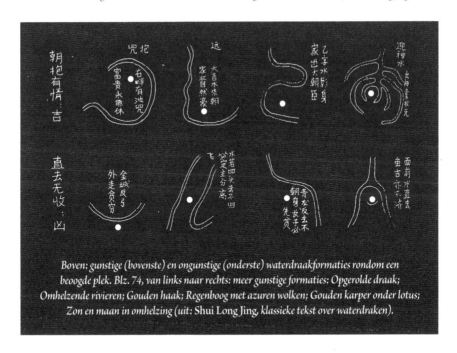

Boven: gunstige (bovenste) en ongunstige (onderste) waterdraakformaties rondom een beoogde plek. Blz. 74, van links naar rechts: meer gunstige formaties: Opgerolde draak; Omhelzende rivieren; Gouden haak; Regenboog met azuren wolken; Gouden karper onder lotus; Zon en maan in omhelzing (uit: Shui Long Jing, klassieke tekst over waterdraken).

Yin en yang
elkaar definiërend

Feng shui is gebaseerd op de balans tussen 陰 yin en 陽 yang in de omgeving. Hoezeer deze krachten in het landschap zijn geworteld, blijkt ook uit de Chinese schrifttekens, waarbij het teken voor yang 'de zonzijde van de berg' betekent en dat voor yin 'de schaduwzijde van de berg'. De concentratie van heilzame *sheng qi* (zie blz. 68) is het grootst op plekken waar yin en yang in een verhouding van 40-60 voorkomen.

Yin en yang symboliseren eenheid door interactie van in essentie passieve en actieve krachten, zoals nacht en dag, aarde en hemel, maan en zon, vrouwelijk en mannelijk, en dood en geboorte. Bijna alles wat is, heeft een yin- en een yangaspect; beide bestaan alleen in relatie tot elkaar en beide bestaan op zich ook weer uit een yin- en een yangaspect. Yin en yang werken op elkaar in en houden elkaar in evenwicht – als yang sterk is, is yin zwak, en omgekeerd. Dit evenwicht is nooit statisch en is de bron van alle verandering.

De dynamiek van yin -- en yang — brengt twee zonen en twee dochters voort, de *Si Xiang* of de Vier Hemelse Geesten:

== *Shao ('jonge') yang* is het oosten, lente, de Groene Draak, de vaste sterren, omwenteling, eenheid in veelvoud, de Prins.

= *Tai ('oude') yang* is het zuiden, zomer, de Rode Feniks, hitte, zon, ogen, tweevoudigheid, de aard der dingen, de Alleenheerser.

== *Shao yin* is het westen, herfst, de Witte Tijger, de planeten, nacht, passiviteit, opvolging, veelvoudigheid in eenheid, de Hertog.

== *Tai yin* is het noorden, winter, de Zwarte Schildpad, de maan, het occulte, passie, gelijkheid, de kenmerken der dingen, de Keizer op Aarde.

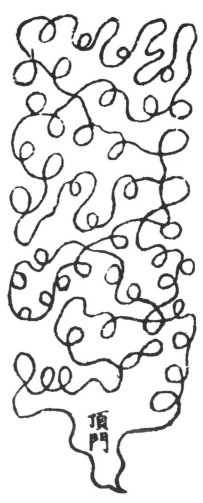

Yin	Yang
Aarde	Hemel
Maan	Zon
Vertrek	Aankomst
Rust	Beweging
Langzaam	Snel
Noord	Zuid
West	Oost
Nacht	Dag
Nat	Droog
Dood	Levend
Water	Vuur
Vallei	Berg
Binnen	Buiten
Koud	Heet
Afname	Toename
Winter	Zomer
Herfst	Lente
Even	Oneven
Zwart	Wit
Ontvangend	Scheppend
Vrouw	Man

Boven: Gezegende Eenheid van yin en yang, meditatiediagram.
Linksboven: de tai ji, de cirkel verbeeldt het geheel dat is samengesteld uit yin (zwart) en yang (wit), die elk het zaad van de ander in zich dragen.

SI XIANG
de Vier Hemelse Geesten

De Vier Hemelse Geesten vertegenwoordigen elk een kwart van de Chinese dierenriem en staan voor de vier windrichtingen rondom de *xue*. De Zwarte Schildpad in het noorden verbeeldt de beschutting biedende bergwand achter de *xue*. Zijn kracht komt tot uitdrukking in de aardse qi die bij de *xue* samenvloeit en die de bewoners gezondheid en harmonie schenkt. De Rode Feniks symboliseert de ruimte voor de *xue*, waar de qi door het water wordt vastgehouden. Er vormt zich een heilzame stroom van hemelse qi die in de vrije doorstroom met het huis en de persoonlijke qi de bewoners voorspoed brengt.

De traditionele positionering van de Zwarte Schildpad als rugdekking in het noorden hangt samen met het praktische voordeel dat de voorzijde van het huis dan op het zonnige zuiden is gelegen, waardoor het huis en zijn bewoners tegen de koude noordenwind worden beschut. Hetzelfde model kan ook met een andere oriëntering worden toegepast. Wanneer bijvoorbeeld een huis met de achterzijde naar een in het westen gelegen berg is gebouwd, neemt de Schildpad een westelijke positie in, de Draak een noordelijke en de Tijger een zuidelijke; de Feniks en de *ming tang* staan in een oostelijke positie.

In een stedelijke omgeving kunnen hoge bouwwerken als rugdekking fungeren. Ook binnen een ontwerp en bij de inrichting kunnen dezelfde richtlijnen worden gevolgd. Zo kan het hoofdeinde van een bed het best tegen de meest solide wand (Schildpad) van de slaapkamer worden geplaatst, tegenover de meest open zijde (Feniks) van de kamer, de muur met de deur of de ramen.

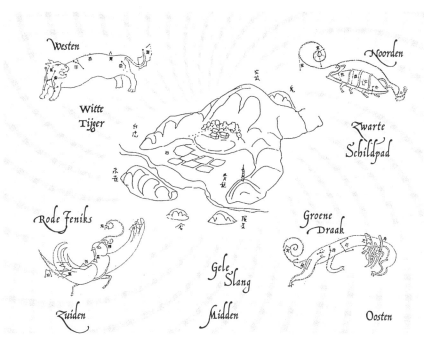

'De Rode Feniks staat vooraan, de langzame Zwarte Schildpad achteraan, met links van hem de Groene Draak en rechts de Witte Tijger' – Li Ji (Het boek der riten). Het midden wordt gesymboliseerd door de Gele Slang.

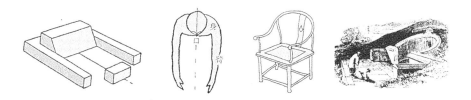

Boven: het principe van Si Xiang, zoals (v.l.n.r.) toegepast binnen een traditionele Chinese woning, een qi-gong-houding, een stoel en een graf. Bij alle vier is de ming tang het centrale punt, het verzamelpunt van de qi.

Si Xiang in het landschap
dieren rondom

Volgens de principes van feng shui wordt de omgeving rondom een plek idealiter gevormd door een Zwarte Schildpad, een groot, hoog gebergte achter maar niet te dicht op de beoogde bouwplek, en een tegenoverliggende Rode Feniks, een open ruimte aan de voorzijde, terwijl ook de Groene Draak aan de ene zijde en de Witte Tijger aan de andere zijde elkaar in een dynamisch evenwicht houden. De in het oosten gelegen Drakenheuvel heeft bij voorkeur een verweerd uiterlijk, in tegenstelling tot de heuvel in het westen, die het liefst lager, ronder en compacter is, als een ineengedoken Tijger.

De sleutel tot het vinden van de *xue* is de Draak, die voor droogte en potentie staat en wordt gekenmerkt door scherpe, harde lijnen. Zijn kracht schenkt leven aan de aarde. De Groene Draak is een heuvel in het noordoosten, oosten of zuidoosten, een heuvel die boven de andere uitrijst, met steile hellingen naar de top maar met een glooiende rug.

Waar een Groene Draak is, is ook een Witte Tijger, want de een bestaat niet zonder de ander. De Tijger staat voor vochtigheid en subtiliteit en wordt gekenmerkt door vloeiende, zachte lijnen. De Tijger voelt zich thuis tussen de uitlopers, het overgangsgebied tussen de vlakte en de lage heuvels, waar de aarde vruchtbaar is. De Draak en de Tijger zullen in respectievelijk de man en de vrouw van het huis worden weerspiegeld en samen in het paar.

*Linksboven: Draak en Tijger lonken naar elkaar. Rechtsboven: Draak en Tijger omarmen elkaar.
Onder: Si Xiang-formaties, v.l.n.r.: goed, alternatief, ideaal.
Blz. 80, v.l.n.r., idealer is: xue met rondom Schildpad, Feniks, Draak en Tijger.*

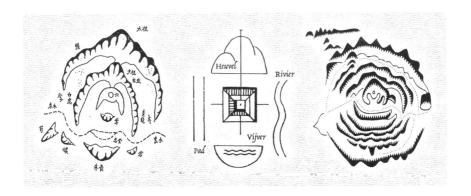

ORIËNTATIE VAN EEN HUIS
aarde en hemel

Binnen de Chinese geomantie kunnen drie soorten *na* ('ontvankelijke') *qi* worden onderscheiden: de aardse, de menselijke en de hemelse. De achterzijde van het huis, de 'rugleuning', houdt verband met de aardse qi, die van invloed is op gezondheid en relaties; deze qi zou dan ook bij voorkeur op één lijn moeten liggen met de gunstigste uitloper van de bergdraak. Aan de voorzijde van het huis, de kijkrichting, stroomt de hemelse qi, die tot uitdrukking komt als voorspoed en scheppingskracht. De voordeur is de belangrijkste *qi kou*, de mond of poort, waardoor de qi van omgeving en mens het huis kan binnenstromen.

De beste ligging voor een huis is op een glooiend terrein, met bomen in de achtertuin of overvloeiend in een heuvel, en met aan de lagergelegen voorzijde een *ming tang* waar zich een rivier of weg doorheen slingert. In bergachtige streken is de oriëntatie op de bergdraak het belangrijkst, terwijl op vlakten meer nadruk ligt op de waterdraak. In een stedelijke omgeving nemen hoge bouwwerken de plaats in van bergen, en wegen die van rivieren. Slechts een van de Vier Hemelse Geesten in het landschap is al een gunstig teken.

Nadat de omgeving op haar landschapskenmerken is beoordeeld, kan met behulp van het *luopan*, het fengshuikompas, de gunstigste oriëntatie van het huis nauwkeuriger worden bepaald. De principes van de vormschool (zie blz. 68-83) worden zo aangevuld met die van de kompasschool (zie blz. 84-99), die zich heeft ontwikkeld vanuit de behoefte van fengshuibeoefenaars om op een meer objectieve wijze te kunnen bepalen hoe de qi-stromen georiënteerd zijn.

Taoïstische kosmologie
Chinese fluisteringen

De kompasschool is geworteld in de taoïstische kosmologie, waarbinnen *wu qi* ('de staat van het niets'), ook wel omschreven als *wen hom* ('het mysterie van de leegte'), als de bron wordt beschouwd van alles wat is. *Tai ji* is de centrale as waaromheen alles beweegt, het is de in elk huis aanwezige kern, het is de *tian chi* ('hemelse pool'), het draaipunt van de magnetische naald in het midden van het *luopan*. *Tian* is de universele vonk, de oerkracht waarbinnen tijd en ruimte niet bestonden en waaruit de Vier Emanaties *Yuan*, *Heng*, *Li* en *Zhen* zijn voortgekomen, het zaad waaruit zich tijd en ruimte hebben gevormd.

Yuan is de scheppende kracht die geworteld is in *Zhen* en naar *Heng* omhoogstijgt. *Heng* is de doordringende kracht van het bewustzijn waarvan alle materie is doordrongen. *Li* is de weldadige kracht van de cyclische groei, *Zhen* is de onveranderlijke en doelgerichte kracht die de energie van *Yuan* voedt met de qi van *Li*. De eerste orakelspreuk van de *Yijing* (*Boek der veranderingen*), waarvan de oudst geschreven versie uit ca. 350 v.Chr. stamt, begint met de woorden:

> '*Yuan Heng Li Zhen*' (letterlijk vertaald: 'groot offer gunstig orakel').

De zeven vormkrachten (de drie-eenheid van de *san cai* plus de Vier Emanaties) komen tot uitdrukking in de wisselwerking tussen yin en yang en de elementen vuur, water, hout, metaal en aarde, respectievelijk gesymboliseerd in de planeten Zon, Maan, Mars, Mercurius, Jupiter, Venus en Saturnus. Op de bladzijde hiernaast zijn vier meditatie-diagrammen uitgebeeld uit de *Daozang* (ca. 400 n.Chr.).

Aarde – de Donkere Aarde van het Drijvende Eiland der Onsterfelijken.

Hemel – het Lied van de Blauwe Ruimte, het Geluid van Vallende Jade.

Het Patroon van Verandering – de interactie tussen de Jade Soeverein (Hemel) en de Oerduisternis (Aarde) waarin de tao zich openbaart.

Het Diagram van de Talisman – Fu ('geluk') – om ongeluk af te weren en geluk aan te trekken.

Ho Tu en Lo Shu
de wijze richt zich op het zuiden

De *Ho Tu* beschrijft de cyclische beweging van qi in de vormloze fase die de 'Vroege Hemel' wordt genoemd. Volgens de overlevering was de wijze Fu Xi in 2943 v.Chr. de eerste aan wie de *Ho Tu* verscheen als een cijferdiagram op de rug van de Gele Rivier Draak. Elk getal is gerelateerd aan een element en een trigram (zie blz. 94) en kan als zodanig worden weergegeven, zoals gebruikelijk is bij het beoordelen van een plek met behulp van een *luopan* (zie blz. 98) en in de geneeskunde bij het bepalen van de juiste behandelmethode.

Het magische vierkant *Lo Shu* werd in 2205 v.Chr. aan keizer Da Yu geopenbaard. Het zou zijn getekend op het schild van een schildpad uit de rivier de Lo. Het in Negen Paleizen opgedeelde vierkant laat zich lezen als een kaart van hoe zowel heilzame als kwaadaardige qi op macro- en microniveau door ruimte en tijd stroomt. Deze cijferdiagrammen met betrekking tot de spirituele krachten van de Vroege Hemel vormen de basis voor de numerologie van de tot vorm gemanifesteerde krachten van de Latere Hemel. Elk vlak heeft een getal dat voor een van de sterren staat van de Grote Beer en dat, als beeld van het verstrijken van de tijd, van plaats verandert binnen het vierkant, waarmee de veranderende invloeden binnen elk van de Paleizen helder naar voren komt (zie blz. 383). Elk Paleis is gerelateerd aan een element (zie blz. 88-91) en aan een dubbel trigram (zie blz. 92-95).

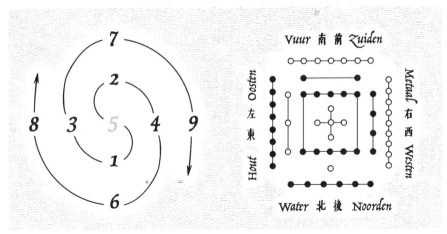

Boven: het magische vierkant Ho Tu, met bovenaan het zuiden. De eerste tien getallen komen overeen met de vier windrichtingen, plus het midden, en de vijf elementen, waarbij de eerste vier getallen voor de Vier Emanaties staan en de laatste zes voor de Vijf Elementen, waarbij zowel de 5 als de 10 aarde verbeeldt, in het midden.

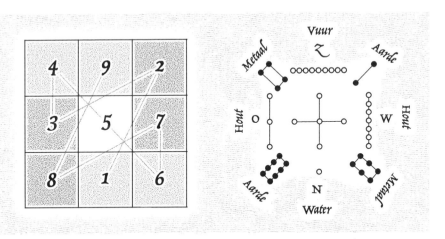

Boven: het magische vierkant Lo Shu. De even yingetallen in de hoeken vormen met de oneven yanggetallen in alle rijen en diagonalen de som van 15. De reeks getallen beweegt zich door de Negen Paleizen, een proces waarbij qi tot materie uitkristalliseert. Blz. 86, v.l.n.r.: het drakenpaard Ho Tu; vroege Ho Tu; de wijze Fu Xi; vroege Lo Shu; de schildpad uit de rivier de Lo.

Vijf Elementen
scheppend en vernietigend

De *Wu Xing* of Vijf Elementen van de traditionele Chinese metafysica zijn een soort fasen van verandering. *Huo* ('Vuur'), *Tu* ('Aarde'), *Jin* ('Metaal'), *Shui* ('Water') en *Mu* ('Hout') staan in relatie tot elkaar binnen de viervoudige cyclus van de Vroege Hemel van de *Si Xiang* en de *Ho Tu*, met Aarde in het midden (zie blz. 86-87), en binnen de vijfhoekscyclus van de Latere Hemel van de *Lo Shu*, met Aarde in de positie van de late zomer (zie blz. 89).

> *'De Vijf Elementen zijn water, vuur, hout, metaal en aarde. Water is laagte zoekend vocht, Vuur is opstijgende hitte, Hout is recht en onrecht, Metaal is verandering en Aarde is bewerken'* – Zangzhu, toegeschreven aan Guo Po (276-324 n.Chr.).

Binnen de *sheng*-cyclus is elk element de scheppende voorwaarde van zijn buurelement: Hout voedt Vuur; Vuur schenkt de Aarde as; Aarde kristalliseert uit tot Metaal; Metaal lost op in Water; en Water voedt Hout. Het zijn de vijf fasen van geboorte tot de dood: schepping, wording, rijping, voltooiing, rust. De binnenste ring van de vijfhoek is de *ko*-cyclus, waarbinnen de elementen elkaar in toom houden: Vuur doet Metaal smelten; Metaal snijdt door Hout; Hout verzwakt Aarde; Aarde neemt Water in zich op; en Water dooft Vuur.

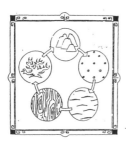 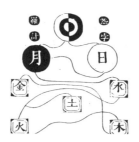 

Boven: de vijf klassieke Chinese elementen en hun kenmerken. Binnen de traditionele Chinese geneeskunde is Hout (Mu) van invloed op de lever, galblaas, pezen, zenuwen, nagels en ogen; Vuur (Huw) op het hart, hartzakje, de dunne darm, aderen en tong; Aarde (Tu) op de milt, alvleesklier, maag, spieren, lippen en mond; Metaal (Jin) op de longen, dikke darm, huid, lichaamshaar en neus; en Water (Shui) op de nieren, blaas, geslachtsorganen, botten en oren. De Vijf Elementen zijn onder meer gepaard aan de Vijf Emoties (Vreugde-Vuur; Zorgen-Aarde; Verdriet-Metaal; Angst Water; Woede-Hout), de bewegingen in de vechtkunst en de lijnvoeringen in de kalligrafie. Blz. 88: sheng-cyclus; het ontstaan van de Vijf Elementen; ke-cyclus.

Elementen in het landschap
voedende en botsende patronen

Wanneer in een omgeving twee of meer elementen aanwezig zijn, werken deze op elkaar in. Elementen van dezelfde aard, bijvoorbeeld een Aarde-gebouw in een Aarde-omgeving, versterken elkaar, terwijl elementen die in een scheppende relatie tot elkaar staan, zoals verbeeld in de *sheng*-cyclus, in harmonie met elkaar verkeren. Een Water-gebouw, bijvoorbeeld, is voedend voor een Hout-omgeving, terwijl een gebouw met een driehoekig motief, dat het element Vuur symboliseert, de hoge, rechthoekige Hout-constructies in zijn nabijheid zal verteren. Binnen de *ko*-cyclus zorgt de aanwezigheid van elementen die in directe relatie tot elkaar staan voor conflict en een botsende qi. Zo zal een Hout-gebouw niet tot zijn recht komen in een Metaal-omgeving, terwijl een Aarde-gebouw in een Water-omgeving weliswaar tot zakelijk succes zal leiden, maar respect ondermijnt.

Wanneer een bouwwerk schadelijke invloed ondervindt van een ander element of botsende elementen in zichzelf verenigt, kan een element worden toegevoegd dat in de betreffende situatie, in de juiste verhouding, de harmonie kan herstellen. Wanneer bijvoorbeeld een Hout-huis door Metaal wordt bedreigd, zal door toevoeging van het element Water het Metaal onschadelijk worden gemaakt en het Hout worden gevoed. Een Metaal-huis in een Vuur-omgeving zal baat hebben bij de toevoeging van Water, dat het Vuur bedwingt, en Aarde, die Metaal voedt, bijvoorbeeld in de vorm van een vijver en een rotstuin (zie blz. 378-379).

Met behulp van het diagram op blz. 89 kunt u oplossingen vinden om de balans te herstellen tussen elementen in uw omgeving.

De WITTE TIJGER (MIDDEN)
EN DE VIJF ELEMENTEN.

VANAF MIDDENBOVEN,
MET DE KLOK MEE:
DE SCHERPGEPUNTE HOEKEN VAN
VUUR; DE LAAGGELEGEN VLAKTEN
VAN AARDE; DE RONDE VORMEN
VAN METAAL; DE VLOEIENDE
LIJNEN VAN WATER; DE HOOG
OPRIJZENDE VORMEN VAN HOUT.

BA GUA
de acht trigrammen

Zoals yin en yang zich vermeerderen tot de *Si Xiang*, zo brengen ook deze Vier Hemelse Geesten elk een zoon en een dochter voort: de *Ba Gua* of de acht trigrammen (*linksonder*). *Shao Yang* ⚌ vermeerdert zich tot *Zhen* ☳ en *Li* ☲; *Tai Yang* ⚌ tot *Dui* ☱ en *Qian* ☰; *Shao Yin* ⚍ tot *Xun* ☴ en *Kan* ☵; en *Tai Yin* ⚏ tot *Gen* ☶ en *Kun* ☷.

Hoewel de oorsprong van hun namen verloren is gegaan, kan de betekenis van de trigrammen worden afgeleid van het beeld dat ze oproepen (zie blz. 93). In overeenstemming met de Drie Krachten (zie blz. 66) staat de bovenste lijn van een trigram voor de hemel en toekomst, de middelste voor de mens en het heden, de onderste voor de aarde en het verleden.

Zoals op blz. 94-95 zal blijken, hangt niet alleen de positionering van de acht trigrammen binnen het wiel van de Vroege Hemel en dat van de Latere Hemel samen met de magische vierkanten *Ho Tu* en *Lo Shu*, maar ook hun relatie tot de elementen. De buitenomgeving van een huis wordt verbeeld in de *Ba Gua* van de Vroege Hemel, de binnenomgeving in de *Ba Gua* van de Latere Hemel, maar zijn niet los van elkaar te zien.

Qian (chien) is HEMEL, de drie yanglijnen symboliseren de spirituele kern waaruit alles zich heeft gemanifesteerd; staat voor vermogen, kracht, creativiteit, gezag, tijd, duur, het immateriële.

Kun is AARDE, de drie yinlijnen die de hemelse zegening ontvangen, symboliseren de door zon en regen gevoede aarde; staat voor vruchtdragend, ontvankelijk, passiviteit, overgave, ruimte, expressie, het materiële.

Zhen (chen) is DONDER, een trigram dat een naar buiten gerichte kracht uitbeeldt die zich verspreidt; staat voor opwekking, beweging, activiteit, groei, opwinding, stimulans, wilskracht, impuls, vitaliteit.

Xun (sun) is WIND, die niet is geworteld maar de grond zijn kracht doet voelen; staat voor lichte inspanning, geleidelijke resultaten, werk, flexibiliteit, diepgang, gevoeligheid, meeleven, intuïtie, assimilatie, doordringend.

Kan is WATER, dat helder en open naar buiten is maar een vaste substantie omvat; staat voor mysterie, diepte, betekenis, gevaar, donker, vormloos, onzekerheid, emotie, Eros, maankrachten.

Li is VUUR, het beeld van een vlam: ruimte binnen een solide vorm; staat voor verlichting, intelligentie, afhankelijkheid, trouw, helder, gevormd, zuiver, onderscheid, logos, zonnekrachten.

Gen (ken) is BERG, het beeld van opgesloten ruimte, van een door de aarde omhoog gestuwd oppervlak; staat voor stilte, rust, meditatie, berusting, stevigheid, onbeweeglijkheid, zwaarte, concentratie.

Dui (tui) is MEER, een trigram met een open oppervlak dat wordt gedragen door de onderliggende massa; staat voor openheid, plezier, voldoening, buitensporig; vrolijk, lichtheid, opmerkzaamheid, intuïtief inzicht.

Fu Xi en Wen Wang Ba Gua
rangschikking van Vroege en Latere hemel

De rangschikking van de *Ba Gua* binnen het wiel van *Fu Xi* of *Xian Tian* ('Vroege Hemel') is gegrond in de *Ho Tu* (zie blz. 86): de standvastige Hemel staat tegenover de ontvankelijke Aarde; de gematigde Wind tegenover de energieke Donder; het mysterieuze Water tegenover het verlichtende Vuur; de onbeweeglijke Berg tegenover het vreugdevolle Meer. Deze rangschikking verbeeldt de hemelse ordening en dient als kaart voor de oriëntatie binnen het landschap, voor tempel- en grafontwerpen en voor het stellen van diagnoses.

De rangschikking binnen het wiel van *Wen Wang* of *Hou Tian* ('Latere Hemel') verbeeldt de relatie van de trigrammen tot de aardse qi aan de hand van de seizoenen en wordt geraadpleegd bij de bouw van woon- en werkplekken. Zoals de *Lo Shu* Negen Paleizen telt, zo zijn de acht trigrammen verdeeld over de acht windrichtingen, rondom de *tai ji*, de verticale as tussen Hemel en Aarde die de spirituele gezondheid van de gebruikers van de plek verbeeldt. Deze kaart geeft op macro- en microniveau (stad, huis, kamer) aan welke ruimte het geschiktst is voor een bepaalde activiteit of persoon.

Een *Ba Gua*-richting kan gunstig of ongunstig zijn. Een *sha qi* (zie blz. 102) in het zuiden voorspelt hoofdpijn en autoriteitsproblemen, met name voor de vader, en oog- en relatieproblemen voor de middelste dochter. Een ongunstige *Ba Gua*-richting kan worden bijgestuurd door het plaatsen van deuren of ramen, het bouwen van een erker, door spiegels, talismans, plant- en diersymbolen, *Lo Shu*-getallen en de Vijf Elementen in de vorm van bijvoorbeeld foto's, kleuren of ornamenten.

Links en boven: de heilige Ba Gua van de Vroege Hemel: het universum geopenbaard in de draaiing van het wiel. 'Hemel en Aarde vormen het anker. Berg en Meer circuleren vocht. Donder en Wind voeden elkaar. Vuur en Water zijn verenigbaar.' (Yijing)

Rechts: de wereldse Ba Gua van de Latere Hemel (boven: de naar buiten gerichte versie). Wanneer twee mandarijneenden (symbool voor huwelijksgeluk) in het ZW worden geplaatst, zal dit de liefdesband tussen man en vrouw versterken.

Yijing
Boek der veranderingen

Volgens de overlevering was het Zhou Wen Wang die in de *Gua Ci* (ca. 114 v.Chr.) de *Ba Gua* combineerde tot de 64 hexagrammen en deze hun naam gaf. De *Yao Ci*, een commentaar op elk van de in totaal 384 lijnen, werd geschreven door zijn zoon, Zhou Gong Dan.

Zowel in de *Zhou Yijing* als op het *luopan* (zie blz. 98) kunnen beide rangschikkingen van de *Ba Gua*, die van de Vroege Hemel en de Latere Hemel, worden geraadpleegd. Om te bepalen wat de gunstigste oriëntatie is van een bouwplek, een huis of een deur wordt gekeken naar de *yao* ('lijn') die vanuit het midden van de plek, het huis of de deur naar het noorden voert. Om te weten of het hexagram aan het eind van de lijn een gunstig of ongunstig voorteken is, kan de *Yijing* worden geraadpleegd. Het 'oordeel' is gebaseerd op de kenmerken en de onderlinge relatie van beide trigrammen (zie blz. 386-387).

Naar aanleiding van een vraag over bijvoorbeeld een bouwplek of een geschikte tijd kan ook het orakel ook worden geraadpleegd met behulp van duizendbladstelen of munten. Het hexagram wordt dan van beneden af opgebouwd. Voor elke lijn worden drie munten geworpen. Een worp met één of drie 'koppen' geeft een doorlopende yanglijn; een worp met één of drie 'munten' een onderbroken yinlijn.

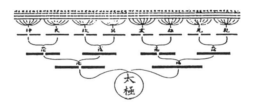

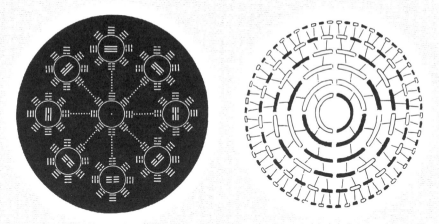

*Links: elk van de 64 hexagrammen bestaat uit twee Ba Gua-trigrammen.
Rechts: ontwikkeling van tai ji tot yin-yang tot Si Xiang tot Ba Gua tot hexagram.*

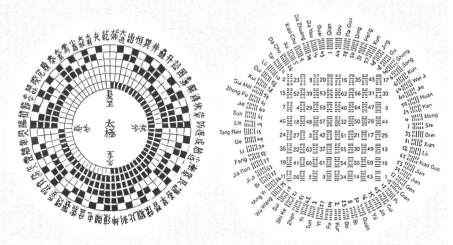

*Links: eenzelfde patroon als rechtsboven. Rechts: de positie van de 64 Gua (symbolen) in
Hemels verband (cirkel) en Aards verband (vierkant).*

Het luopan
het kompas van de geomantie

Luo betekent 'allesomvattend net', *pan* betekent 'bord' of 'schaal'. Het oudst bekende *luopan* of fengshuikompas met symbolen (*onder, tweede van links*) stamt uit de periode van de Strijdende Staten (475-221 v.Chr.).

Een modern *luopan* bestaat uit een cirkelvormige schijf, gevat in een vierkant. Het instrument dient op een platte ondergrond te worden geplaatst, van de grond af, in het midden (*Tian Xian* – 'Hemels Hart') van het gebouw of de plek en op één lijn met de muren (*linksonder*). Draai de cirkelschijf tot de magnetische kompasnaald en de as die in het midden (*Tian Qi* – 'Hemels Bad') Hemel en Aarde verbindt precies op één lijn liggen (zie blz. 99, boven). De cirkelschijf is onderverdeeld in ringen. Wat de gunstigste plek is om een deur of een raam te plaatsen, hoe de tuin het best kan worden ingericht, hoe de oriëntatie op de bergen en (water)wegen dient te zijn, kan worden afgelezen aan de symbolen op de betreffende ring (zie blz. 380-384). Zo geven de *Ba Gua* in de rangschikking van de Vroege Hemel (eerste ring grenzend aan het *Tian Qi*, blz. 99, onder en boven) een oordeel over de oriëntatie op het landschap, terwijl de *Ba Gua* van de Latere Hemel (tweede ring vanaf het *Tian Qi*, blz. 99, onder) geraadpleegd dienen te worden voor de inrichting binnenshuis.

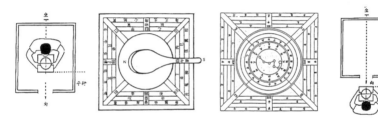

Links: San He (*'Drievoudige Harmonie'*)-luopan, met 3 Bergringen van 24 symbolen: de Aardering voor Ba Gua, bergdraken en de rugzicht-as; de Mensring voor de lage heuvels en bouwwerken; de Hemelring voor waterdraken en sterren. De twee buitenste ringen moeten 7,5° worden gedraaid ten opzichte van de kompaslijn: de Mensring terug omdat de menselijke qi langzamer stroomt dan de aardse qi; de Hemelring vooruit omdat de hemelse qi sneller stroomt (zie blz. 381-382).

Rechts: Sa Yuan (*'Drievoudig Tijdperk'*)-luopan, met ringen met de Negen Sterren (zie blz. 382-383) en met de 64 hexagrammen van de Yijing (zie blz. 386-387). De Negen Sterren verwijzen naar de sterren van de Grote Beer en de Negen Paleizen van de Lo Shu (zie blz. 87). De ringen met betrekking tot de taoïstische en confuciaanse metafysica en kalender zijn grotendeels na de Tangdynastie (618-907) toegevoegd.

Blz. 98, i: het lezen van het luopan *vanuit het midden van een huis.* ii: het Si Nan-luopan (ca. 300 v.Chr.) met wat werd geïnterpreteerd als een 'magneetlepel'. Op de vierkante schaal staan de acht trigrammen, tien stengels, twaalf vertakkingen en 28 Maanhuizen. iii: Liu Ren-orakelschaal uit de Handynastie (206 v.Chr.-220 n.Chr.). iv: het lezen van een luopan *voor een deuroriëntatie.*

Ondergrondse energieën
verscholen waterdraken

Een plek kan door veranderingen in het landschap door geopathische stress worden getroffen. De *Shui Peng Ba Zhen Fa* ('Acht naalden van de waterkompasmethode') uit de Mingdynastie (1368-1644) schrijft voor hoe ondergrondse stromen, holle ruimtes, geologische breuken, mineraalophopingen, oude bronnen, graven, slachthuizen en slagvelden geduid dienen te worden. Een nog oudere tekst luidt:

> '*Onder de grond bevinden zich afwisselende lagen aarde, rots en water. Onder deze lagen stroomt de qi door tienduizenden aderen, vertakkingen en de kleinste openingen. Het lichaam van de aarde lijkt op dat van de mens (…)*' – Chen Su Xiao (gest. 1332).

Tijdens bouw- en mijnwerkzaamheden en bij de aanleg van dijken en (spoor)wegen worden de ondergrondse meridianen regelmatig verstoord. In China schrijft de traditie voor dat er eerst een offer wordt gebracht aan de geesten van het landschap. Wanneer de *long mai* is geblokkeerd en de qi niet vrijelijk kan stromen, kan er *sha qi* ontstaan, een vergiftigende energie.

Dergelijke plekken kunnen het best vermeden worden of zo ingericht dat de schadelijke invloed zoveel mogelijk beperkt blijft. Om een woning te beschermen kunnen bijvoorbeeld amuletten worden gebruikt. Ook kan er accupunctuur worden toegepast om het landschap van de pijn te verlossen en in de grond verscholen waterdraken te genezen, zodat de qi weer als gezonde energie stroomt. Hiervoor kan het nodig zijn om voor korte of langere tijd naalden van hout, metaal of steen in de grond te plaatsen, op het pad van de meridiaan, op de plek waar zich de knooppunten bevinden.

Boven: pagodes kunnen fungeren als enorme acupunctuurnaalden om gevaarlijke boven- en ondergrondse qi-stromen ten goede te keren. Ook herhaalde ceremonies kunnen een plek gezond houden.

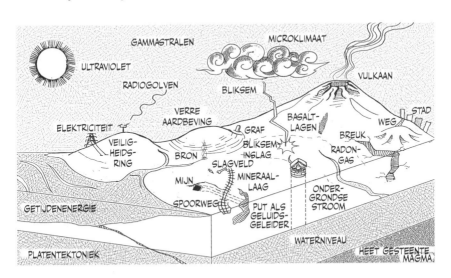

Boven: verborgen en zichtbare sha. 'Aan de bouw van een huis mag pas worden begonnen als door de aardlezers bevestigd is dat de bouwplek vrij is van aardedemonen.' (keizer Da Yu, 2205-2197 v.Chr.).

SHA QI
vijandige energie, oorzaak en genezing

De term *sha* ('gif') wordt gebruikt met betrekking tot bepaalde schadelijke invloeden in het landschap. Rechte lijnen, in de vorm van bijvoorbeeld wegen, hekken, elektriciteitsdraden of scherpe hoeken, die op een huis gericht zijn, worden als ongunstig beschouwd omdat zij *sha qi* naar het huis leiden. De enige rechte lijnen die binnen het klassieke Chinese landschap thuishoren, zijn leylijnen, die deel uitmaken van tempel- en paleisontwerpen en waarvan de qi gereinigd wordt door deze langs pagodes bij de ingang te leiden. Wegen en paden zijn bij voorkeur slingerend. De buitenbocht van een rivier of weg, T-splitsingen, de doorgang naar valleien, windtunnels tussen gebouwen en bruggenhoofden worden als gevaarlijke en ongunstige inrichtingselementen beschouwd, met name wanneer ze gericht zijn op de voordeur of de belangrijkste kamer in het huis.

Tegen *sha qi* kan *ru shi* worden ingezet (een zichtbare verandering; zie blz. 103, onder) of *chu si*, dat staat voor verandering van psychologische of transcendente aard, bijvoorbeeld door plaatsing van een spiegel, diersymbool of talisman. Zo is op de afbeelding linksonder tegenover de brug een steen geplaatst met het opschrift *Shi Gan Tang* ('de steen die weerstand biedt').

Links: taoïstische tempel met de Hemelse qi van een leylijn. Midden: de deurgoden Shen Du en Yu Lie worden als talisman bij de deur geplaatst om bescherming te bieden tegen demonen, vooral bij een deur die op het noordoosten is gericht. Rechts: het voorkomen van sha-invloeden.

Links: een met sha qi gevuld beeld. Rechts: als oplossing tegen de sha qi zijn bedreigende vormen verwijderd of uit het zicht gehaald door beschermende muren en bomen, is er een vijver aangelegd en zijn er een spiegel, twee stenen leeuwen en ronde stenen geplaatst.

Vorm van bouwplek en huis
leven in vierkanten en driehoeken

Veel Chinese woonhuizen hebben een ronde vijver of ronde deur in een rechthoekige tuin (zie blz. 108-109), vormen die het samengaan symboliseren van de hemelse cirkel en het aardse vierkant. De ideale bouwplek is vierkant (het element Aarde, dat de mensen draagt) of rechthoekig (het element Hout, dat voor groei staat), met hoeken die samenvallen met de vier windrichtingen. De beste ligging voor het woonhuis is in het midden, met dezelfde oriëntatie als de bouwplek. De voorschriften die voor de plek gelden, gelden ook voor de vorm van het huis en de kamers. Ontbrekende hoeken duiden op *Ba Gua*-gebreken, waardoor er *sha qi* in de richting van het huis kan stromen.

Driehoekige bouwplekken (het element Vuur) zijn ongunstig omdat de qi vastloopt in de scherpe hoeken en stagneert tot oude qi, waardoor het verleden zich laat gelden en de invloed merkbaar is van vroegere activiteiten en bewoners, maar ook van *gui* ('geesten'). Bij onregelmatig gevormde bouwplekken hoort het element Water (dat Hout voedt). Of dergelijke plekken gunstig of ongunstig zijn, is afhankelijk van de exacte vorm. Het is echter af te raden om te bouwen op een plek waar, door de vorm en hellingsgraad, de qi-stroom wordt gestagneerd of van het huis wegstroomt.

Ongunstige vormen kunnen worden 'genezen' door bijvoorbeeld objecten te plaatsen in de vorm die ontbreekt. Bij een steile helling kan de te snel stromende qi worden afgeremd door terrassen aan te leggen. Het is dan belangrijk dat de achterzijde van het huis het hoogst ligt.

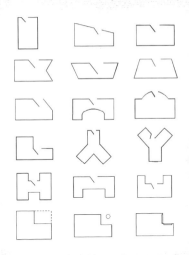

Boven: glooiende, hemelwaarts gerichte daken. Op hoeken en randen worden wel beelden geplaatst van magische dieren met beschermende eigenschappen, zoals de Chinese draak.

Boven: ongunstige (links en midden) en gunstige vormen van bouwplekken en huizen. Ontbrekende delen kunnen worden gecompenseerd door een aanbouw, een boom, licht of spiegels (onderste rij).

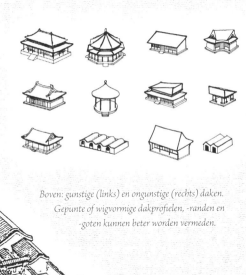

Boven: gunstige (links) en ongunstige (rechts) daken. Gepunte of wigvormige dakprofielen, -randen en -goten kunnen beter worden vermeden.

Links: een klassiek Noord-Chinees huis, met een binnenplaats als ming tang *(zie blz. 74), een ideaal model voor maximale* sheng qi.

Richtlijnen voor de inrichting
circuleren en verzamelen

De toegang tot een huis kan worden vergeleken met de mond, de keuken en de woonkamer met het hart, de slaap- en badkamer met de geslachtsdelen. Het ontwerp van een huis moet een weerspiegeling zijn van zowel de scheiding als het verloop van de openbare ruimte naar de privéruimte, waarbij de voordeur liefst niet rechtstreeks naar de keuken, de trap of het toilet leidt. Deuren, ramen en meubels moeten zo geplaatst worden dat de qi vrijelijk kan circuleren en dus niet langs rechte lijnen wordt gevoerd. Als de voor- en achterdeur of de ramen in een ruimte op één liggen, lekt de qi weg.

Bij het plaatsen van bedden, bureaus en zitbanken moeten de principes van de *Si Xiang* (zie blz. 78) worden gevolgd, zodat er een ruimte wordt gecreëerd waar de qi zich kan verzamelen. Badkamers en toiletten mogen nooit gelegen zijn in de centrale *tai ji*, noch tegenover de voordeur of de warmtebron in het huis. Binnen een onregelmatig ontwerp, waar de qi te zeer verspreid raakt en er *sha*-ophopingen ontstaan, kan een rond kleed of ronde tafel de balans herstellen. Scherpe hoeken kunnen worden verzacht met planten of stoffen, en het 'neerdrukkende' aspect van balken kan worden verlicht door kraagstenen, veren of een baldakijn. Spiegels stimuleren de yang-qi, vergroten de ruimte en versterken dat wat ze weerspiegelen, maar belemmeren de slaap wanneer ze boven het bed hangen.

 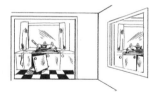 

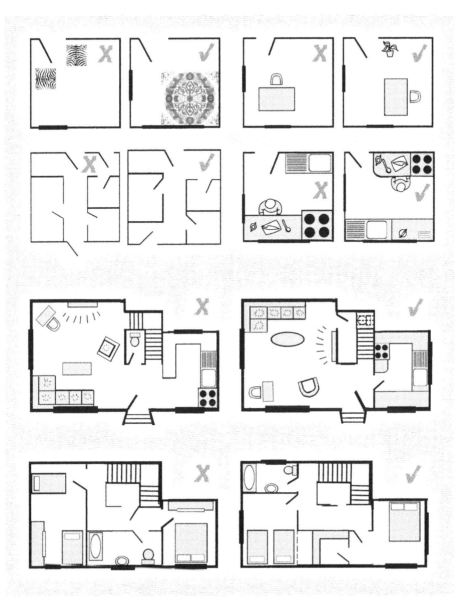

Klassieke tuinontwerpen
hemel op aarde

Klassieke Chinese tuinontwerpen zijn geworteld in het yin-yang-principe en verbeelden zo de harmonie tussen Aarde en Hemel. De stippen binnen het *tai ji*-symbool wijzen in dit verband op de aanwezigheid van lucht in het ontwerp, van kleine tuinen binnen grote tuinen. Binnen de tuin als compositie wordt gestreefd naar balans tussen symmetrische constructies en een naturalistische tuinarchitectuur, met rotstuinen en verhogingen, stromend water en vijvers, bruggen en doorgangen, paviljoenen en paden, ornamenten en kalligrafie, vogelzang en muziek, dierenleven en ceremonies.

Cirkels en rondingen staan voor de Hemel, vierkanten en rechte lijnen voor de Aarde. Een vierkant gazon combineert goed met een ronde toegang, en een rond paviljoen met een vierkante vijver.

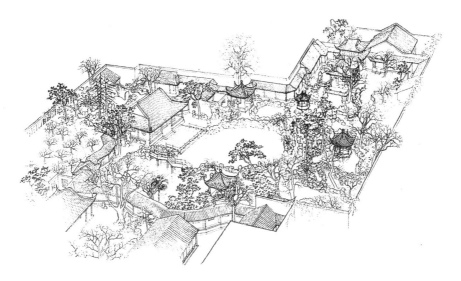

Boven: 'Gelukkige Tuin', Suzhou, provincie Jiangsu (19e eeuw). Elk tuinontwerp heeft een basisthema en een hoogtepunt. Al lopend passeert de bezoeker een reeks van doorkijken - vanaf verschillende hoogte, soms ingekaderd, soms als een spiegel van het landschap buiten de tuin, maar liefst geen allesomvattend zicht - en wordt zo naar het hoogtepunt geleid, waarna de doorkijken steeds serener worden.

Links: 'Tuin van de Gepensioneerde Visser,' Suzhou, provincie Jiangsu (1140; hersteld ca. 1750). In dit ontwerp zijn beweging en rust samengebracht, het stoffelijke en het onstoffelijke. Planten en vormgelijkenissen in steen dienen als symbolen, terwijl nevenschikking en dubbelzinnigheid tot inzicht prikkelen. Tuinontwerpen worden beïnvloed door de Ba Gua van zowel de Vroege als de Latere Hemel. Blz. 108: rotstuin in de 'Hier Blijven Dralen Tuin' Suzhou (1593).

DEEL III

Boven en blz. 113: twee geheel verschillende voorstellingen van leylijnen. Rechts een oude rechte weg bij Thanet, Engeland, als beeld van de rechtlijnige verbinding tussen plaatsen van speciaal belang, terwijl de duizend jaar oude Slangenheuvel in Ohio, VS, een golvende, mysterieuzere energiestroom verbeeldt.

LEYLIJNEN
GEESTRIJKE PADEN

Danny Sullivan

Inleiding

Op 30 juni 1921 maakte zakenman Alfred Watkins een autoritje. Net buiten Blackwardine, in het Engelse Herefordshire, trok een archeologische vindplaats van een Romeins legerkamp zijn aandacht.

Toen hij het landschap en de locaties van de bezienswaardigheden vergeleek met de plattegrond die hij bij zich had, viel het hem op dat diverse plekken die in het verre verleden van speciaal belang waren geweest, zoals staande stenen, oude kruizen, kerken en heuvelforten, door een reeks van rechte lijnen waren verbonden, als 'door een lint van elfenlichtjes', zou hij aan zijn zoon hebben verteld. Een ontdekking die hij later beschreef als een 'flits van inzicht'.

De methodische en praktisch ingestelde Watkins zou zelf beslist nooit hebben gesproken van een 'mystiek visioen' (zie illustratie blz. 114) zoals enthousiaste commentatoren zijn ontdekking zijn gaan noemen. Watkins was overigens niet de eerste die iets dergelijks opmerkte, maar hij was wel de eerste die opperde dat deze lijnverbindingen zich over het hele land uitstrekten. De benaming 'leylijnen' is ontleend aan de uitgang 'ley' van opmerkelijk veel plaatsnamen langs dergelijke lijnverbindingen.

Sinds Watkins' ontdekking zijn leylijnen al geassocieerd met prehistorische wegen, astronomische zichtlijnen, ufowaarnemingen, aarde-energiebanen, geestenpaden, sjamanistische uittredingen en wegen van de geesten van de doden.

Het mysterie van leylijnen
ufo's en vreemde energieën

Het idee van leylijnen spreekt tot de verbeelding, zoals wel is gebleken uit alle theorieën en speculaties over hun betekenis.

Begin twintigste eeuw deed men onderzoek naar een mogelijk verband tussen leylijnen en astronomische zichtlijnen, terwijl anderen weer aanwijzingen zagen voor geesten of elfen (zoals uitgebeeld door L. Dalliance, Parijs, 1887, blz. 117). De naoorlogs hernieuwde interesse voor leylijnen en het traceren ervan, waren vooral te danken aan de ufo-rage.

In de jaren vijftig kwam de Franse ufoloog Aimé Michel met de stelling dat de plekken waar ufo's waren waargenomen met rechte lijnen, die hij 'orthotopen' noemde, verbonden konden worden. Buck Nelson, een van de eerste mensen die beweerden door buitenaardse wezens te zijn ontvoerd, had geschreven dat vliegende schotels werden aangedreven door energie die werd onttrokken aan in de aarde verscholen magnetische krachtlijnen Het was uiteindelijk ex-RAF-piloot Tony Wedd die als enthousiast ufoloog beide denkbeelden met de lijnen van Watkins in verband bracht, waarna het idee van leylijnen als magnetische energiebanen was geboren.

De tegencultuur van de jaren zestig omarmde het idee van mystieke, in de aarde verscholen energieën en het duurde niet lang of wichelroedelopers beweerden verborgen energieën te kunnen lokaliseren op heilige plaatsen uit het verre verleden zoals steencirkels en staande stenen. Ook leylijnen zouden met behulp van een wichelroede getraceerd kunnen worden.

DE EERSTE LEYSPEURDERS
de Straight Track Club

Na zijn ontdekking toog Alfred Watkins aan het werk om zijn vermoedens aan de werkelijkheid te toetsen. Hij reisde rond, nam foto's en bracht een indrukwekkende verzameling gegevens bijeen die in 1925 werd gepubliceerd onder de titel *The Old Straight Track*.

Hij was tot de conclusie gekomen dat de verbindingslijnen wegen waren geweest waarlangs handelaren waren getrokken om hun waren, zoals zout en aardewerk, te verkopen. Het boek werd door archeologen genegeerd, maar vond veel weerklank onder het grote publiek en het speuren naar leylijnen werd een populair tijdverdrijf.

Nog geen twee jaar later werd de Straight Track Postal Portfolio Club opgericht, waarvan de leden enthousiaste leylijnspeurders waren. Hun bevindingen werden gebundeld in portfolio's, die per post van lid naar lid werden doorgestuurd. Nadat echter van sommige mogelijke leylijnen was gebleken dat het onmogelijk handelsroutes konden zijn geweest, begon men de conclusie van Watkins in twijfel te trekken.

Hoewel er geen gebrek was aan alternatieve theorieën, slaagde niemand erin een aannemelijke verklaring te geven voor het bestaan van de leylijnen. Toen de oorlog uitbrak, werd de club opgeheven en Watkins' theorie werd min of meer vergeten, tot begin jaren zestig.

Blz. 119: aankondiging van de eerste excursie van de Straight Track Club in Hereford in 1933 onder leiding van Alfred Watkins.

THE STRAIGHT TRACK CLUB

SUMMER MEETING

HEREFORD

Thursday, July 13th to
Monday, July 17th, 1933

Leader of Excursions:
ALFRED WATKINS, 5, Harley Court, Hereford.

Deputy Leader of Excursions and Local Hon. Secretary:
W. H. McKAIG, "Oban," Ledbury Road, Hereford.

Hon. Secretary of Club:
M. C. CARR-GOMM, 57, Abbey House, Victoria Street,
London, S.W.1

Astronomische verbanden
Watkins, Lockyer en Stonehenge

Al in 1901 had Sir Norman Lockyer aangetoond dat bepaalde stenen binnen de steencirkel van Stonehenge precies op één lijn staan met het punt waar tijdens de zomerzonnewende de zon opkomt (zie blz. 121).

Na zijn ontdekking van leylijnen zette Alfred Watkins Lockyers onderzoek voort en vond duidelijke aanwijzingen voor nog vier astronomische oriëntaties bij Stonehenge. Ook admiraal Boyle Sommerville, een lid van de Straight Track Club, had succes. Op de Hebriden en in Ierland bleken veel stenen in cirkels en rijen eveneens georiënteerd te zijn op de zonsopgang of -ondergang op belangrijke dagen van het astronomische jaar. Bovendien viel hem op dat er in het verlengde van deze zichtlijnen, tot kilometers ver, ook andere markeringspunten in het landschap waren.

Ook bij Newgrange, Ierland, valt een dergelijke oriëntatie op, waarbij de ingang tot de centraal gelegen grafkamer zo gelegen is dat hier de eerste stralen vallen van de opgaande zon tijdens de winterzonnewende. Deze zichtlijn voert langs twee met tekens gemarkeerde stenen: een grafheuvel en een buiten de cirkel staande steen (zie blz. 166-167).

Zichtlijn op de opkomende midzomerzon vanuit het midden van Stonehenge.

Heilige lijnen in Duitsland
het werk van Teudt en Heinsch

Niet alleen in Groot-Brittannië zijn lijnverbindingen te ontdekken. In 1939 publiceerde de Duitse historicus Josef Heinsch een essay getiteld *Grundsätze vorzeitlicher Kultgeographie*; het handelt over een magisch principe dat in het verre verleden ten grondslag zou hebben gelegen aan de positionering van heilige plaatsen die, zo stelde hij, knooppunten waren op lijnen die geometrische figuren in het landschap vormden. Deze prehistorische landschapspatronen zijn nog altijd aanwezig, omdat op de plaats van heidense heiligdommen vaak christelijke kerken werden opgericht.

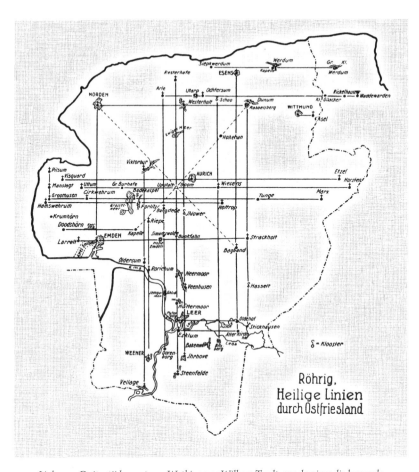

Links: een Duitse tijdgenoot van Watkins was Wilhem Teudt, een dominee die beweerde dat een kapel die in de rotsen van de Externsteine in het Teutoburgerwoud was uitgehakt, een zonneobservatorium was en deel uitmaakte van een netwerk van astronomische Heilige Linien dat verbindingen vormde tussen tal van heilige plaatsen in Noord-Duitsland. Teudts twijfelachtige theorieën werden door Himmler en andere nazi's omarmd en zijn deze smet nooit meer kwijtgeraakt. Boven: leylijnen in Duitsland. De rechte lijnen op de kaart, gemaakt door een tijdgenoot van Wilhelm Teudt, verbinden heilige plaatsen.

Paden naar de goden
lijnen van de Nazca, ceques *van de Inca*

In de woestijngrond bij Nazca zijn tientallen lijnen in de woestijngrond gekerfd. Ook elders op de Peruviaanse hoogvlakte zijn rechte lijnen uitgebeeld, gemarkeerd door stenen, die glooiingen en heuvels verbinden. Bij Lima bevindt zich in het landschap een tekening van rechte lijnen die, als de spaken van een wiel, in een centraal punt samenkomen.

In zeventiende-eeuwse jezuïtische teksten wordt melding gemaakt van het feit dat er straalsgewijs onzichtbare lijnen wegvoerden uit de Incastad Cuzco. Deze *ceques* werden door de Inca als heilige paden beschouwd. De enige sporen die er nog van resten, zijn de denkbeeldige lijnen die, net als leylijnen, getrokken kunnen worden tussen heiligdommen en kerken in het gebied.

Ook in Bolivia zijn kilometerslange, kaarsrechte paden die langs heuvels, steenmarkeringen en witgeverfde kapellen voeren.

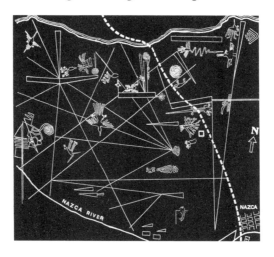

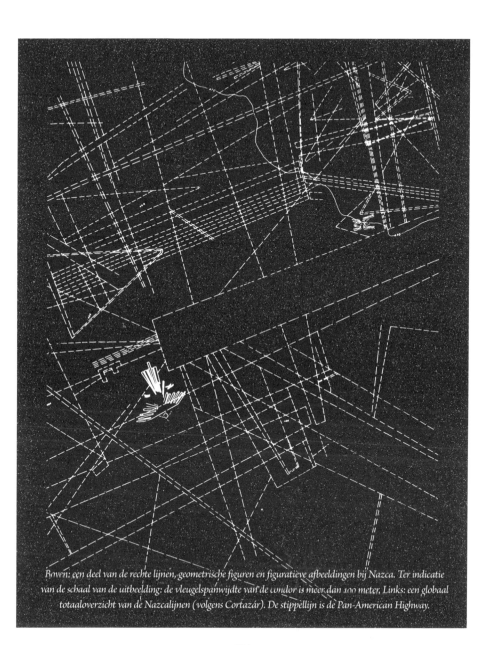

Boven: een deel van de rechte lijnen, geometrische figuren en figuratieve afbeeldingen bij Nazca. Ter indicatie van de schaal van de uitbeelding: de vleugelspanwijdte van de condor is meer dan 100 meter. Links: een globaal totaaloverzicht van de Nazcalijnen (volgens Cortazár). De stippellijn is de Pan-American Highway.

WEG, HEUVEL EN MERIDIAAN
precolumbiaanse lijnen

Ook elders op het Amerikaanse continent zijn sporen van rechte wegen die alle de verbinding vormen tussen heilige plaatsen.

In Mexico legden de Maya dwars door de regenwouden van Yucatán kaarsrechte ceremoniële wegen aan, *sacbeob* genoemd. Verder naar het noorden, in New Mexico, is met infraroodcamera's ontdekt dat de ceremoniële centra of *kiva's* (onder) in de Chaco Canyon door een stelsel van rechte wegen worden verbonden, terwijl de Anasazi, de bouwers, niet bekend waren met het wiel, noch met paarden. Men vermoedt dan ook dat deze wegen eerder een symbolisch dan een praktisch doel dienden. Ook is ontdekt dat de lijn die de steden van de Anasazi verbindt, zich als een meridiaan zo recht van noord naar zuid over honderden kilometers uitstrekt.

De precolumbiaanse aarden wallen in Wisconsin (zie blz. 127, midden) zijn astronomisch georiënteerd, en in Mississippi getuigen nog tal van aarden monumenten in een combinatie van cirkelvormen en rechte lijnen (zie blz. 127, links en rechts) van de precolumbiaanse cultuur.

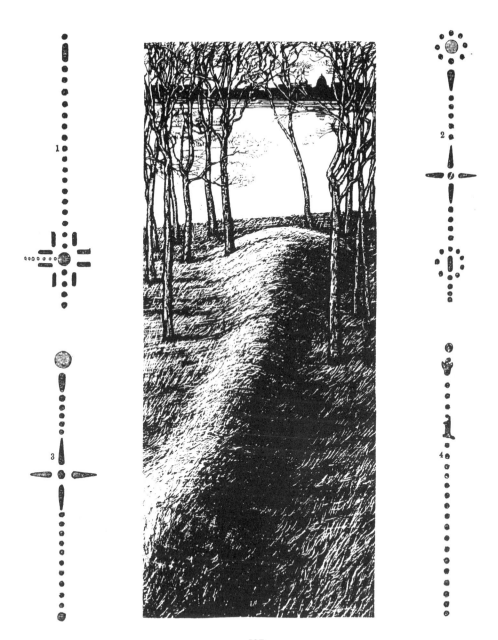

Astronomische verbanden
lijnen tussen hemel en aarde

Aan het begin van het astronomische jaar komt de zon in het zuidoosten op, beschrijft een lage boog aan de hemel en zakt dan in het zuidwesten achter de horizon. Naarmate de dagen lengen schuiven deze punten naar het noorden op, steeds sneller, tot de lente-equinox rond 21 maart, wanneer de zon precies in het oosten opkomt en in het westen ondergaat. In een langzamer tempo schuift de zon verder op, tot rond 21 juni het zomerwendepunt is bereikt, waarna de zon naar het zuiden beweegt en rond 21 september de herfstequinox passeert. Rond 21 december is de zon op het winterzonnewendepunt weer terug bij af.

De viering van de dagen halverwege een zonnewende en equinox leeft nog altijd voort in tal van feestdagen.

De maan volgt eenzelfde patroon als de zon, maar voltooit haar cyclus binnen een maand, en wel precies zo dat de opkomende vollemaan op één lijn staat met de ondergaande zon. De maan keert zich niet ten opzichte van de aarde maar van de zon. Deze cyclus van de zogeheten grote maanstilstand duurt 18,6 jaar (zie blz. 129).

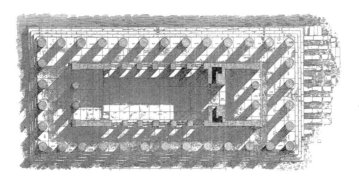

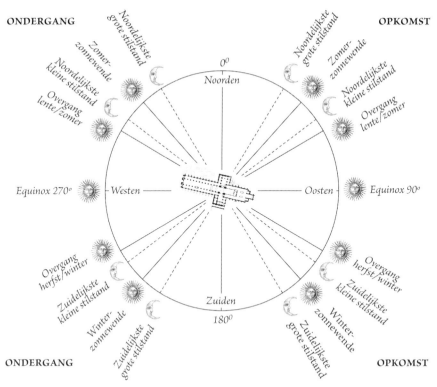

Boven: de belangrijkste posities van de zon en de maan aan de horizon. Bepaalde door mensen in het landschap geïntroduceerde elementen zijn georiënteerd op een of meer van deze posities of op de posities op bijvoorbeeld de naamdag van een heilige. Ook heldere sterren als de Hondsster kunnen als oriëntatiepunt dienen.

Blz. 128: evenals de meeste christelijke kerken is het overgrote deel van de Griekse tempels op Sicilië (zoals deze tempel van Concordia in Agrigento, 500 v.Chr.) op het oosten georiënteerd, op het punt waar de zon opkomt rond 21 maart en 21 september, de twee dagen van het jaar dat overal ter wereld dag en nacht even lang duren.

HET ZONNEJAAR IN ACHT PERIODEN

IMBOLC: 4 FEBRUARI
LENTE-EQUINOX: 21 MAART
BELTANE: 5 MEI
MIDZOMER: 21 JUNI
LAMMAS: 7 AUGUSTUS
HERFSTEQUINOX: 23 SEPTEMBER
SAMHAIN: 6 NOVEMBER
MIDWINTER: 21 DECEMBER

Equinoxen en zonnewendes
astro-archeologische oriëntaties

In de oudheid werden speciale plaatsen georiënteerd op de zonsopkomst en -ondergang op de vier belangrijkste dagen van het astronomische jaar: de zomer- en winterzonnewende en de lente- en herfstequinox.

Stonehenge is georiënteerd op zowel de zonsopgang tijdens de zomerzonnewende als de tegenoverliggende zonsondergang tijdens de midwinterzonnewende. Het Ierse Newgrange (3200 v.Chr.) is georiënteerd op de midwinterzonsopkomst. De tot nu toe oudst bekende steencirkel, bij Nabta Playa, in de Egyptische woestijn, dateert van 4800 v.Chr. en heeft een ovale vorm waarvan de N.O.-Z.W.-as samenvalt met de midzomerzonsopkomst en de midwinterzonsondergang (net als in Stonehenge). Zie ook blz. 131.

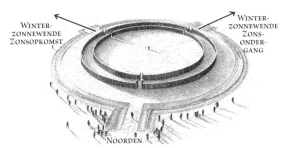

Links: getekende weergave van de Goseck-kring in Duitsland (4900 v.Chr.), een van de honderden plaatsen waar ooit, in cirkelvormige greppels, houten palen stonden opgericht. Van de drie ingangen ligt er een in een rechte lijn met de midwinterzonsopkomst (ZO) en een met de midwinterzonsondergang (ZW).

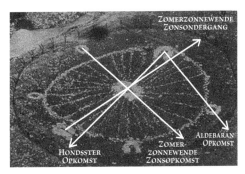

Links: grafheuvel (Majorville, Alberta, 3000 v.Chr.) die georiënteerd is op zowel de zon- als de maancycli.

Onder en blz. 130: de Schat van Atreus, Mycene, 1250 v.Chr. Wanneer tijdens de equinox de zon pal in het oosten opkomt, vallen de eerste stralen precies door het driehoekige raam boven de ingang op de tegenoverliggende muur.

Uiterste maanstanden
voorbeelden uit de oudheid

Het complex van aarden monumenten in Newark, Ohio, is rond 350 n.Chr. gecreëerd door de Hopewell-indianen en omvat uit aarden wallen gevormde figuren (zie blz. 133 en 298-301). De cirkel heeft een diameter van 321 meter en diende in 1875 als locatie voor de regionale jaarmarkt (zie onder). De onregelmatige achthoek ten noordoosten van de cirkel getuigt van een geavanceerde astronomische kennis. Het opschuiven en keren van de plaats van opkomst en ondergang van de maan voltrekken zich in twee cycli: een kleine cyclus van zo'n 30 dagen en een grote van 18,6 jaar. De uiterste standen van deze grote maancyclus markeren de ingenieuze achthoek.

Ook bij Stonehenge zijn stenen zo geplaatst dat zij de grote maancyclus in kaart brengen. Bovendien vinden precies op deze locatie de belangrijkste zonsopkomsten en -ondergangen gelijktijdig plaats met de uiterste maanstanden. De lijnen die deze posities van de zon en de maan verbinden, vormen samen een perfecte achthoek (zie blz. 133).

De cirkel waarbinnen deze achthoek kan worden uitgetekend, met de Hielsteen als referentiepunt, valt samen met de kring van 56 Aubreygaten die werd gebruikt voor de berekening van eclipsen.

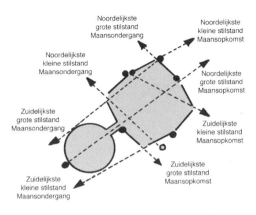
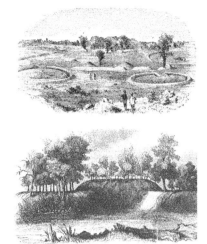

Boven, rechts & blz. 132: aarden monument bij Newark, Ohio, met maanstilstandposities.

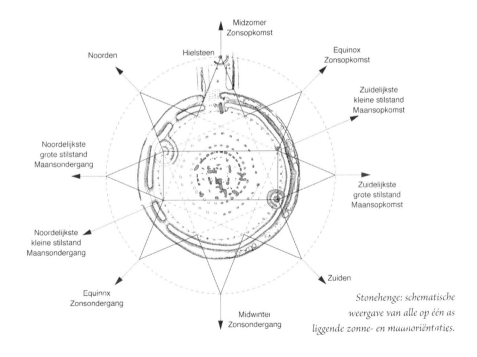

Stonehenge: schematische weergave van alle op één as liggende zonne- en maanoriëntaties.

Megalithomania
prehistorische opzet

Voor de noordwestkust van Groot-Brittannië, nog voorbij het eiland Skye, liggen de Buiten-Hebriden. Op Lewis, het grootste van deze eilanden, staan enkele vrijwel onaangetaste steencirkels.

Binnen een gebied met een doorsnee van 8 kilometer staan een aantal kleine steencirkels die een fascinerende inkijk bieden in de geest van de prehistorische mens. Pas in de jaren zestig ontdekte Alexander Thom, van de universiteit van Oxford, dat deze steencirkels in elkaars beeldhoek staan, bijna als in een oogbol, en dankzij deze in het platte vlak weergegeven driedimensionaliteit ook twee assen hebben. Op het eiland Lewis (bijvoorbeeld bij Callanish, onder) staan steencirkels die, hoewel ze kilometers ver uiteen staan, elkaar precies 'aankijken', zoals bij de zes voorbeelden hiernaast helder in kaart is gebracht.

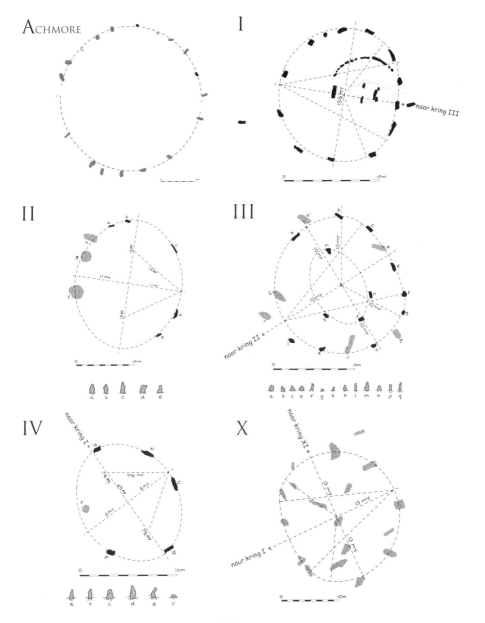

DRAKENLIJNEN
voorspoed bevorderen in China

Ook in andere delen van de wereld zijn er onzichtbare rechte lijnen in het landschap. Feng shui (zie deel II) diende oorspronkelijk voor de plaatsbepaling van graven. Het uitgangspunt van deze Chinese vorm van geomantie is dat harmonie in het landschap en in het persoonlijke leven verkregen kan worden door sturing van de natuurlijke krachten die door de 'aderen' van de aarde vloeien. Deze krachten manifesteren zich soms in de vorm van *long mei* ('drakenlijnen'), die kaarsrecht door het landschap voeren. Binnen de Chinese en veel andere oude culturen worden rechte wegen geassocieerd met geesten; het einde van een rechte weg wordt dan ook als een ongunstige plek beschouwd om een huis te bouwen.

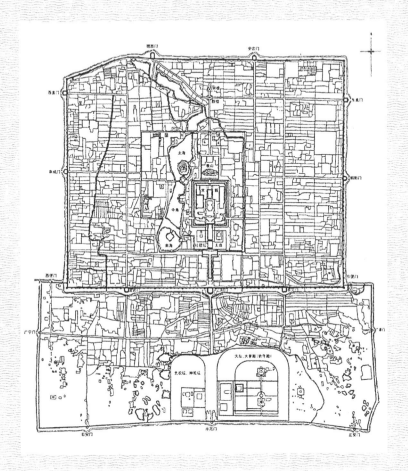

*Boven: de Verboden Stad in het centrum van Beijing is gelegen op een drakenlijn die gemarkeerd wordt door de stadspoort, het Keizerlijk Paleis en een heilige berg.
Links: de oude westelijke stadspoort.*

Elfenpaden
vrije doorgang op Ierse paden

Zoals de Chinezen geloven dat geesten bij voorkeur de meest rechtstreekse weg volgen, zo is het in de Ierse folklore het 'kleine volkje' dat in een rechte lijn reist, van ringfort naar ringfort, waar zij volgens de overlevering huizen. Het zou ongeluk brengen of zelfs gevaarlijk zijn om op een elfenpad een huis te bouwen en daarmee de vrije doorgang te belemmeren. Tot op de dag van vandaag zijn sommige huizen aan twee zijden voorzien van speciale deuren die op bepaalde dagen van het jaar geopend worden om de elfengastheer veilig te laten passeren. De illustraties zijn van Richard Doyle (onder) en Arthur Rackham (zie blz. 139).

Geologische breuklijnen
tellurische stromen

In de jaren vijftig verrichtte Aimé Michel onderzoek naar ufowaarnemingen in Frankrijk, waarbij hem opviel dat ufo's vaak banen volgden die overeenkwamen met geologische breuklijnen, die bovendien samenvielen met de belangrijkste leylijnen.

Uit recent onderzoek door Howard Crowhurst is gebleken dat de reeksen van staande stenen bij Carnac, Noord-Frankrijk, niet alleen georiënteerd zijn op de belangrijkste zon- en maanstanden, maar ook geologische breuklijnen markeren. Is dit toeval of waren de prehistorische bouwers hiervan op de hoogte? En kan het zijn dat de door de druk in de aarde veroorzaakte elektrische spanning (piëzo-elektrisch effect) een verhoogde staat van bewustzijn opwekt, zoals door sommige mensen wordt ervaren?

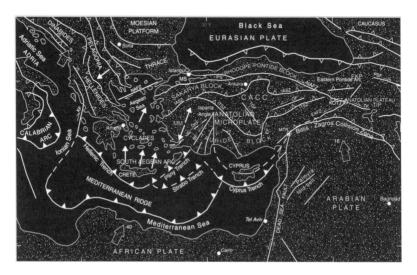

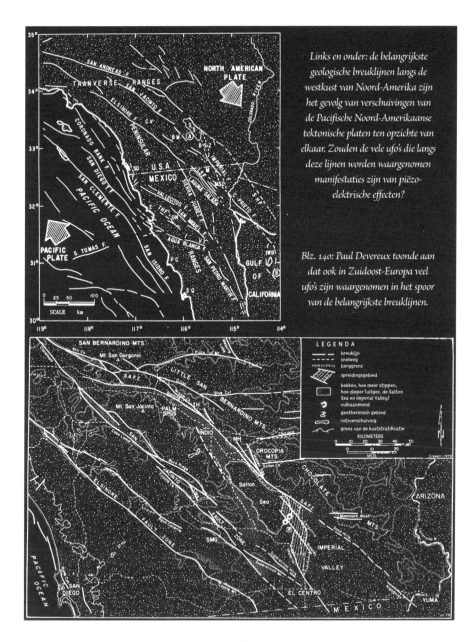

Links en onder: de belangrijkste geologische breuklijnen langs de westkust van Noord-Amerika zijn het gevolg van verschuivingen van de Pacifische Noord-Amerikaanse tektonische platen ten opzichte van elkaar. Zouden de vele ufo's die langs deze lijnen worden waargenomen manifestaties zijn van piëzo-elektrische effecten?

Blz. 140: Paul Devereux toonde aan dat ook in Zuidoost-Europa veel ufo's zijn waargenomen in het spoor van de belangrijkste breuklijnen.

Middeleeuwse oriëntaties
de positionering van kerken en kathedralen

Een groot aantal van de door Alfred Watkins ontdekte leylijnen voert langs middeleeuwse kerken en kerkhoven. Watkins' bewering dat deze bouwwerken waren opgericht op de plek van vroegere heiligdommen, kon niet altijd worden bewezen. In de middeleeuwen was een rechtlijnige oriëntatie overigens ook geen uitzondering.

In Nederland was het zelfs bij wet voorgeschreven dat de dood- of lijkwegen die naar het kerkhof leidden kaarsrecht dienden te zijn.

In het Duitsland van de tiende en elfde eeuw werden steden volgens een heilig geometrisch patroon ingericht, met een centraal geplaatste kathedraal en in elk van de vier hoofdwindrichtingen een kerk, zodat zij samen een kruis vormden. Tussen de kathedraal en de kerken werden vaak rechte wegen aangelegd, die soms langs voormalige heidense heiligdommen voerden. In het Duitse Speyer (onder) ligt de hoofdas van de kathedraal, die via de ceremoniële toegangsweg tot aan de stadspoort doorloopt, op één lijn met de berg Kalmit.

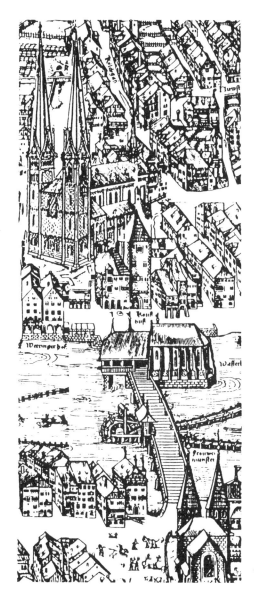

Links: een kerklijn en pelgrimsroute in het Zwitserse Zürich. De Fraumünster, de brug, de Wasserkirche en de Grossmünster liggen op één lijn met een blauwe steen (midden), het geomantische centrum van de stad. (J. Murer, 1576)

DE REIS VAN DE ZIEL
rouwpaden en lijkwegen

De traditie om de doden langs een voorgeschreven route ten grave te dragen is in heel West-Europa bekend en houdt mogelijk verband met een angst voor dolende geesten.

Terwijl in Nederland de lijkwegen kaarsrecht waren en moesten zijn, was dat in Duitsland en Groot-Brittannië zelden het geval. Om de doden uit de dorpen en gehuchten in gewijde grond te kunnen begraven, moesten deze in hun kisten naar de dichtstbijzijnde kerk worden gedragen, waarbij vaste routes werden gevolgd die 'rouwpaden', 'kistpaden' of 'kerkpaden' werden genoemd.

De rituelen rondom de dood en het begraven zijn verweven met tal van tradities en overtuigingen. Waar voor, tijdens en na de begrafenis veel aandacht aan werd besteed was het voorkomen dat de geest van de dode onder de levenden zou gaan rondwaren. Mogelijk was het de bedoeling om de geest van de dode, die zoals wereldwijd wordt geloofd bij voorkeur een rechte weg volgde, in de war te brengen door de begrafenisstoet een afwijkende route te laten volgen, zodat de geest niet terug zou keren.

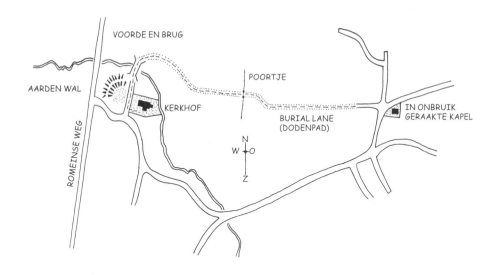

Boven: de laatste reis. Burial Lane in Feckenham, Worcestershire, is een van de duizenden in onbruik geraakte lijkwegen in Europa.

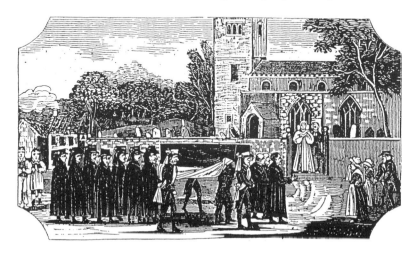

Geestenpaden en spokenwegen
de hemelsbrede weg van de geest

Het geloof dat geesten zich in een rechte lijn verplaatsen, is universeel. Ook al zijn de Duitse lijkwegen niet recht, de *Geisterwege* zijn dat wel. Deze spokenwegen uit de Duitse folklore verbinden begraafplaatsen en voeren lijnrecht over bergen, door valleien en moerassen. In het vroegere Oost-Pruisen is een *Leichenflugbahn*, letterlijk 'lijkenvliegbaan', die op bepaalde dagen van het jaar door de doden van de begraafplaatsen aan beide uiteinden wordt gebruikt om elkaar te bezoeken. Huizen die op deze lijn zijn gebouwd, raken regelmatig beschadigd op die dagen.

Aan de andere kant van de wereld, in Columbia, houden de Kogi-indianen de stenen paden vrij die de tot ruïnes vervallen steden van de Taironacultuur verbinden en die het zichtbare spoor vormen van geestenpaden die door de sjamanen van de Kogi in trance worden bewandeld. De routes van deze paden door het oerwoud zijn vastgelegd in een staande steen in een van de Kogidorpen.

Boven: paden van de hallucinogene vlucht van sjamanen van de Chuckchee.
Onder: deze kaart van de Chuckchee toont de reis van de menselijke ziel naar de wereld van de geest.

Bovennatuurlijke wegen
spoken en geestverschijningen

Sommige leylijnen lijken de rechte routes te zijn die door geesten van dolende monniken zouden worden gevolgd, waarlangs spookachtige koetsen 's nachts voortrazen of waarover schimmige begrafenisstoeten jaar in jaar uit dezelfde, naar het kerkhof leidende weg volgen. Soms zijn deze geestenpaden zichtbaar aanwezig in de vorm van bijvoorbeeld oude geplaveide wegen of blijkt hun loop op een kaart een rechte lijn te vormen.

In delen van Groot-Brittannië zouden Zwarte Honden langs oude wegen spoken, een aanwezigheid die voortleeft in tal van pubnamen. Voor de oorlog verrichtte Theo Brown onderzoek naar deze verschijningen in Devon en Cornwall en ontdekte dat veel plaatsen waar zij waren gezien op een kaart met een rechte lijn konden worden verbonden. Tegenwoordig laten zich vooral Zwarte Katten zien.

Blz. 148: een klassieke voorstelling van een spookkoets, met paarden zonder hoofd; een Zwarte Hond op een pamflet uit 1577; mysterieuze Zwarte Kat. Boven: de hoofdloze ruiter uit The Legend of Sleepy Hollow *van Washington Irving.*

Wat is een leylijn?
een inleiding tot enkele voorbeelden

De nu volgende voorbeelden vormen een selectie van de verschillende soorten leylijnen die op de voorgaande bladzijden zijn besproken. De keuze omvat enkele van de door Watkins zelf ontdekte leylijnen en enkele die door zijn navolgers zijn opgespoord, astronomische zichtlijnen, rechte verbindingslijnen tussen in de prehistorie opgerichte stenen en andersoortige monumenten, heilige paden, rouwroutes, lijkwegen en geestenpaden.

Alle bovengenoemde soorten verbindingslijnen zijn ooit ergens als leylijn aangemerkt. Hieruit blijkt niet alleen hoe moeilijk het is om het begrip 'leylijn' te definiëren, maar ook dat rechte lijnen en paden voor de mens altijd al van speciale betekenis zijn geweest.

Onder de voorbeelden vindt u enkele van de beroemdste prehistorische monumenten, die soms bovendien ideaal gelegen zijn voor een wandeling in de omgeving. Naast leylijnen in Groot-Brittannië komen ook voorbeelden uit Ierland, Frankrijk, België en Nederland aan bod.

Wat is een leylijn? Energieën tussen heilige plaatsen (boven), een zichtlijn op de zon of de maan (midden), een verbindingslijn tussen twee plekken (onder) of een pad voor geesten (zie blz. 150)? Tekeningen van Ulrich Magin.

DE HEILIGEHEUVELLIJN
Wilmington Ley, Sussex, Engeland

Volgens Alfred Watkins was de rechtlijnigheid van leylijnen te danken aan het werk van prehistorische landmeters, die, zo vermoedde hij, *dod men* hadden geheten. De in de krijtheuvels van Sussex uitgebeelde Lange Man van Wilmington zou zo'n landmeter zijn en maakt zelf ook deel uit van een leylijn.

Het eerste markeringspunt op deze lijn is de Maria en Petruskerk in het dorpje Wilmington. Naar verluidt zou er tussen deze kerk en de crypte van het volgende baken, een Normandische abdij (onder), een tunnel zijn. Het volgende baken is de vermoedelijk pre-Romeinse Lange Man, een ruim 70 meter hoge menselijke figuur waarvan alleen de omlijning is uitgebeeld en die in beide handen een rechtopstaande stok vasthoudt; deze stokken waren, aldus Watkins, het meetinstrument van de *dod men* geweest. Het heuvelgraf (doorsnee ruim 40 meter) op de top van Windover Hill is het vierde baken. Verder naar het noorden kruist de lijn een ronde grafheuvel uit de bronstijd. Prominente heuvels in het landschap zijn vaak het begin- of eindpunt van een leylijn.

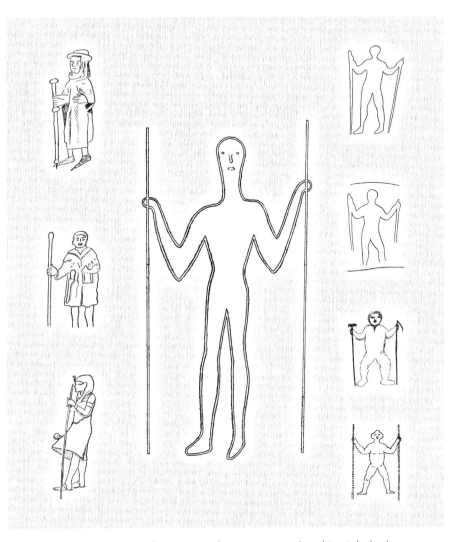

Boven: Watkins zag in de Lange Man het prototype van de prehistorische landmeter of dod man. *In de figuren links zag Watkins navolgers van de* dod man; *rechts staan andere versies van de Lange Man uitgebeeld. Blz. 152: een ietwat vervaagde 18e-eeuwse tekening van de 11e-eeuwse abdij van Wilmington.*

Leylijnen in Oxford
kerken lang de stadsassen

In *The Old Straight Track* wijst Watkins op de rechte verbindingslijnen tussen kerken in oude Britse steden als Hereford, Bristol, Oxford en Londen.

De in het centrum van Oxford gelegen kerk, St Martin's Carfax, staat op het kruispunt van twee door kerken geflankeerde leylijnen die samenvallen met de twee hoofdassen van de stad: Queen Street-Carfax-High Street (N-Z) en Magdalen Street-Cornmarket Street-St. Aldate Street (O-W).

De kerken langs de N-Z-as zijn de St Giles (a), St Mary Magdalen (b), St Michael's (c), St Martin's Carfax (d) en St Aldate (e), waarna de lijn bij Folly Bridge over de rivier de Theems voert.

De O-W-as vormt de verbindingslijn tussen de nu gesloopte St Peter's in the Castle (h), St Martin's Carfax (d), All Saints (g) en St Mary the Virgin (f). St Martin's Carfax is gebouwd op het hoogste punt van de oude stad, dat vroeger het centrum van bestuur, rechtspraak en handel was.

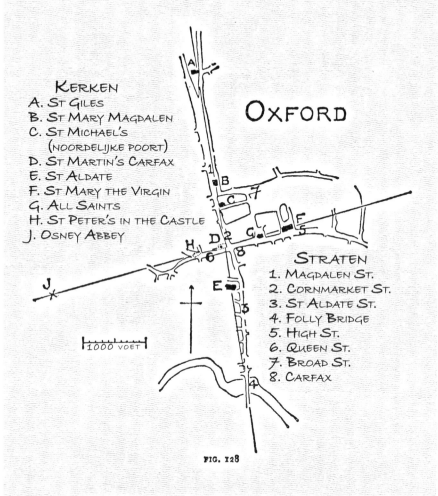

Watkins' plattegrond met het verband tussen het stratenpatroon en de verbindingslijnen tussen de uit de middeleeuwen stammende kerken.

Een Schotse leylijn
een lijn van koningen, Argyllshire, Schotland

In de Kilmartinvallei in het Schotse Argyllshire bevindt zich een opmerkelijke concentratie van prehistorische monumenten, variërend in ouderdom van 4000 tot 1200 v.Chr. Het prominentst zijn de stenen grafmarkering (cairns) die, de lijn van de vallei volgend, in een rechte lijn ten opzichte van elkaar liggen. Hiertoe behoren onder meer een naamloze cairn ten noorden van Crinian Moss; het blootgelegde Rowanfieldgraf, waarvan de as precies de leylijn volgt; Ri Cruin of de Koningskring, een goed bewaard gebleven prehistorische tombe uit 4000 v.Chr. met drie grafkamers en bewerkte stenen; een staande steen met *cup and ring*-markeringen; Nether Largie South, uit 3500 v.Chr., een cairn van 40 meter doorsnee die een koning of koningin tot graf heeft gediend; nog twee koningsgraven; Nether Largie Mid, een cairn van 30 meter doorsnee; en Nether Largie North, uit 3000 v.Chr. Het laatste en ooit het grootste graf op de lijn is Glebe Cairn. Precies in het verlengde van deze lijn liggen in noordelijke richting de heuvelforten Dun na Nighinn en Dun Chonnalaich.

De koningsgraven van de Kilmartinvallei zijn enkele van de elf markeringspunten van een rechte lijn die naar de top van een heilige heuvel voert.

Een zonsopgangoriëntatie
Stonehenge, Wiltshire, Engeland

De zichtlijn op de midzomerzon bij Stonehenge (zie ook blz. 130) is een van de beroemdste prehistorische astronomische oriëntaties.

Wie op de langste dag van het jaar in het midden van de steencirkel staat, kan de zon zien opkomen boven de buiten de kring geplaatste Hielsteen. De met een aarden wal omlijnde toegangsweg (de 'Avenue') ligt precies op één lijn met deze zichtlijn.

Dit fenomeen werd voor het eerst beschreven in 1740 door William Stukeley, een liefhebber van oudheden. Hem was opgevallen dat de toegangsweg en de centrale as van de steencirkel een noordoostelijke oriëntatie hebben, in de richting van 'waar de zon opkomt wanneer de dagen het langst zijn'.

In *The Old Straight Track* schreef Watkins over zijn ontdekking dat in het verlengde van deze lijn, ten zuidwesten van Stonehenge, twee grafheuvels uit de bronstijd liggen. Stukeley maakte verder melding van een grafheuvel op Haradon Hill, die vroeger goed zichtbaar zal zijn geweest en zo de plaats markeerde van de midzomerzonopkomst.

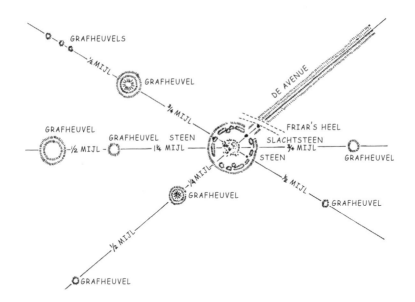

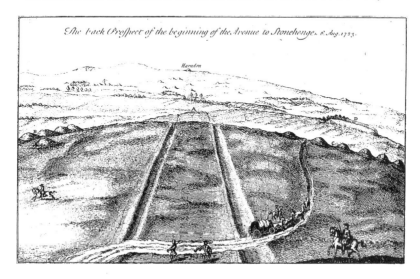

Boven: zichtlijnen rond Stonehenge (volgens Watkins). Onder: de 'Avenue' die van Stonehenge naar Haradon Hill leidt, waar de eerste stralen van de midzomerzon boven de horizon verschijnen.

ORCADISCHE LEYLIJNEN
Orkney-eilanden, Schotland

De Orkney-eilanden herbergen een befaamde collectie megalithische monumenten, waaronder de Ring van Brodgar, met binnen de cirkelvormige aarden wal (*henge*) een steenkring; de Stenen van Stenness (onder); en de grafheuvel van Maes Howe.

De ingang van de grafkamer van Maes Howe is georiënteerd op de midwinterzonsondergang. Deze zichtlijn wordt gemarkeerd door een staande steen bij Barnhouse, 800 meter naar het zuidwesten. De eerste die melding maakte van de zonneoriëntaties van Maes Howe was onderwijzer Magnus Spence, in 1894.

Ten noordwesten van de Stenen van Stenness staat de Watchstone, een 5,5 meter hoge monoliet die, op één lijn met Maes Howe, een zichtlijn biedt op de equinoxzonsopkomst.

De Ring van Brodgar biedt zichtlijnen op de twee heuvels waar tijdens de Keltische equinoxfestivals Beltane (1 mei) en Samhain (1 november) vuren werden ontstoken. Alexander Thom ontdekte in de jaren zeventig dat de Ring van Brodgar ook op de maan is georiënteerd.

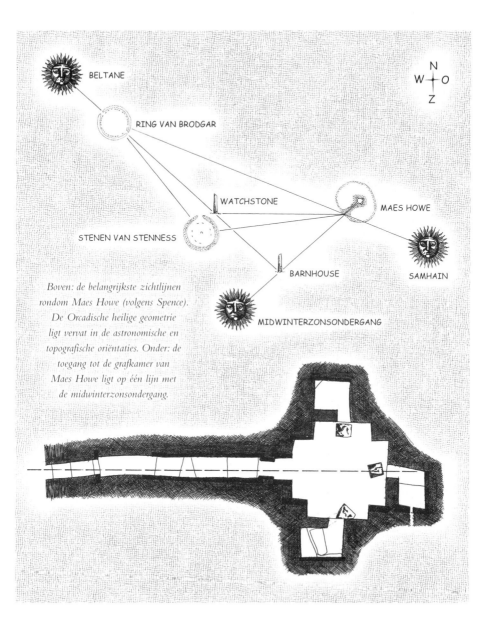

Boven: de belangrijkste zichtlijnen rondom Maes Howe (volgens Spence). De Orcadische heilige geometrie ligt vervat in de astronomische en topografische oriëntaties. Onder: de toegang tot de grafkamer van Maes Howe ligt op één lijn met de midwinterzonsondergang.

De Kennet Avenue
Avebury, Wiltshire, Engeland

Toen William Stukeley in de achttiende eeuw over de megalieten van Avebury schreef, schetste hij een beeld van een enorm slangenmonument, waarbij de nu verloren gegane Beckhampton Avenue de staart van de slang vormde, de *henge* met de twee steenkringen het opgerolde lichaam verbeeldde, en de Kennet Avenue en het heiligdom op Overton Hill de nek en de kop moesten voorstellen. Deze interpretatie heeft ertoe geleid dat de Kennet Avenue vaak wordt omschreven als een 'kronkelende' route, terwijl dat niet zo is. Onderzoek wees uit dat de in parallelle rijen geplaatste stenen in de loop van een langere tijd en in rechte lijnen zijn opgericht. Aan het begin en het einde en daar waar de Avenue van richting verandert, zijn offergaven en menselijke resten in de grond aangetroffen.

Veel van de oorspronkelijke stenen van de Kennet Avenue zijn verdwenen, maar de route die zij markeerden, tussen de *henge* en het heiligdom, is hersteld. Uit archeologisch onderzoek is gebleken dat alleen de buitenzijde van de Avenue werd belopen en dat het pad tussen de stenen niet werd gebruikt, mogelijk omdat het bestemd was voor de geesten van de doden.

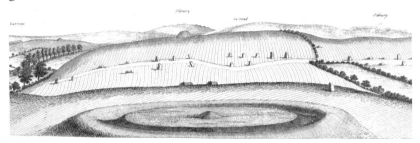

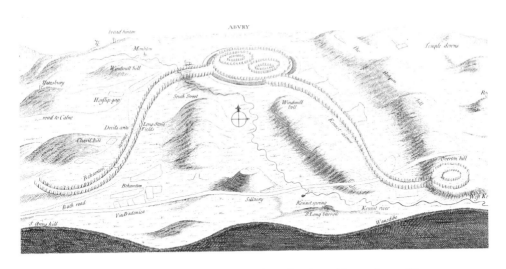

Drie gravures van Stukeley uit 1743. Blz. 162: zijaanzicht van de oostelijke Kennet Avenue. Boven: het Aveburymonument zoals Stukeley het zich voorstelde. Onder: de grote stenen die het einde markeren van de Kennet Avenue.

Pad naar de zon
Warwickshire en Worcestershire, Engeland

Een legende uit Warwickshire verhaalt over een begrafenispad dat van Brailes Hill naar de 36 kilometer verderop gelegen Bredon Hill in Worcestershire zou voeren – een flinke afstand voor een begrafenis!

Deze legende is mogelijk verweven met de leylijn tussen Brailes Hill en Bredon Hill. Deze lijn loopt vanaf Castle Hill in Brailes pal naar het westen en voert naar Dover's Hill, waar nog sporen zijn van een in de grond aangebrachte labyrintisch patroon. Vanaf deze heuvel voert de lijn via Saintbury Cross, een kruising bij Hinton Cross, en een aarden monument bij Elmley Castle naar de Banburysteen, een rots die gelijkenis vertoont met de vorm van een liggende olifant en aan de voet ligt van een uit de ijzertijd stammend heuvelfort op Bredon Hill.

Wanneer de lijn verder wordt doorgetrokken, snijdt hij het zogeheten British Camp, een ring van aarden wallen op een heuveltop bij Malvern (zie blz. 165), en vormt zo een zichtlijn op de ondergaande zon tijdens de equinox op 21 maart en 21 september.

Het pad uit de legende zou de oude pelgrimsroute kunnen zijn die zich om de leylijn kronkelt en langs diverse begraafplaatsen voert.

De leylijn van Brailes naar Bredon wordt bij Bredon Hill door een tweede leylijn gekruist, die vanaf de zevende-eeuwse Pershore-abdij, via de lijkweg van de elfde-eeuwse St Marykerk van Elmley Castle, naar het heuvelfort op Brendon Hill voert en vandaar via de Saksische St Johnkerk van Beckford en de twaalfde-eeuwse kerk van Little Washbourne naar de in de achtste eeuw gestichte abdij van Winchcombe.

Leylijnen in de Boynevallei
graafschap Meath, Ierland

De vallei van de rivier de Boyne in het Ierse graafschap Meath wordt gedomineerd door drie grafheuvels: Newgrange, Knowth en Dowth. De centraal gelegen grafkamer van Newgrange is, in het verlengde van de toegang, georiënteerd op de midwinterzonsopkomst; de twee ingangen van Knowth markeren een O-W-as; en een van de twee ingangen van Dowth ligt op één lijn met Newgrange, een lijn die bovendien gemarkeerd wordt door twee tegenoverstaande stenen binnen de kring van stenen rondom Newgrange. Ook Knowth ligt op één lijn met twee precies tegenoverstaande stenen rondom Newgrange.

Deze twee leylijnen kruisen elkaar op een punt in de centraal gelegen grafkamer van Newgrange dat door archeologen 'R21' wordt genoemd. Ook de andere lijnen die vanuit dit punt naar enkele van de resterende stenen uit de omliggende kring kunnen worden getrokken, hebben een astronomische of topografische oriëntatie. Ten slotte liggen ook de rijk bewerkte, bij de ingangen geplaatste stenen en het punt R21 op één lijn, waarbij bovendien de verticale inkepingen in de stenen zo zijn aangebracht dat ook deze dezelfde lijn volgen.

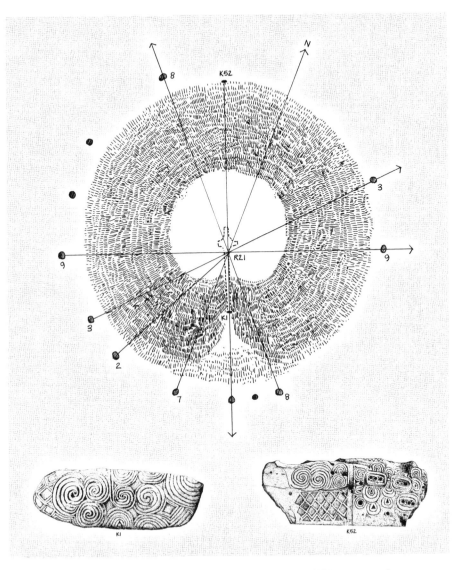

Boven: zichtlijnen vanuit Newgrange. 1. Midwinterzonsopkomst. 2. Midwinterzonsondergang. 3. Midzomerzonsopkomst. 7. N-Z-meridiaan. 8. Richting Knowth. 9. Richting Dowth.

De York Minster-ley
York, Engeland

Door het centrum van York voert een leylijn van middeleeuwse kerken die opmerkelijk duidelijk zichtbaar is vanaf de toren van de kathedraal van de stad, de York Minster. De leylijn begint op het punt waar de rivier de Ouse zich vertakt en leidt in de richting van een aan Sint-Joris gewijde tempelierskapel. Vandaar loopt de lijn verder naar Clifford's Tower, een Normandisch kasteel met een elfde-eeuwse kapel, dan naar de kerk van St Mary, eveneens uit de elfde eeuw, en de vijftiende-eeuwse All Saints Pavement, die is gebouwd in het hart van de stad, op de plek waar ook in de elfde en zevende eeuw al een kerk had gestaan.

De volgende bakens langs de lijn zijn de veertiende-eeuwse St Samson's, waarin tegenwoordig een centrum voor ouden van dagen is gevestigd, en de York Minster zelf, de aan de heilige Petrus gewijde kathedraal. De leylijn loopt precies onder de elfde-eeuwse toren door, waar het schip en de dwarsbeuken elkaar kruisen.

Het eindpunt van de ley, de dertiende-eeuwse kapel van het aartsbisschoppelijk paleis, is niet voor publiek toegankelijk.

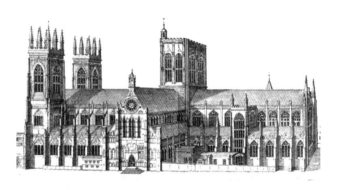

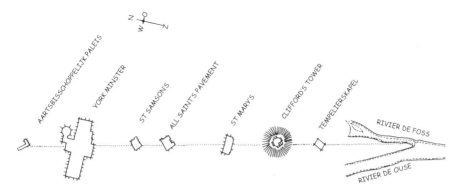

Boven: het land tussen de riviersplitsing vormt het zuidelijke uiteinde van de lijn die zeven middeleeuwse kerkelijke bouwwerken verbindt.

Boven: York Minster rijst op boven het maanverlichte York. Hoewel de O-W-as van de kathedraal niet de leylijn volgt, zijn er diverse elementen in het ontwerp die deze oriëntatie wel hebben.

DE ELFENTRAP
Cumbria, Engeland

In Cumbria, op de lijkweg van Arndale naar de kerk van Beetham, zouden vaak bovennatuurlijke verschijningen zijn. Deze weg bestaat uit een reeks van opeenvolgende rechtlijnige paden, waarvan het deel tussen Hazelslack Tower Farm en de Fairy Steps ('elfentrap') wel het rechtst is. Bij Whin Scar, waar het pad over een stuk rots voert, moet van deze rechte lijn worden afgeweken. De weg maakt hier een aantal scherpe bochten en voert langs twee in de rotsen uitgehouwen trappen omhoog. De tweede trap, die in de volksmond 'de elfentrap' wordt genoemd, is bijna ondoenlijk steil. Dat hier een doodskist langs gedragen zou kunnen worden, is nauwelijks voor te stellen. Volgens een plaatselijk volksgeloof vervullen de elfen de wens van degene die erin slaagt om van tree naar tree te springen zonder daarbij de wanden van de rots te raken. De schrijver van dit hoofdstuk heeft geprobeerd dit kunststuk te volbrengen, maar faalde. Op sommige plekken is de opening op schouderhoogte maar zo'n 30 centimeter breed.

Boven: de ondoenlijk smalle elfentrap in Cumbria.
Blz. 170: in de wind dansende elfen, illustratie van Arthur Rackham.

De menhirs van Carnac
Bretagne, Frankrijk

De menhirvelden in de omgeving van het dorp Carnac zijn het bekendste megalithische monument van Bretagne. Het grootste menhirveld is de zogeheten Kermario-groepering.

De *cromlechs* (Bretons voor 'steenkring') die ooit het begin- en eindpunt van deze stenenreeks vormden, zijn verdwenen, maar het ganggraf dat op één lijn ligt met de zuidelijkste rij, is bewaard gebleven en hersteld. 'Kermario' betekent 'plek van de doden' en binnen deze steenkringen vonden vermoedelijk openluchtrituelen plaats die verband hielden met begrafenissen.

De Menec-groepering omvat twaalf min of meer parallel lopende reeksen van stenen die aan beide zijden worden begrensd door een ovaalvormige steencirkel. Een groot deel van de oorspronkelijke stenen ontbreekt en is onder meer gebruikt voor het plaveien van wegen. De stenen markeren mogelijk een processieroute of lijkweg.

De groepering met de naam Kerlescan ('plek van verbranding') wordt aan het westelijke uiteinde begrensd door een *cromlech* en een *tertre tumulaire*, een rechthoekige grafheuvel.

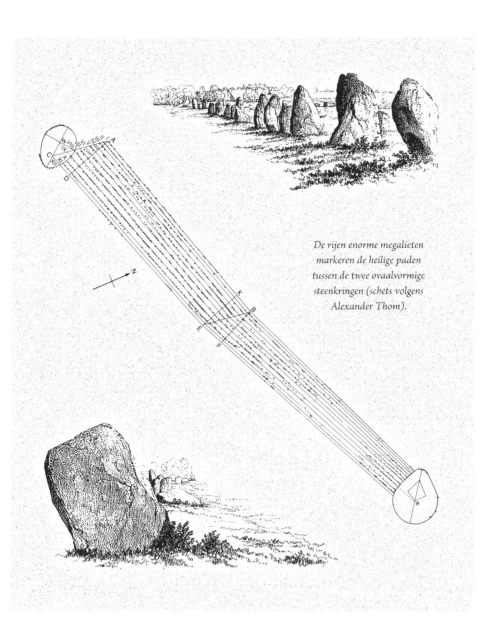

De rijen enorme megalieten markeren de heilige paden tussen de twee ovaalvormige steenkringen (schets volgens Alexander Thom).

De Cursusley van Stonehenge
een prehistorische begrafenisroute

De Stonehenge Cursus is een 3 kilometer lange, door twee aarden wallen omlijnde weg ten noorden van de steenkring en wordt in het westen begrensd door een groep grafheuvels en in het oosten door een ganggraf. William Stukeley was de eerste die in 1723 melding maakte van wat hij voor een oud-Romeinse renbaan hield en daarom *cursus* (Latijn voor 'renbaan') noemde. Alfred Watkins merkte als eerste op dat de noordelijke wal van de Stonehenge Cursus precies op één lijn ligt met de zogeheten Cuckoo Stone (zie kaart onder).

In de jaren dertig werden onder leiding van Mrs Cunnington de restanten blootgelegd van wat nu 'Woodhenge' wordt genoemd. Deze 'kring van palen' bleek tot Watkins' genoegen in het verlengde van de door hem ontdekte leylijn te liggen. Dat er een verband is tussen rechte landschapsverbindingen en rituelen rond de dood lijkt door de Stonehenge Cursus te worden bevestigd. Bij Woodhenge zijn de resten aangetroffen van een kind dat vermoedelijk is geofferd, waarna het in het midden van de kring is begraven. De leylijn van Watkins kan naar het oosten toe doorgetrokken worden tot aan Beacon Hill.

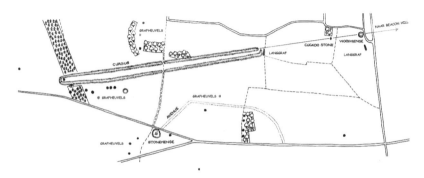

Boven: de raadselachtige Stonehenge Cursus ligt op één lijn met de Cuckoo Stone en Woodhenge.

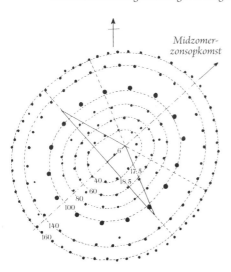

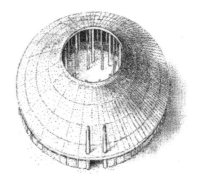

Onder en rechts: Woodhenge met de oriëntatie op de midzomerzonsopkomst.

Belgische leylijnen
Wéris, België

De megalieten langs deze leylijn zijn door archeologen aangemerkt als bewust geplaatste monumenten, stammend uit eenzelfde periode.

Bij Oppagne, op ruim 3 kilometer van de Belgische stad Erezée, staat een groep van drie menhirs die in 1906 zijn blootgelegd en opnieuw opgericht en waarvan de grootste 2,5 meter hoog is. Deze groep menhirs staat naar het noorden toe op één lijn met een ganggraf bij Wenin, met een 3,6 meter hoge, in een muur ingebouwde menhir, en met het ganggraf bij Wéris (zie blz. 177), een dolmen met een totale lengte van 10,8 meter en twee dekstenen, waarvan een 30 ton weegt. Beide grafmonumenten zijn zo gebouwd dat hun as op één lijn ligt met de leylijn die ze verbindt en die verder naar het noorden toe naar de resten van een aantal menhirs leidt die eind negentiende eeuw zijn vernield en die mogelijk het einde van de leylijn markeerden.

Megalieten langs de leylijn van Wéris; boven: de dolmen van Wéris; onder: de drie menhirs van Oppagne. Tekeningen van John Palmer. Blz. 176: stenen bij Wéris.

DRIE LIJKWEGEN
Hilversum, Nederland

In Nederland zijn nog altijd de sporen zichtbaar van de in de middeleeuwen gebruikte lijkwegen, waarlangs de doden ten grave werden gedragen. De verplichting om de rechtlijnigheid van deze wegen te onderhouden was zelfs bij wet geregeld, zoals het ook bij wet was verboden om de doden langs een andere dan de kortste, en dus de rechtste, route te vervoeren.

Een goed voorbeeld zijn de drie rechte paden die tussen Hilversum en Laren over de Westerheide voeren en samenkomen op het St.-Janskerkhof. Vanuit hun punt van oorsprong vormen de drie wegen een driehoek die zich, in de richting van de St.-Janskapel, gelijkmatig versmalt. Deze kapel is pas een eeuw oud, maar gebouwd op de plaats van een vroegere kerk die van 1600 of eerder dateerde.

De lijkweg vanuit het dorp 's-Graveland zou van 1643 dateren; de twee andere, een vanuit Bussum en een vanuit Ankeveen, zijn waarschijnlijk ouder. Omdat dit deel van Nederland nooit onder Romeins gezag heeft gestaan, kan worden uitgesloten dat het van oorsprong Romeinse wegen zijn geweest.

Hoewel leylijnen in al hun rechtlijnigheid complex zijn, hoop ik dat u aan de hand van de voorbeelden toch enig inzicht in het fenomeen hebt gekregen. Laat ik besluiten met te zeggen: trek er zelf op uit en volg eens een leylijn of probeer er zelf een te ontdekken!

Blz. 179: over de met grafheuvels bezaaide Westerheide voeren drie lijk-
of doodwegen in een rechte lijn naar het afgelegen St.-Janskerkhof.

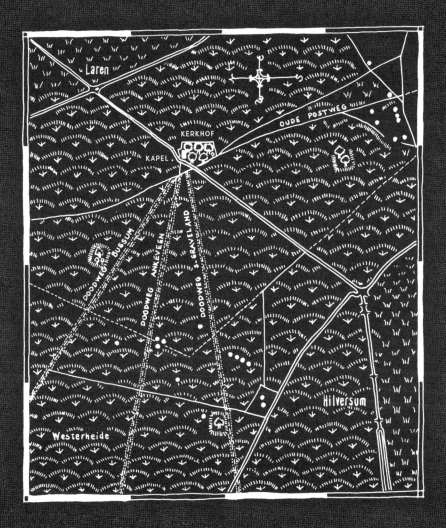

DEEL IV

Met de wichelroede zoekend naar metaal, uit Practica Minerale *van Marco Antonio della Fratta, 1678.*

WICHELEN

DE VIJF ZINTUIGEN VOORBIJ

Hamish Miller

met illustraties van Jean Hands

Inleiding

Het fijne van wichelen is dat iedereen het kan. De een weliswaar wat beter dan de ander, maar meestal is dat een kwestie van oefenen. Net als bij bijvoorbeeld golfen, pianospelen of de liefde bedrijven is de kunst alleen al doende te leren.

Hoewel in woordenboeken 'wichelen' nog gedefinieerd wordt als 'voorspellingen doen', en 'wichelroedelopen' als 'het zoeken met een wichelroede of pendel naar water of mineralen', worden deze begrippen door de beoefenaars zelf in een veel breder verband gezien en heeft wichelen de betekenis van 'het gebruik van schijnbaar bovennatuurlijke krachten om verborgen zaken te ontdekken'.

Deze herdefiniëring is het gevolg van een nieuw denkkader waarbinnen het wichelen niet langer in een aardgebonden context wordt beschouwd als een handige methode voor het opsporen van waterbronnen en metaallagen, maar in een spirituele context als een zoektocht naar de mysteries van het menselijk bewustzijn en onze relatie tot de aarde.

Wie zich in het wichelen wil bekwamen, onderneemt een reis die tot een verbreding van denken leidt waarbinnen het mogelijk is om waarnemingen te doen die de vijf zintuiglijke vermogens overstijgen. Die reis begint met eenvoudige en praktische oefeningen die u helpen het wichelinstrument te vinden dat het best bij u past.

Geschiedenis
wichelen door de eeuwen heen

De eerste vermelding in de westerse literatuur over wichelen stamt uit de vijfde eeuw, toen Herodotus in een verslag van zijn reis door Scythia, ten noorden van de Zwarte Zee, schreef over het gebruik van een gevorkte tak of stok om water te vinden.

Er zijn rotstekeningen gevonden die door sommige mensen worden geïnterpreteerd als afbeeldingen van wichelinstrumenten, maar deze zijn veel te onduidelijk om de conclusie te rechtvaardigen dat de prehistorische mens het wichelen beoefende. Een munt uit 936 vormt het oudst bekende onweerlegbare bewijs van wichelpraktijken in de vorm van een afbeelding van een mannetje met een gevorkte stok in een mijngebied.

Begin zestiende eeuw verklaarde Maarten Luther dat wichelen 'het werk van de duivel' was en als zodanig is het eeuwenlang door kerkelijke instanties veroordeeld. Gelukkig is de kennis van het gebruik van wichelinstrumenten behouden gebleven en doorgegeven.

In diezelfde eeuw verscheen er een verhandeling over mineralen en metalen van de Duitse geleerde Georgius Agricola, *De Re Metallica*, waarin de techniek van het wichelen tot in detail staat beschreven (zie blz. 187, boven). Hoewel de schrijver, die zich maar al te zeer bewust was van het occulte aanzien van het wichelen, de delvers aanried om geen gebruik te maken van de 'magische twijg', werd het werk gretig geraadpleegd.

De magische roede wordt door delvers gebruikt ertsaders te lokaliseren, uit De Re Metallica van Georgius Agricola, 1566.

Ontwikkeling
op gezag van de koning(in)

Via het werk van Agricola kwam het nut van de 'gevorkte stok' ook koningin Elizabeth I ter ore en zij haalde Duitse delvers, en daarmee kennis over de praktijk van het wichelen, naar Engeland. Een kleine eeuw later wilde koning Karel II, die de wichelroede zag als een middel om de opbrengsten in de mijnbouw te verhogen, alles weten over het gebruik van deze *baquette divinatoire*, zoals de Franse benaming ervan luidde.

In 1693 zorgde Pierre Le Lorrain, de Abbé de Valmont, voor opschudding met de publicatie van *La Physique Occulte*, dat gedetailleerde illustraties bevatte met betrekking tot de techniek van het wichelen. Dit werk werd door de inquisitie op de lijst met verboden boeken geplaatst, wat de belangstelling ervoor alleen maar aanwakkerde. De publicatie van *La Physique Occulte* leidde binnen de wereld van de wetenschap en godsdienst tot een heftig debat pro en contra het wichelen, waarbij aan beide zijden tal van wetenschappelijke experimenten werden uitgevoerd die moesten aantonen dat het roedelopen wel of niet tot resultaten leidde.

In musea over de hele wereld zijn kunstwerken te bezichtigen uit de zeventiende en achttiende eeuw, variërend van zilveren drinkbekers en porselein uit Meissen tot schilderijen met afbeeldingen van mannetjes die met een gevorkte stok op zoek zijn naar kostbare mineralen. De ontluikende mijnindustrie droeg in belangrijke mate bij aan de ontwikkeling van het wichelen tot een gewaardeerde vaardigheid.

Twee afbeeldingen van Europese roedelopers, druk doende om ondergrondse mineraallagen te traceren, uit Speculum Metallurgiae Politissimum *van Balthazar Rössler, 1700.*

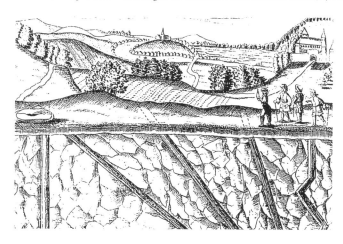

Pioniers
een wetenschap in opkomst

In het achttiende-eeuwse Frankrijk, Duitsland en Italië was het gebruik van roedes en opspringende stokken door wichelaars en roedelopers een dankbaar onderwerp voor discussie onder wetenschappers en priesters en een bron van vermaak voor het grote publiek. Over het mysterie van het wichelen verscheen een golf van verhandelingen waarin geleerden als Lebrun, Zeidler, Albinus en Thouvenel elkaars argumentaties en conclusies neersabelden.

Thouvenel probeerde te bewijzen dat het opspringen van de roede door elektrische trillingen werd veroorzaakt. Hierbij richtte hij zijn aandacht vooral op Barthelemy Bleton, een bijzonder begaafde waterwichelaar, maar het talent van Bleton liet zich niet aan de hand van lichamelijke onderzoeken verklaren.

In Italië bewees Pennet telkens opnieuw zijn opmerkelijke kunnen (zie blz. 191), maar zelfs zijn nauwkeurige resultaten konden de autoriteiten er niet van overtuigen dat het wichelen een talent was dat een discussie waard was. Integendeel, juist omdat het niet wetenschappelijk verklaard kon worden, neigde men eerder naar de mening van de Franse astronoom Lalande, die elke vorm van wichelen als bedrog afdeed. Hij schaarde wichelroedes in dezelfde categorie als vliegende schepen, waarover hij zei dat het 'onmogelijk is voor de mens om zich boven de grond te verheffen'.

Een jaar later maakten de gebroeders Montgolfier hun eerste ballonvlucht.

Beoefenaars
hernieuwde belangstelling

Eind achttiende eeuw gaf William Cookworthy uit Plymouth het wichelen een belangrijke stimulans door te schrijven over de bij de mijnen in Cornwall werkzame wichelaars, die hun faam dankten aan de precisie waarmee zij metaallagen wisten te lokaliseren, een vaardigheid die door de mijnindustrie steeds meer op waarde werd geschat.

Mensen die 'het in zich hadden' om water te vinden, waren oorspronkelijk vooral voor hun eigen gemeenschap van belang. Dit veranderde toen de waterbehoefte toenam door de groei van industrieën en landgoederen. Een van de beste wichelaars ooit was John Mullins uit Wiltshire. Zijn legendarische successen droegen meer bij aan het wichelen als serieuze werkmethode dan welk wetenschappelijk artikel dan ook.

In 1912 werd in opdracht van het *Mining Magazine* in Londen het gezaghebbende *De Re Metallica* uit het Latijn in het Engels vertaald. Een volgende belangrijke uitgave was *The Patterns of the Past* van Guy Underwood, waarin uitgebreid wordt ingegaan op de relatie tussen de aanwezigheid van water en energieën op heilige plaatsen (zie blz. 193).

In 1976 verscheen *The Power of the Pendulum* van Tom Lethbridge en in 1978 schreef Tom Graves *Needles of Stone*, een boek dat mede was geïnspireerd door de inzichten van de Britse filosoof en geofysicus John Michell en dat een onthutsend nieuwe kijk bood op onze relatie tot de aarde en kosmische energieën.

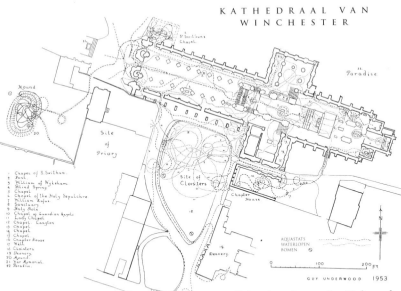

Drie onderzoeken van Guy Underwood: waterthermometers in de kathedraal van Winchester; de groei van bomen langs water; maanstanden en energieën bij Woodhenge.

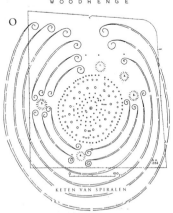

Protagonisten
de wegbereiders

In de afgelopen tientallen jaren wisten wichelaars overal ter wereld hun vaardigheid op steeds meer gebieden toe te passen.

Zo heeft Terry Ross uit Vermont met hulp van een surrogaatwichelaar, die hij per telefoon instrueerde, waterbronnen gelokaliseerd voor dorpen in Mexico. Bill Lewis uit Wales kon, waar ook ter wereld, voorwerpen terugvinden zonder zijn huis te hoeven verlaten, en Roger Brown uit Australië wist exact in kaart te brengen welke veranderingen zich voordeden in de aarde-energiestromen binnen een straal van 150 kilometer van Adelaide.

De Russische wichelspecialist Pluzhnikkov had een feilloos talent voor het lokaliseren van minerale bronnen en archeologische vindplaatsen; de paranormaal begaafde Neklessa was de initiator van een uniek samenwerkingsverband tussen traditionele en esoterische wetenschappers en introduceerde wicheltechnieken bij het onderzoek naar het waarom van de ondergang van historische beschavingen.

In Amerika zijn er roedelopers die op de meest onwaarschijnlijke plaatsen oliereserves weten te vinden, terwijl Elizabeth Sullivan uit Wales gespecialiseerd is in het terugvinden van mensen en dieren met behulp van haar wichelroede en een kaart. Colin Bloy, in Spanje, heeft een methode ontwikkeld om met een wichelroede verstoringen van de energetische balans te traceren en te helen, zowel bij individuen als bij een gemeenschap van mensen.

INSTRUMENTEN
zolang het maar werkt

Er zijn bijna net zoveel soorten wichelinstrumenten als er geoefende wichelaars zijn. Sommige instrumenten vallen op door hun vernuft, andere door hun bijna lachwekkende vorm, zoals een roede gebogen in een meandermotief en een met kant omwikkeld uiteinde (onder).

Het doet er niet toe welk instrument er wordt gebruikt, zolang het maar werkt. Het instrument is een doorgeefluik tussen de geest van de wichelaar en datgene wat wordt gezocht; het versterkt wat de wichelaar ziet en voelt.

De meeste mensen leren wichelen met een haakroede, een pendel of een vorkroede; een enkeling geeft de voorkeur aan een dobber- of hengelroede. De vorkroede was oorspronkelijk het meest gebruikte instrument, omdat deze vorm eenvoudig te snijden was uit een heg op de plaats waar men wilde zoeken. Ook hengelroedes waren gemakkelijk te maken uit dunne, lichtgebogen takken. Bij de Romeinen was vooral de pendel populair; later werden er ook roedes van metaal gemaakt.

Sommige geoefende wichelaars gebruiken slechts hun handen, waarbij hun vingers bewegen als een bundeltje L-vormige haakroedes of waarbij de communicatie verloopt via trilling van de duimen op de wijsvingers. Tegenwoordig worden roedes ook wel van een lichtgewicht materiaal als koolstofvezel gemaakt.

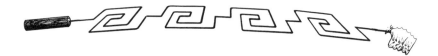

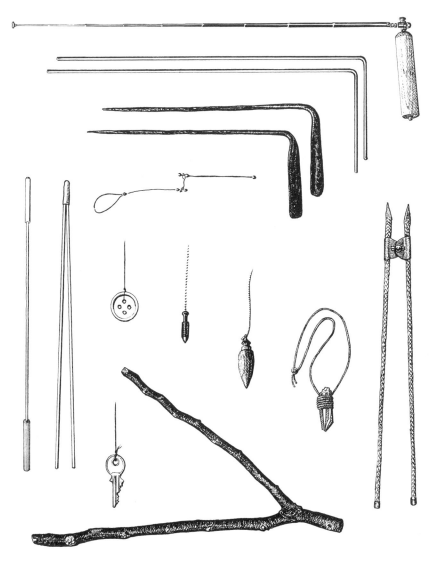

Kies uw wapen: telescopische haakroede van Alan Heiss, van zakformaat uitschuifbaar tot 65 centimeter; handgesmede roedes van de schrijver; de lastige lusroede van Guy Underwood; 20 centimeter lange vorkroedes van koolstofvezel; zweeproede met koperen scharnier.

Maken en vasthouden
haakroede, pendel, vorkroede

Haakroedes kunnen worden gemaakt van een metalen kleerhanger, waarbij de korte zijde van de haak een lengte krijgt van 10-12 centimeter en de lange zijde bijgewerkt kan worden tot de balans goed voelt. Houd de twee roedes vast alsof ze pistolen zijn.

Pendels bestaan uit een vrijelijk te bewegen voorwerp zoals gewicht aan een koord (draad, ketting of gevlochten haar). Kies bij voorkeur een voorwerp dat voor u betekenis heeft. Edelstenen kunnen een eigen kracht hebben die het resultaat kan beïnvloeden. Om aan de beweging te wennen, begint u door de pendel alleen maar vast te houden, zo'n 15 centimeter boven het gewicht. U zult merken dat ook wanneer u uw hand stilhoudt, het gewicht een eigen beweging volgt.

Een vorkroede kan worden gemaakt van een gevorkte tak van een wilg of hazelaar of van een enkele tak die u splitst. Wanneer u koolstofvezel of draadstaal gebruikt, moet u ervoor zorgen dat u de twee delen op de juiste wijze en met de goede spanning samenvoegt. Een dobber- of hengelrode kan bestaan uit een buigzame stok of een veer van draadstaal met aan het uiteinde een bol (de 'dobber') als gewicht.

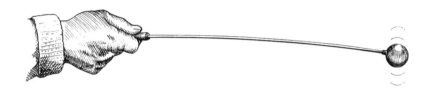

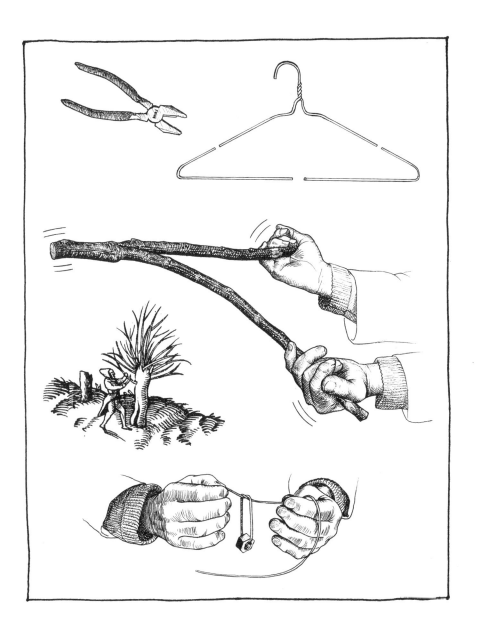

Instrumenten gebruiken
een eenvoudig begin

De eerste stap is het vaststellen van wat 'ja' en wat 'nee' is.

Een pendel houdt u bij het koord vast, tussen duim en wijsvinger, zo'n 15 centimeter boven het gewicht. Beweeg de pendel van u af en laat het gewicht vrijelijk slingeren. Concentreer u op een 'ja' en kijk wanneer de pendel ronddraait of hij linksom of rechtsom beweegt. Wanneer u dit herhaalt met 'nee' in uw gedachten, zult u merken dat de pendel nu andersom draait. Oefen dit net zolang tot de pendel aanvoelt als een natuurlijk verlengstuk van uw hand. Pendels kunnen veranderlijk zijn. Het is dan ook zaak om elke keer voor u gaat wichelen helderheid te hebben over de 'ja'- en 'nee'-beweging.

Bij twee haakroedes houdt u een in elke hand, zo'n 45-50 centimeter van elkaar af. Over het algemeen zijn roedes weinig veranderlijk; ze bewegen naar elkaar toe voor een 'ja' en van elkaar af voor een 'nee'.

Een enkele haakroede houdt u vast in uw schrijfhand en u beweegt hem langzaam van u af terwijl u een vraag stelt. Wanneer de roede trilt, betekent dit 'ja'; als er niets gebeurt, is het antwoord 'nee'.

Hetzelfde geldt voor vork- en hengelroedes.

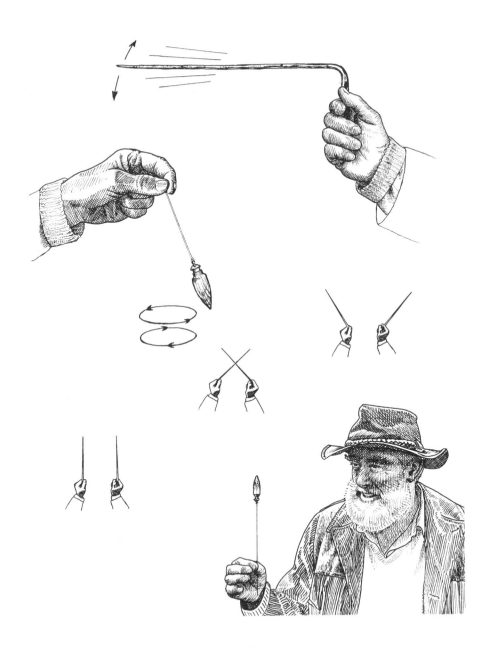

Oefenen
de volgende stap

Het vaststellen van wat 'ja' en wat 'nee' is, is een goede manier om erachter te komen welk instrument het best bij u past. De volgende stap is te oefenen met een vraag als 'Waar is de gootsteen?' Door u goed te concentreren zal uw instrument u de weg wijzen.

Ook kunt u verschillende glazen vullen met bronwater, kraanwater en rode wijn, en per glas de vraag stellen of het verstandig is om de inhoud te drinken. Wat is het antwoord als u een glas vult met spoelwater of als u al een paar glazen wijn ophebt? En is de kaas die al geruime tijd in de koelkast ligt veilig te eten, en zo niet, is het dan een goed idee om de kat er wat van te geven? Zolang u nog geen volledig vertrouwen hebt in uw wichelvaardigheden, mag u niet zomaar handelen naar het antwoord dat de roede u geeft. Gebruik het door u gekozen instrument om te weten te komen of het gaat regenen wanneer u boodschappen wilt gaat doen, of u misschien gewoon de boel de boel moet laten om lekker naar Ibiza te gaan.

Waar het om gaat, is dat u uw vaardigheid oefent en daar hoort nu eenmaal bij dat het af en toe ook misgaat.

Eerste pogingen
de magie ontdekken

Om beter vertrouwd te raken met uw instrument is het belangrijk om zo ontspannen mogelijk te zijn en vooral niet te ambitieus. Verken de techniek van het wichelen in alle mogelijke situaties: zittend, staand, binnen, buiten, lopend, liggend.

In het begin kunt u gerust een beetje vals spelen. Leg bijvoorbeeld een stuk touw op het gras of binnen op de vloer en loop er langzaam naartoe, met uw ogen open, terwijl u uw wichelinstrument vraagt waar het touw is. Vervolgens doet u hetzelfde, maar dan met uw ogen dicht. Laat iemand een fles van uw favoriete wijn in de tuin verstoppen of een speelkaart onder het kleed en probeer deze te vinden. Door te blijven oefenen zal uw vertrouwen in uw eigen kunnen groeien.

Bij wichelen gaat het erom volledig ontspannen van lichaam en geest te zijn en tegelijkertijd uiterst geconcentreerd te zijn op de vraag. Het wichelinstrument is als het ware het medium dat de waarnemingen van uw bewustzijn, en dus niet van uw vijf zintuigen, vertaalt naar een waarneembare reactie.

Als u echt honderd procent geconcentreerd bent, zal het antwoord altijd het juiste zijn en zult u het gevoel hebben dat als uw geest door barrières heen kan breken, uw lichaam dit ook kan.

Hulpmiddelen en vragen
leren te concentreren

Bepaalde voorwerpen kunnen u helpen u te concentreren. Als u een stuk touw zoekt, neemt u voor het visualiseren van uw doel een stuk touw; neem een flesje water als u water zoekt, en een metalen voorwerp als u metaal zoekt. De Franse waterwichelaar en professor Henri Mager gebruikte een ronde schijf van zo'n 10 centimeter doorsnee die was verdeeld in acht gelijke segmenten, elk met een andere kleur; elke kleur stond voor water van een bepaalde kwaliteit. Met haakroedes als instrument kan zo met één hand water worden gelokaliseerd, terwijl met de andere hand de kwaliteit van het water kan worden vastgesteld. Er zijn natuurlijk grenzen aan wat u met u mee kunt of wilt slepen, maar het kijken naar een beeld van datgene wat u zoekt, helpt u om uw geest niet af te laten dwalen.

Wat zeker zo belangrijk is, is uw vraag op de juiste wijze formuleren. Een vraag moet helder zijn om helder beantwoord te kunnen worden. Wanneer u een vaag antwoord krijgt, betekent dit dat uw vraag dat ook was. Vraag niet om een oordeel en probeer uw vraag zo gericht mogelijk te stellen.

Wees u bewust van wat u precies gevraagd hebt, zodat u weet op welke vraag u een antwoord krijgt. Als u onderweg zonder benzine bent komen te zitten, moet u niet vragen naar het dichtstbijzijnde tankstation, maar naar het dichtstbijzijnde open tankstation.

Waterleidingen en dieptes
een oefening dicht bij huis

Voor het volgende experiment loopt u wat rond op de plek waar u vermoedt dat de hoofdleiding van uw watertoevoer ligt. U concentreert zich op het juiste beeld en vraagt waar de hoofdleiding precies loopt, zonder u iets aan te trekken van de nieuwsgierige blikken van uw buren. Door meerdere punten te lokaliseren kunt u de loop van de hoofdleiding bepalen.

Om erachter te komen op welke diepte de leiding ligt, kunt u de 'bisschopsregel' toepassen, waarbij u een lijn volgt die haaks op de waterloop staat. U vraagt uw instrument om aan te geven wanneer u het punt hebt bereikt dat in afstand tot de waterloop gelijk is aan de diepte waarop de leiding ligt. Een andere methode is om boven de waterloop te gaan staan en te vragen of de leiding tussen de 1 en 2 meter diep ligt; zo nee, of hij tussen de 0,5 en 1 meter diep ligt, enzovoort. U kunt dezelfde werkwijze toepassen voor het lokaliseren van ondergrondse waterstromen en met de ja/nee-methode meer informatie krijgen.

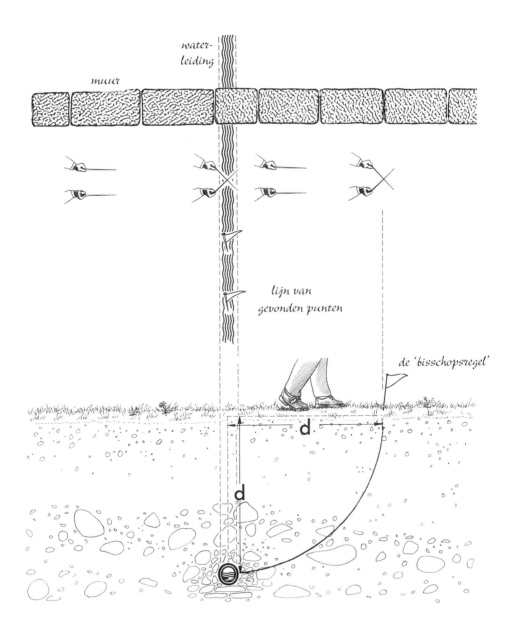

Gebouwen en opgravingen
tijdwinst

Wichelen is in de bouw tijd- en geldbesparend doordat oude fundamenten, elektriciteitskabels en waterleidingen zo snel en nauwkeurig in kaart gebracht kunnen worden; en ook in de archeologie is het qua tijd en geld nuttig om te weten waar precies de grond echt lepeltje voor lepeltje weggeschraapt moet worden.

Wanneer u precies weet waar u naar zoekt, hoeft u uw instrument alleen maar te vragen in welke richting u moet zoeken, precies zoals u deed met de gootsteen thuis (zie blz. 202). Een pendel wijst u de weg door van een cirkelbeweging over te gaan in een heen-en-weergaande beweging, in één lijn met het doel; haakroedes zwenken en vorkroedes trillen om de juiste richting aan te geven.

Wanneer u de richting hebt bepaald, gaat u specifiekere vragen stellen: 'Wijs me de hoek van de oude muur' (zie blz. 211, boven). Bij het zoeken naar een voorwerp, zoals een kostbare Keltische *torque* (zie blz. 211, onder), kunt u uw pendel vragen om op de betreffende plek rond te gaan tollen, uw haakroedes om zich te kruisen en een hengelroede om op en neer te bewegen. Met behulp van de ja/nee-methode kunt u vragen stellen over de ouderdom en de diepte waarop het voorwerp ligt, alvorens u daadwerkelijk gaat graven.

Plattegrond en kaart
beginnen bij het begin

Dat een wichelaar de locatie van dat wat hij zoekt ook op een plattegrond of kaart kan vinden, wekt vaak ongeloof. Toch is het niet meer dan logisch. Zoals de wichelaar zich visualiseert wat hij zoekt en verborgen is, zo gebruikt hij een kaart of plattegrond als beeld van het gebied waarin hij zoekt.

Als wichelaar beweegt u zich zowel binnen de plattegrond als binnen de werkelijkheid. Om uw positie binnen deze verkleinde werkelijkheid op de kaart beter te kunnen bepalen werkt u met richtlijnen ten opzichte van drie vaste punten op de kaart of met een coördinatenstelsel; hierbij gaat u met uw vinger of met de punt van een scherp potlood langzaam van boven naar beneden en van links naar rechts om op het kruispunt van beide rijen het vlak te vinden waarbinnen u verder moet zoeken. Uw wichelinstrument vertelt u welke verticale en welke horizontale rij de juiste is. Door het gebied binnen dit vlak uit te vergroten (wat u kunt doen met een kopieerapparaat) kunt u steeds exacter de juiste locatie bepalen.

Met behulp van deze methode zijn al heel wat mobiele telefoons en weggelopen honden teruggevonden. Ook de politie maakt dankbaar gebruik van wichelaars, mits zij van onbesproken gedrag zijn, bij het opsporen van verdovende middelen, dode lichamen en in kroegen vergeten laptops met uiterst geheime informatie. In het leger worden wichelaars ingezet om ondergrondse tunnels, boobytraps en mijnen op te sporen.

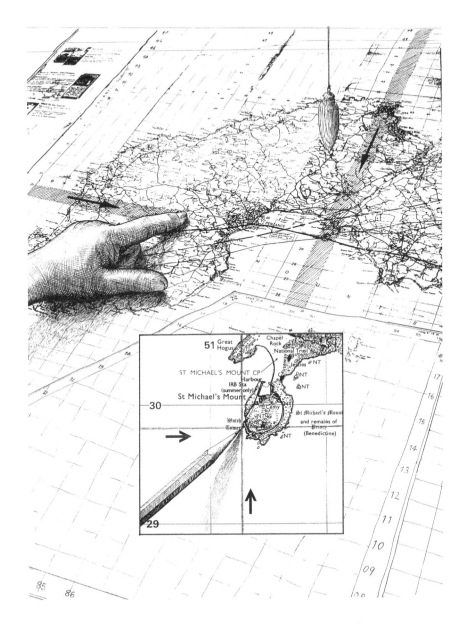

Gezondheid en allergieën
een handig gereedschap

We worden ons steeds bewuster van de gezondheidsrisico's als gevolg van het gebruik van chemische stoffen ter verbetering van de smaak of de houdbaarheid van voedingsmiddelen. Wichelen is een goede manier om erachter te komen wat wel en niet goed voor iemand is, waar iemand wel of niet allergisch voor is.

Als wichelinstrument kunt u een pendel, een enkele haakroede of een hengelroede gebruiken, zodat u een hand vrij hebt om met uw wijsvinger langs een lijst met chemicaliën, medicijnen, voedingsmiddelen, dranken, planten, zaden enzovoort te gaan, waarbij u bij elk product op de lijst de vraag stelt of degene die het betreft allergisch is voor het product in kwestie. Wat misschien nog wel belangrijker is dan erachter komen welke producten schadelijk zijn voor iemand, is erachter komen wat juist goed is. In mijn geval valt mijn favoriete whisky gelukkig in die laatste categorie.

Hoe goed of slecht iets voor u is, kunt u bepalen aan de hand van de snelheid en de kracht waarmee het wichelinstrument beweegt. Zelf gebruik ik een haakroede met een afgeplat handvat om de beweging beter te kunnen voelen. Na enige oefening zult u de verschillen beter kunnen duiden en ze een 'waarde' kunnen toekennen.

Lichaamsenergieën en chakra's
een extra dimensie

De huid is niet de uiterste grens van ons lichaam. We worden omhuld door een aura, ons energielichaam; chakra's zijn de meer specifieke energiecentra van het lichaam. Deze energie delen wij met elk dier en insect, met elke plant en steen, met alles wat bestaat in het universum.

Deze voor de meeste mensen verborgen energie kan met wichelen worden getraceerd. Met een pendel, haak- of hengelroede kunt u het beginpunt van een aura lokaliseren. Afhankelijk van de gezondheid van degene van wie u het aura wilt traceren, bevindt dit punt zich op 30-75 centimeter afstand van het lichaam. Wanneer u de contouren van de aura volgt, zult u merken dat deze afstand varieert.

De afstand is vaak kleiner op plekken waar zich mogelijk een onderhuids gezondheidsprobleem bevindt of waar een lichamelijk gebrek zichtbaar is. Gelukkig kunt u meer doen dan alleen een potentieel probleem lokaliseren. U kunt het energielichaam herstellen door de energie met uw vingers naar de zwakke plek te strijken. De subtiele energie van de chakra's is soms gemakkelijker te vinden met uw handen dan met een wichelinstrument. U voelt dan vermoedelijk een lichte tinteling in uw handen en een weerstand als van een zachte ballon.

Kerken
met de uiterste discretie

Veel, zo niet alle echt oude kerken zijn gebouwd op plaatsen die, al lang voor het christendom zijn intrede deed, als heilig werden beschouwd. De kracht van dergelijke plaatsen werd door de gezaghebbers van de nieuwe religie onderkend. Door op dezelfde plek een eigen gebedshuis te bouwen, kon deze kracht nu het christendom ten goede komen, want de in de aarde aanwezige energie is niet aan enig geloof gebonden, maar versterkt alle gebeden en rituelen die oprecht zijn.

Helaas zijn de heldere lijnen van de aardse energiebanen in deze oude kerken vaak nauwelijks terug te vinden. Door de eeuwen heen zijn in opdracht van overijverige geestelijken en berouwvolle en angstige zondaars doopvonten en altaars verplaatst en vervangen, waardoor ze de balans van de aarde-energie verstoorden, die juist bijdraagt aan de geheiligde sfeer, de rust en de zuiverheid.

In een kerk waar vanuit het hart wordt gepredikt voor oprecht gelovigen is deze energie vaak nog geconcentreerd op de plek voor het altaar. In een dergelijke kerk, waar ieder die binnentreedt zich welkom voelt, kan het interessant zijn om met een wichelinstrument het energiecentrum te lokaliseren, maar vergeet daarbij niet uiterst discreet te handelen. Veel geestelijken zijn zich zeer goed bewust van energievelden en de werking daarvan. Het is zelfs zo dat velen van hen zelf ook wichelen, maar om niemand voor het hoofd te stoten, kunt u altijd beter van tevoren vragen of het is toegestaan.

KATHEDRALEN
heilige kennis

In de twaalfde eeuw werd onder leiding en met steun van de Orde van de Tempeliers een ontzagwekkend aantal kathedralen gebouwd. De tempelridders wilden met de kennis die zij over tellurische stromen, heilige geometrie, resonantie, ruimte en kleur hadden opgedaan, bouwwerken creëren die inspireerden tot spirituele ontwikkeling.

De tempeliers waren zich sterk bewust van de kracht die in ondergrondse grotten en grafmonumenten schuilt en vaak kozen ze er dan ook voor om op dergelijke plaatsen te gaan bouwen; ze ontwierpen hun bouwwerken zo dat de zuivere energie die de aarde ons als een van haar kostbaarste en minst begrepen geschenken te bieden heeft, optimaal gebruikt kon worden. De grotten deden dienst als crypten, terwijl bovengronds bouwwerken verrezen waarvan de geometrische harmonie tot doel had een goddelijk evenwicht van trillingen en resonanties te creëren.

Voor beginnende wichelaars is een kathedraal een uitgelezen plek om vertrouwd te raken met aarde-energieën. Hoe beter u de energiestromen weet te traceren, hoe meer u onder de indruk zult zijn van de kennis waarmee deze bouwwerken in relatie tot de aarde zijn gebouwd.

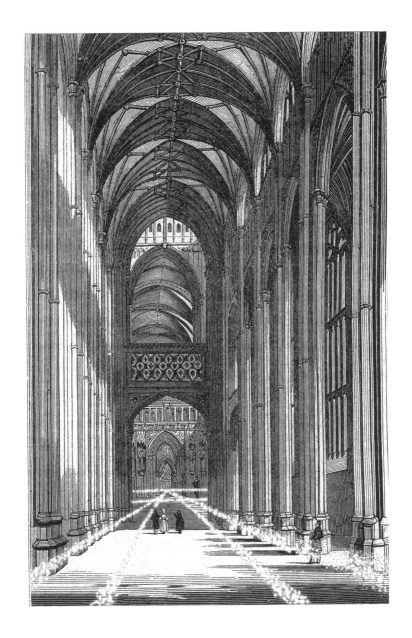

Aarde-energieën verkennen
vrije verbindingen

In de aarde ligt een netwerk verscholen dat zo uitgestrekt en complex is dat ons internet ermee vergeleken slechts kinderspel is. Ieder van ons is met dit aardse netwerk verbonden, maar velen zijn zich dit niet bewust, en de kunst om in contact te treden met de aarde-energie is lange tijd in vergetelheid geraakt. Wichelen biedt ons de mogelijkheid het contact met de aarde te herstellen.

Elk stuk grond, elke tuin, elk huis heeft zijn eigen energiecentra die u net zo kunt lokaliseren als uw gootsteen (zie blz. 202). Zoek contact met het krachtigste energiecentrum. Als u dit goed doet, zult u merken dat het krachtcentrum reageert door energie uit te stralen langs rechte lijnen als waren het de spaken van een wiel.

Loop langzaam om het middelpunt heen en vraag uw wichelinstrument u te tonen waar deze lijnen lopen. Hierbij zult u punten moeten markeren aan de hand waarvan u de lijnen een voor een kunt traceren. Loop dan langs elke lijn naar het middelpunt en vraag uw instrument u te tonen waar de lijn door een andere energiebron wordt gekruist. Wanneer u alle kruispunten hebt gevonden, ziet u dat de lijn die deze punten verbindt een perfecte Fibonaccispiraal vormt, een van de basisvormen binnen het universum.

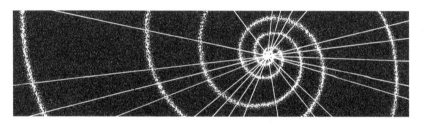

Ley- en energielijnen
aardefrequenties

Een leylijn is in essentie een denkbeeldige rechte lijn tussen minstens vier plaatsen van vaak heilige betekenis. Deze lijnen danken hun naam aan Alfred Watkins (zie blz. 115 en 118), die als eerste westerse mens ontdekte dat er dergelijke rechte lijnen in het landschap verscholen liggen (zie blz. 225, boven). Voor wichelaars zijn leylijnen vooral van belang vanwege de dubbele energiestromen die zich om deze rechte lijn heen kronkelen en die elkaar kruisen op plekken die vaak door eeuwenoude heiligdommen worden gemarkeerd, waardoor het bijna lijkt of leylijnen de weg wijzen naar krachtplaatsen.

Elke aarde-energielijn heeft een eigen specifiek frequentiepatroon, waaraan de lijn voor een ervaren wichelaar te herkennen is. De energiebanen van de aarde pulseren op het ritme van het universum en zijn vergelijkbaar met de zenuwbanen en meridianen die door het menselijk lichaam voeren.

De aarde-energie golft als twee slangen door het landschap, waarbij de ene lijn zich langs hoogtes en heuvels slingert en de andere langs valleien, vlakten en wateren voert. Waar de twee elkaar kruisen, wordt hun energie samengevoegd. Deze plaatsen zijn centra van spirituele kracht en zuivere energie.

In het Verre Oosten is men zich door de eeuwen heen veel bewuster gebleven van de aarde-energie en heeft men deze kennis tot op grote hoogte ontwikkeld; ze wordt toegepast binnen de kunst van feng shui (zie deel II).

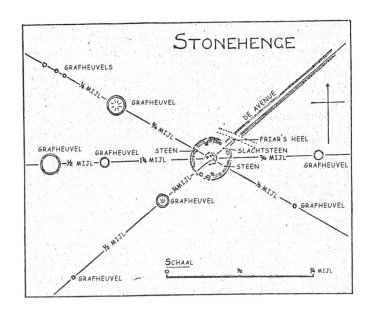

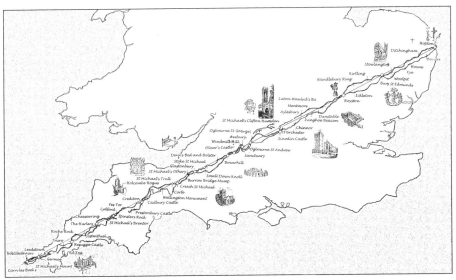

Heilige plaatsen
krachtcentra

Hoe belangrijk energielijnen en krachtcentra in het verre verleden waren, blijkt uit het bestaan van monumenten als Avebury en Stonehenge in het Engelse Wiltshire. Maar ook de kleinere steenkringen die verspreid over het land te vinden zijn, getuigen van de discipline en het onwankelbare geloof waarmee generatie na generatie aan deze heiligdommen is gebouwd. Het is ons geluk dat er voor een vorm van bouwen is gekozen die de tand des tijds weet te doorstaan. Een heilige steenkring is een van de beste plekken om naar aarde-energie te wichelen. Vanuit de omgeving leiden vaak acht energiebanen naar een steenkring toe. U vraagt op de gebruikelijke wijze aan uw wichelinstrument om u naar het energiecentrum te leiden, dat niet per se ook het geometrische middelpunt is. Van daaruit probeert u de energiespiraal te traceren. Binnen een steenkring lopen er energielijnen vanuit het centrum in de richting van de afzonderlijke stenen van de kring, die elk een eigen energieveld hebben en ook onderling door energielijnen verbonden zijn. Samen vormen deze lijnen en velden een complex energetisch netwerk (rechtsonder).

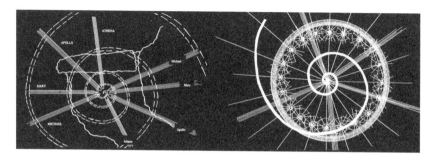

Links: Menacuddle, een heilige put bij Truro, in Cornwall. Heilige putten en landelijke bronnen zijn vanwege hun rustige sfeer ideale plekken om naar energielijnen te wichelen.

Blz. 226, links: een van de krachtigste energiecentra in Engeland is St Michael's Mount in Cornwall (zie blz. 52), waar twee belangrijke aarde-energiestromen in perfecte harmonie samenvloeien en zo een ruimte creëren waarbinnen kosmische en aardse energieën zich met elkaar verbinden. Op het exacte kruispunt van de twee lijnen kan dit patroon worden gewicheld.

Blz. 226, rechts: het patroon van energielijnen binnen de Merry Maidens, een steencirkel in Cornwall (onder).

Heilige aarde
wereldwijde verbanden

Overal ter wereld bevinden zich heilige plaatsen waarvan de geschiedenis door de oorspronkelijke bevolkingsgroepen van generatie op generatie wordt doorgegeven. Zo blijven in de vorm van mythen de occulte kennis en het spirituele bewustzijn van een volk behouden. Wereldwijd vertonen deze mythen op een groot aantal punten gelijkenissen, en we kunnen ons dan ook afvragen of er niet enige vorm van communicatie was tussen de verschillende prehistorische beschavingen.

Van Texas tot Tasjkent, van de Kalahari tot Kabul en van Chili tot China zijn er volken geweest die blijk hebben gegeven van een speciale eerbied voor bepaalde plaatsen. Een eerbied die in vorm verschilde, maar ook veel overeenkomsten vertoonde – een gegeven waarvoor de traditionele geschiedschrijving geen verklaring biedt.

Door internationaal bekende schrijvers en denkers als Berenholtz uit Los Angeles en Coon uit Glastonbury is wel geopperd dat deze plaatsen door wereldwijde energiebanen verbonden zijn. De onderlinge verschillen tussen plaatsen als de berg Shasta (zie blz. 229, boven), Machu Picchu en Uluru komen niet alleen tot uitdrukking in tradities en mythen, maar ook in de energie zelf. Tevens blijkt dat hoe meer mensen zich openstellen voor de energie op deze heilige plaatsen, hoe krachtiger de verbondenheid tussen deze plaatsen naar voren treedt.

Voor moderne wichelaars is het mogelijk om een aantal van deze plaatsen te bezoeken en de verschillen en overeenkomsten van de energie op deze plekken zelf te ervaren.

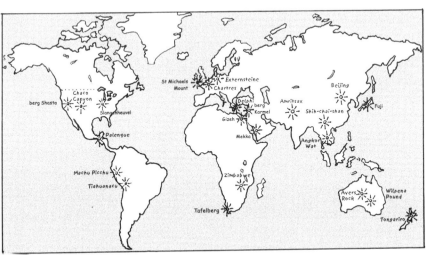

229

Energieveld van de aarde
kosmisch internet

Volgens de druïdische traditie telt het energieveld van de aarde twaalf hoofdbanen, die in directe verbinding staan met de belangrijkste krachtplaatsen van onze planeet. Deze energiebanen vormen het ruggenmerg van de aarde.

Waar de hoofdbanen elkaar kruisen, is hun kracht het grootst en kan de aarde-energie zich binden aan de kosmische energie. Hier bevinden zich de poorten die gebruikt worden door sjamanen en andere reizigers die hiertoe spiritueel in staat zijn.

Elk van de hoofdbanen heeft vertakkingen, die zich op hun beurt weer vertakken, en zo eindeloos verder tot er verbinding is met alle wezens en elementen van leven op aarde.

Sinds kort wordt er onderzoek verricht naar de meetbare effecten van zonneactiviteit – met name het ontstaan van zonnevlekken – op het magnetische veld van de aarde. Mede hierdoor lijkt er vooral onder wetenschappers die bereid zijn buiten de geijkte kaders te denken, een groeiende belangstelling te zijn voor de natuurlijke energievelden van de aarde en het effect van aarde-energieën op onze biologische ontwikkeling.

Het idee dat wij één zijn met het universum wordt voor een wichelaar bijna iets tastbaars. Het verkennen van een dergelijke werkelijkheid kan alleen maar bijdragen aan een verruiming van de menselijke geest.

De communicerende aarde
een gedeelde taal

Een directe communicatie tussen de aarde en het menselijk bewustzijn lijkt nauwelijks mogelijk gezien de taalbarrière tussen twee zo verschillende bestaansvormen. Maar de aarde lijkt wel haar uiterste best te doen om deze barrière te slechten. Op krachtplaatsen reageert de aarde op prikkels die worden aangeboden in de vorm van eeuwenoude of moderne voorwerpen door op die plek haar energie in specifieke, symmetrische dan wel asymmetrische patronen te laten stromen. Hoewel niet elke prikkel tot een traceerbare reactie leidt, lijkt de aarde in veel gevallen duidelijk te worden geactiveerd.

Dit alleen al is verbijsterend en bijna ongelooflijk, maar er is nog meer. De spiraalvormige energiestromen die uit energiecentra wegleiden, blijken te reageren op het ritme van de aarde, op de cyclische beweging van de maan, de zon en de planeten, op het menselijk bewustzijn en waarschijnlijk op nog tal van andere factoren waar wij ons zelfs geen voorstelling van kunnen maken.

De vorm waarin de aarde haar natuurlijke energieën laat stromen, lijkt te kunnen worden beïnvloed door gebed en meditatie, waarbij de mate van verandering direct evenredig is met de mate van geestelijke concentratie. Er is nog te weinig onderzoek gedaan om conclusies te kunnen trekken, maar de basis is gelegd voor een interessant onderzoeksgebied voor zowel wichelaars als geologen en deskundigen op het gebied van resonantie en magnetisme.

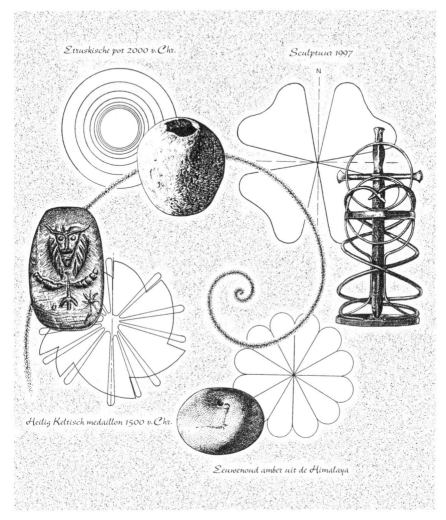

Voorwerpen en hun specifieke, traceerbare energievormen.

ZONDER INSTRUMENTEN
gevoelige handen

Het is een mystieke ervaring om een wichelinstrument voor het eerst uit zichzelf te voelen bewegen, maar geen enkel instrument biedt de mogelijkheden en kan de subtiliteit evenaren van uw eigen handen. Wichelen met uw handen is een ervaring die de tastzin ver overstijgt. Het met de handen verkennen van de grenzen van het etherische lichaam gaat gepaard met een diepgaande bewustzijnsverandering ten opzichte van alles wat leeft. Het is daarbij uiterst belangrijk om nooit, niet bij mensen, niet bij dieren, planten of de aarde zelf, inbreuk te maken op deze persoonlijke grens zonder vooraf om toestemming te hebben gevraagd.

U kunt beginnen door uw duim en wijsvinger lichtjes tegen elkaar te houden en u bewust te worden van veranderingen die u voelt terwijl u een energieomgeving verkent. Na verloop van tijd zult u merken dat u niet meer op uw handen hoeft te letten, maar dat u simpelweg waarneemt; sommige mensen zijn in staat energie te zien als kleur of licht. U kunt oefenen door een vriend(in) te vragen een vorm te tekenen die u in eerste instantie met een wichelinstrument traceert, waarna u geleidelijk aan probeert om de getekende vormen puur met uw bewustzijn waar te nemen.

Wichelen zonder instrumenten kan goed worden toegepast bij het traceren van een waterloop en kan zeer nuttig zijn in gevallen waar het zichtbare gebruik van een instrument niet op prijs wordt gesteld.

TIJD
en hoe u zich daarbinnen kunt bewegen

Onze geest is niet gebonden aan ons aards besef van tijd. Wichelen is ook mogelijk buiten de tegenwoordige tijd, maar dit vereist wel een bijzondere mentale discipline. U kunt beginnen door met de ja/nee-methode de ouderdom te bepalen van bijvoorbeeld de antieke hanger van uw oma. Wanneer een juwelier het antwoord heeft bevestigd, concentreert u zich op de periode waaruit het sieraad dateert. De hanger is een hulpmiddel om in de tijd terug te kijken, terwijl u wichelt zoals altijd. Het is daarbij de kunst om uw geest niet naar het heden af te laten dwalen.

U kunt het 'tijd'-wichelen ook oefenen op een zojuist omgehakte boom. Het gewichelde antwoord op uw vraag hoe oud de boom is, kunt u controleren aan de hand van het aantal ringen dat de stam telt.

Psychometrie is de kunst om door aanraking van een voorwerp en zich te concentreren op de geschiedenis ervan toegang te krijgen tot waar het betreffende voorwerp getuige van is geweest: door wie het is gebruikt of gedragen, van welke gebeurtenissen het deel heeft uitgemaakt. Het is een vorm van wichelen die wonderbaarlijk goed werkt wanneer u eenmaal hebt geleerd om u niet door rationele overwegingen van uw geest te laten storen.

Het lezen van de tijd die nog in het verschiet ligt, is geen vorm van wichelen, omdat er immers nog geen sporen zijn om te traceren. Persoonlijk denk ik dat de toekomst zich niet laat lezen omdat de toekomstige tijd nog talloze mogelijkheden in zich bergt.

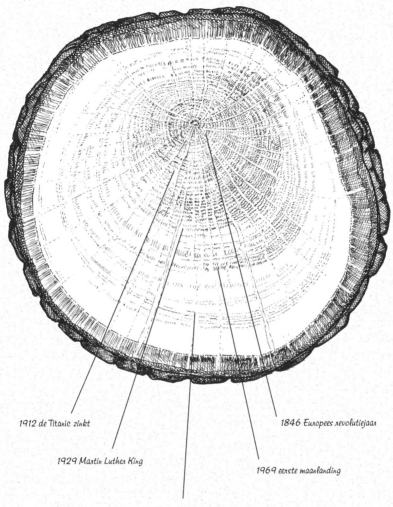

1912 de Titanic zinkt

1929 Martin Luther King

1989 val van de Berlijnse Muur

1846 Europees revolutiejaar

1969 eerste maanlanding

WICHELEN OP AFSTAND
een kijkje achter het gordijn

Wichelen biedt ons de mogelijkheid om dingen waar te nemen die voor onze normale zintuigen verborgen blijven. Om verborgen dingen waar te kunnen nemen zonder in de directe omgeving ervan te verkeren, of zelfs aan de andere kant van de wereld te zijn, is een vaardigheid die veel oefening en uiterste concentratie vereist. Wie dit niveau heeft bereikt, is in de geest niet langer gebonden aan ruimte of tijd. De mentale discipline die nodig is om juist en nauwkeurig op afstand waar te kunnen nemen, is iets wat kan worden aangeleerd door veel te oefenen en zich steeds beter te bekwamen in de techniek van het wichelen. Bij het wichelen op afstand gaat het erom de complexe energieën die normaal gesproken uw wichelinstrument laten bewegen om te vormen tot een beeld in uw geest.

Helaas worden mensen die over dit speciale talent beschikken, soms door het leger of de politiek ingezet om de plannen van mogelijke vijanden te achterhalen. Een dergelijke context blijkt echter vaak funest voor een verdere ontwikkeling van hun gaven. Wanneer we deze wonderbaarlijke gave niet zouden misbruiken maar op een juiste wijze zouden toepassen, wanneer meer mensen zich erin zouden bekwamen en we elkaar beter zouden doorschouwen, zouden we misschien ook wel eerlijker zijn, want het zou weinig zin hebben een ander te bedriegen als die ander recht door ons heen kijkt.

Achter de sluier
quo vadis

Wie de aarde-energieën verkent, kan soms op een energie stuiten die niet goed resoneert met de betreffende plek of persoon. De energie van de aarde is van zichzelf altijd goed, maar kan zijn beïnvloed door een kwaadwillend bewustzijn en daarom gevoelens opwekken van onbehaaglijkheid of zelfs angst. Ervaren wichelaars kunnen deze energieën vragen om over te schakelen op een goed resonerende frequentie, zonder dat daarbij iemand of iets schade wordt toegebracht. Er zijn rituelen voor het helen van energie, met behulp van kristallen, stenen, metalen pijpen of zelfs het verbranden van symbolen, maar wie oprecht is, hoeft het alleen maar te vragen. Het is in wezen een uiterst eenvoudig proces en het effect ervan is vaak zeer heilzaam.

Wichelen leert ons waar te nemen met andere zintuigen en de beperkingen in te zien van onze alledaagse waarnemingen. Het inzicht dat de sociale, spirituele en morele regels die onze denkpatronen bepalen ter discussie gesteld kunnen worden, gaat gepaard met het inzicht dat we vrij zijn om onze eigen beslissingen te nemen over de wijze waarop we willen leven en dat de consequenties daarvan onze eigen verantwoordelijkheid zijn. De moed die nodig is om hiernaar te leven, kunnen we vinden als we samenwerken met liefde en zorg voor de aarde in al haar verschijningen.

DEEL V

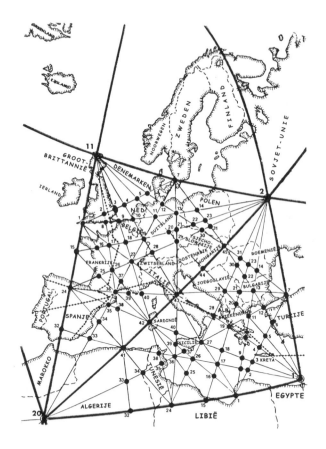

AARDRASTERS
GEHEIME PATRONEN
LANGS HEILIGE PLAATSEN

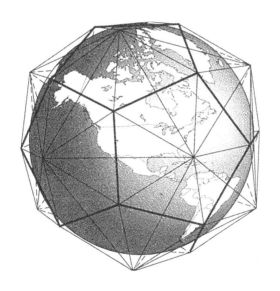

Hugh Newman

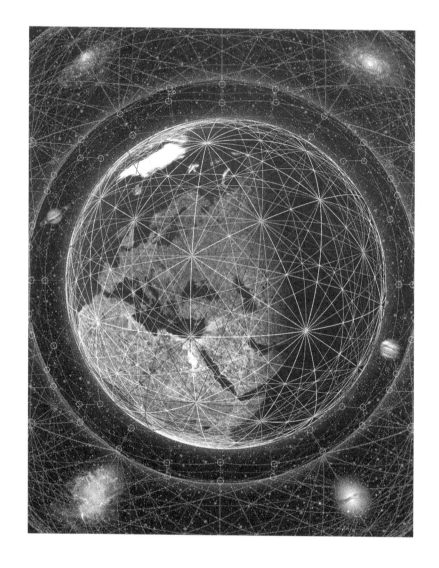

INLEIDING

Het denkbeeld van een aardraster is voor veel mensen onvoorstelbaar, hoewel de mens de aarde zelf ook binnen een raster van lengte- en breedtegraden heeft geordend, omdat hij wil weten waar hij zich bevindt.

Bouwwerken uit het verre verleden zijn opvallend vaak volgens geometrische patronen ontworpen. De bouwers ervan lieten zich bij hun keuze voor een plek voor een tempel of ander heilig monument vaak leiden door de positionering ervan ten opzichte van de stand van de sterren en planeten. Binnen het moderne aardrasteronderzoek wordt nu de vraag gesteld of deze bouwers zich ook bewust waren van de relatie van de plek ten opzichte van andere vergelijkbare plekken op aarde.

De moderne mens heeft zich omgeven door elektriciteits-, water- en telefoonnetwerken en het internet. De traditionele Chinese geneeskunde leert dat het menselijk lichaam over een energienetwerk van meridianen en acupunctuurpunten beschikt; ook de aarde heeft een vergelijkbaar netwerk van energielijnen.

We hebben de aarde weer leren zien als een levend organisme en het idee van een netwerk van aarde-energieën is al zo'n dertig jaar het onderwerp van tal van boeken en artikelen. Het patroon dat eeuwenoude heilige plaatsen verbindt, lijkt erop te duiden dat er in het verre verleden een kennis was die wereldwijd werd gedeeld.

In dit hoofdstuk wordt de nog korte geschiedenis van het moderne aardrasteronderzoek uiteengezet en wordt nader ingegaan op de geometrische verbanden tussen heilige plaatsen op aarde.

De aarde

haar structuur, beweging en natuurlijke energieën

De aarde is 4,57 miljard jaar oud; het eerste leven begon minder dan 1 miljard jaar na het ontstaan van de aarde, en de vorming van een zuurstofbevattende atmosfeer zette zo'n 2,7 miljard jaar geleden in. De aarde is uit lagen samengesteld (zie blz. 249, boven).

De buitenste laag wordt gevormd door tektonische platen die ten opzichte van elkaar bewegen. Waar twee platen van elkaar af bewegen, vormen zich mid-oceanische ruggen. De continenten boven op deze platen bewegen zich dus ook zo, zoals Noord- en Zuid-Amerika ten opzichte van Europa en Afrika vanuit de mid-Atlantische rug (linksonder). De breuklijnen tussen tektonische platen vormen een wereldomvattend patroon dat op een dodecaëder lijkt (rechtsonder).

De afstand van het middelpunt van de aarde tot de evenaar is 6341,1 kilometer; dat is 20,8 kilometer meer dan de afstand tot een van de polen. Dit verschil wordt verklaard door de draaiing van de aarde om haar eigen as, waarbij de aarde om haar 'middel' het breedst is.

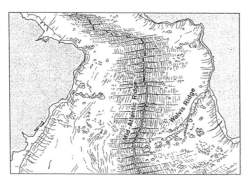

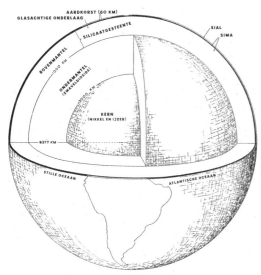

Links: de samenstelling van de aarde. De aardkorst is op de bodem van de oceaan slechts zo'n 6 kilometer dik, aan land 30-60 kilometer. De mantel omvat langzaam vloeiend gesteente en reikt 2900 kilometer diep. De aardkern is vermoedelijk volledig vloeibaar rondom een vaste middenkern. Het aardmagnetische veld is het gevolg van convectiestromen in de vloeibare ijzerrijke kern in combinatie met de draaiing van de aarde om haar eigen as, waarbij de vaste middenkern iets sneller draait dan de rest van de planeet. Het aardoppervlak met zijn breuklijnen, geomagnetische krachten en tellurische stromen is het werkgebied van de eeuwenoude kunst van de geomantie. Het zijn de aarde-energieën die in hun onderlinge verband het aarderaster vormen.

Rechts: de belangrijkste Britse geologische breuklijn, waar de kans op aardbevingen het grootst is, terwijl stormen juist vaker voorkomen in gebieden zonder breuklijnen.

Onder: de tektonische platen die samen de aardkorst vormen. Blz. 248, links: door platentektoniek is de mid-Atlantische rug ontstaan, die de lijn van een dodecaëder volgt.

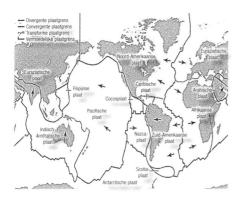

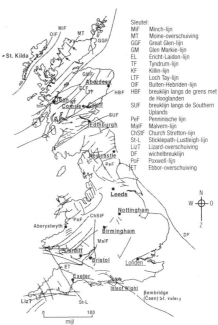

Het aardmagnetische veld
elektromagnetisme en tellurische stromen

Het aardmagnetische veld wordt beïnvloed door van de zon afkomstige stromen van geladen deeltjes; wanneer deze in de hoogste lagen van de atmosfeer terechtkomen, veroorzaken ze geomagnetische stormen die we als noorderlicht waarnemen. Het aardmagnetische veld is continu in beweging. Bij zonsopgang krimpen de magnetische veldlijnen (zie blz. 251, boven) en golven over de aarde, door onze huizen, lichamen en hersenen. Na zonsondergang verzwakt de magnetische kracht om bij zonsopgang weer volop tot leven te komen.

Magnetisme en elektrische energie zijn als twee kanten van dezelfde medaille. Rond een elektrische stroom ontstaat een magnetisch veld, en veranderingen binnen een magnetisch veld genereren een elektrische stroom. Ook het aardmagnetische veld genereert een elektrische stroom, een zwakke stroom met een constante richting, een gelijkstroom. Deze tellurische stroom of aarde-energie wordt goed geleid door metaalrijke grond en mineraalrijke wateren; in droge, metaalarme grond is de geleiding minder. Waar deze twee soorten grond in elkaar overgaan, ontstaat er een 'discontinuïteit in de geleiding'. Heiligdommen uit het verre verleden zijn vaak gebouwd op dergelijke overgangsgebieden, waar soms ook bolbliksems worden waargenomen.

Bolbliksems ontstaan door het vrijkomen van elektrische lading bij een snelle verandering in een magnetisch veld. Bij Stonehenge is in de aarde een meter diepe greppel uitgegraven die de tellurische stromen blokkeert en de door de aarden wal gevormde kring binnenleidt, waar zich een elektrische energie opbouwt. De vraag is of de bouwers dit effect ook bewust voor ogen hebben gehad.

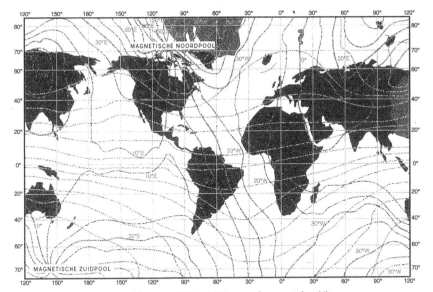

Boven: wereldkaart met N-Z en O-W stromende magnetische veldlijnen.

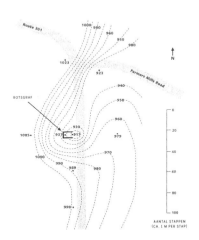

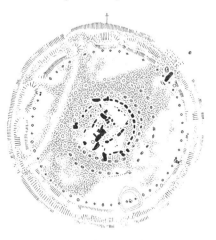

Boven: indiaans rotsgraf in Kent Cliff, New York, met een duidelijke afwijking in het magnetische veld bij de ingang tot de grafkamer (J. Burke).

Boven: elektrische-weerstandkaart van Stonehenge. Door de grijs gestippelde gebieden is meer aarde-energie gepasseerd (J. Burke).

LEY- EN DRAKENLIJNEN
landschaps- en krachtlijnen

In de jaren twintig van de vorige eeuw ontdekte Alfred Watkins (zie blz. 115 en 118) dat er denkbeeldige rechte lijnen door het landschap voeren die heilige plaatsen als kerken, megalieten, bronnen en heuvels met elkaar verbinden; hij noemde ze 'leylijnen' (zie deel III). Eind jaren zestig bracht John Michell de St.-Michaëlslijn in kaart, een bijzonder lange leylijn die zijn naam dankt aan de vele aan aartsengel Michaël gewijde heiligdommen langs deze lijn. Maar de lijn loopt ook door Avebury en Glastonbury Tor en ligt bovendien op één lijn met het punt van zonsopkomst met Beltane en dat van zonsondergang met Samhain. Twintig jaar later traceerden de ervaren wichelaars Hamish Miller en Paul Broadhurst twee belangrijke energiestromen die zich als slangen om de St.-Michaëlslijn kronkelen en elkaar op sommige plaatsen kruisen. Zij wisten de energiestromen tot in het Russische St.-Petersburg te volgen, wat deed vermoeden dat dit slechts een deel is van een wereldomvattende energiestroom.

Denkbeeldige rechtelijnverbindingen door het landschap zijn bekend in Peru, Bolivia en het Verre Oosten, waar beoefenaars van feng shui de energiestromen 'drakenlijnen' noemen (zie blz. 252-257), terwijl de Aboriginals in Australië spreken van 'gezongen lijnen'. In 1939 bracht Josef Heinsch een netwerk van heilige plaatsen in kaart in Duitsland en Groot-Brittannië (zie blz. 253).

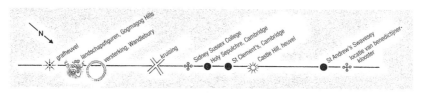

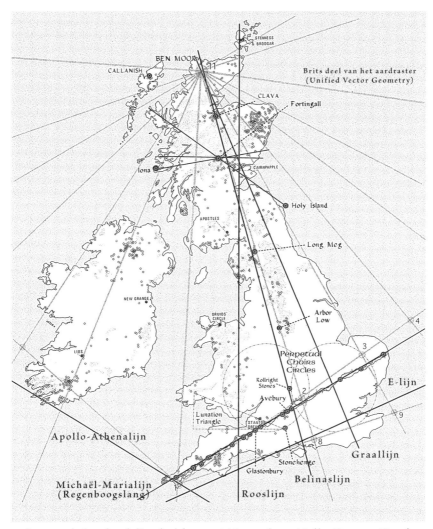

Boven: een selectie van lange leylijnen, landschapsgeometrieën en aarde-energieën (door Newman en Kirwan). Op de kaart zijn ook de zogeheten Lunation Triangle (naar R. Heath) en de Circles of Perpetual Choirs (naar J. Michell) gemarkeerd. Enkele van deze lijnen volgen precies het patroon van het aardraster en eeuwenoude geodetische stelsels. De Cambridgelijn (zie blz. 252) is een voorbeeld van een kleinere, plaatselijke leylijn.

Oorsprong van het aardraster
vroege bewijzen van wereldwijde netwerken

'Een groot wetenschappelijk instrument ligt uitgestrekt over het gehele aardoppervlak. Lang geleden, misschien wel meer dan vierduizend jaar geleden, kwamen op bijna alle hoeken van de wereld mensen bijeen om een taak te volbrengen. Hun werd de kracht geschonken om enorme stenen te snijden, te bewerken en op te richten. Hiermee bouwden zij astronomische instrumenten: steenkringen en steenrijen, piramiden en ondergrondse tunnels. Deze bouwwerken zijn van horizon tot horizon met elkaar verbonden door lijnen die worden gemarkeerd door stenen, heuvels en aarden wallen.'

Deze woorden zijn afkomstig uit *The View over Atlantis* van John Michell, een van de eerste moderne boeken over het bestaan van een eeuwenoud aardraster. Ook in zeer oude teksten, zoals het in 1773 herontdekte *Boek van Henoch*, staan verwijzingen naar wat volgens sommige mensen een wereldomvattende meetkundige ordening was.

'En ik zag in die dagen dat Engelen met lange koorden noordwaarts vlogen. En ik vroeg een Engel: waarom zijn zij weggevlogen en hebben zij koorden bij zich? En de Engel zei: zij zijn heen gegaan om te meten.'

Een scheppingsmythe van de Hopi-indianen verhaalt hoe de schepper Tiowa aan Grootmoedertje Spin de taak gaf om geluid en kosmische energie naar het middelpunt van de aarde te sturen, waar het kristal ze zou terugkaatsen naar het aardoppervlak; hierdoor ontstonden de 'vlekken van het reekalf', centra van heilige energie die onderling verbonden zijn door een netwerk van energielijnen. In een scheppingsmythe van de Brulé-indianen laat de zon de planeten en de sterren naar de 'zestien hoepels' komen die de aarde omcirkelen.

Een scheppingsmythe van de Hopi-indianen verhaalt hoe Tiowa Grootmoedertje Spin (Kokyanwuhti) aanstelde als hoedster van de aarde. Uit twee handen aarde, gemengd met spuug, creëerde ze Poqanghoya en Palongwhoya. De twee werden één van geest. Poqanghoya werd naar de Noordpool gestuurd, waar hij het leven vorm en structuur gaf; Palongwhoya ging naar de Zuidpool, om te bidden en zijn hart af te stemmen op de hartslag van Tiowa. Toen de twee hartslagen in perfecte harmonie waren, golfde de levenskracht naar het kristal in het midden van de aarde, van waaruit de energie terugkaatste, geleid door de magische structuur van Poqanghoya. De gereflecteerde levensenergie brak door de aardkorst heen en schonk leven aan de planeet. Op sommige plaatsen is deze energie in hoge concentraties aanwezig.

Dymaxionwereldkaarten
platgevouwen wereldbollen

In de jaren veertig van de vorige eeuw ontwierp Buckminster Fuller een aantal wereldkaarten die in het platte vlak een visueel correct beeld geven van de wereldbol. In 1946 werd hem het patent verleend op de dymaxionprojectie van de wereld, met de kuboctaëder als basisvorm (zie blz. 257, boven). Voor een latere versie van zijn dymaxionwereldkaart, de AirOcean World Map (1954), nam hij een icosaëder als basisvorm (zie onder). Elk vlak van deze veelvlakken is een gnomonische projectie, dat wil zeggen dat grootcirkels als een rechtlijnig raster worden weergegeven. Op beide kaarten worden de landmassa's zonder vertekening van schaal, richting en vorm weergegeven; dit in tegenstelling tot bijvoorbeeld de wereldkaart van Mercator, waarop Groenland drie keer te groot wordt afgebeeld. Zelfs de populaire Robinsonprojectie, die veel op scholen wordt gebruikt, geeft een nog altijd licht vertekend beeld van Groenland.

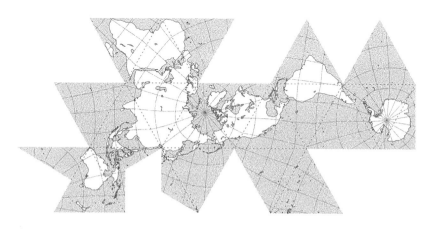

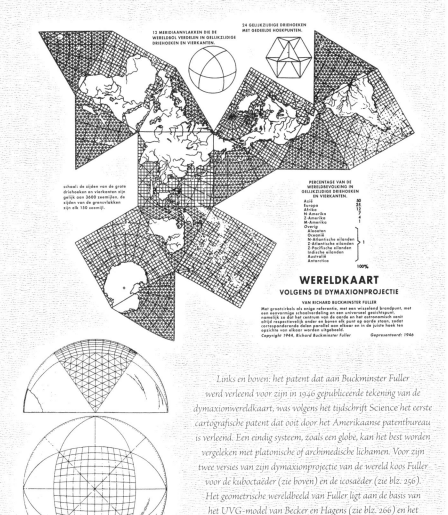

12 MERIDIAANVLAKKEN DIE DE WERELDBOL VERDELEN IN GELIJKZIJDIGE DRIEHOEKEN EN VIERKANTEN.

24 GELIJKZIJDIGE DRIEHOEKEN MET GEDEELDE HOEKPUNTEN.

schaal: de zijden van de grote driehoeken en vierkanten zijn gelijk aan 3600 zeemijlen, de zijden van de grensvlakken zijn elk 150 zeemijl.

PERCENTAGE VAN DE WERELDBEVOLKING IN GELIJKZIJDIGE DRIEHOEKEN EN VIERKANTEN.

Azië	50
Europa	25
Afrika	12
N-Amerika	7
Z-Amerika	4
M-Amerika	1
Overig	
Aleoeten	
Oceanië	
N-Atlantische eilanden	
Z-Atlantische eilanden	1
Z-Pacifische eilanden	
Indische eilanden	
Australië	
Antarctica	
	100%

WERELDKAART
VOLGENS DE DYMAXIONPROJECTIE
VAN RICHARD BUCKMINSTER FULLER

Met grootcirkels als enige referentie, met een wisselend brandpunt, met een eenvormige schaalverdeling en een universeel gezichtspunt, namelijk zo dat het centrum van de aarde en het astronomisch zenit altijd respectievelijk onder en boven elk punt op aarde staan, zodat corresponderende delen parallel aan elkaar en in de juiste hoek ten opzichte van elkaar worden uitgebeeld.
Copyright 1944, Richard Buckminster Fuller   Gepresenteerd: 1946

Links en boven: het patent dat aan Buckminster Fuller werd verleend voor zijn in 1946 gepubliceerde tekening van de dymaxionwereldkaart, was volgens het tijdschrift Science het eerste cartografische patent dat ooit door het Amerikaanse patentbureau is verleend. Een eindig systeem, zoals een globe, kan het best worden vergeleken met platonische of archimedische lichamen. Voor zijn twee versies van zijn dymaxionprojectie van de wereld koos Fuller voor de kuboctaëder (zie boven) en de icosaëder (zie blz. 256). Het geometrische wereldbeeld van Fuller ligt aan de basis van het UVG-model van Becker en Hagens (zie blz. 266) en het kuboctahedrale model van Bruce Cathie (zie blz. 264).

De platonische lichamen

tijdloze veelvlakken

Elk van de vijf platonische lichamen (zie blz. 259) bestaat uit regelmatige vlakken die samen een ruimtelijke figuur vormen. De symmetrie van deze regelmatige veelvlakken zien we terug in het aardraster. De tetraëder heeft vier hoekpunten en vier driehoekige vlakken; de octaëder zes hoekpunten en acht driehoekige vlakken; de hexaëder of kubus acht hoekpunten en zes vierkante vlakken; de icosaëder twaalf hoekpunten en twintig driehoekige vlakken; en de dodecaëder twintig hoekpunten en twaalf vijfhoekige vlakken. Voor zover wij weten, waren Pythagoras en Plato (427-347 v.Chr.) de eersten die met deze figuren bekend waren. In *Phaedo* schrijft Plato:

'Er wordt gezegd dat deze aarde, als men haar van bovenaf beschouwt, eruitziet als een bal die uit twaalf stukken leer gemaakt is.'

Dit lijkt een verwijzing naar een dodecaëder en is de oudst bekende vermelding op schrift van een aardraster. In *Timaios* zegt Plato dat de demiurg (wereldbouwer) de wereld modelleerde naar een twaalfzijdige vorm. De geschiedenis van regelmatige veelvlakken blijkt echter verder terug te voeren dan geschreven bronnen aangeven. Op diverse plaatsen in Europa zijn stenen aangetroffen (onder) die tweeduizend jaar voor Plato leefde zijn bewerkt tot vormen die een perfecte gelijkenis vertonen met de platonische lichamen.

Octaëder   *Icosaëder*   *Dodecaëder*   *Tetraëder*   *Kubus*

Uiterst links: het kuboctahedrale raster. Links: de tetraëder. Linksonder: de octaëder. Onder: de kubus.

Boven: de tetrahedrale en de kuboctahedrale symmetrie zijn eigen aan kristallen en worden veel gebruikt in de architectuur. De drie platonische lichamen die hiervan de basis vormen, staan hierboven uitgebeeld.

Links: het icosa-dodecahedrale raster. Linksboven: de icosaëder. Rechtsboven: de dodecaëder. Deze platonische lichamen zijn elkaars duale vorm, dat wil zeggen dat het aantal hoekpunten van de een het aantal vlakken van de ander is.

Boven: de icosa-dodecahedrale symmetrie komt voor in virussen, zaden en planten. In hun symmetrische verhoudingen geven deze twee platonische lichamen vorm aan het leven.

DUIVELSDRIEHOEKEN
verdwijningen en tijdsrek

In de vroege jaren zeventig van de vorige eeuw bracht bioloog en schrijver Ivan T. Sanderson wereldwijd de verdwijningen van schepen en vliegtuigen in kaart, waarbij hij twaalf zones telde, inclusief de Noord- en Zuidpool, waarbinnen zich opmerkelijk veel verdwijningen en andere onverklaarbare gebeurtenissen voordeden, zoals magnetische afwijkingen en storingen van mechanische instrumenten. Ook viel het hem op dat deze zones, verspreid over de wereld, op gelijke afstand van elkaar liggen.

Een van deze zones was de westelijke punt van de Bermudadriehoek, een berucht gebied voor de kust van Florida, waar sinds 1945 al meer dan honderd vliegtuigen en zo'n duizend mensen zijn verdwenen.

In een artikel getiteld 'Twelve Devils Graveyards around the World' ('De twaalf duivelsdriehoeken van de wereld', 1972) beschreef Sanderson hoe hij de twaalf gebieden had ontdekt, waaronder de Duivelszee, een gebied ten zuidoosten van Japan waar tussen 1950 en 1954 negen grote schepen spoorloos zijn verdwenen, veel ufo's zijn waargenomen en magnetische afwijkingen voorkomen. Een andere duivelsdriehoek zou de 'Ring van vuur' zijn, een gebied in de Grote Oceaan waar zich veel vulkaanuitbarstingen voordoen.

Toen Sanderson de twaalf zones op een kaart uittekende, bleken ze niet alleen op gelijke afstand van elkaar te liggen, maar ook de hoekpunten van een icosaëder te vormen. Later werd Sanderson ervan beschuldigd alleen die gegevens te hebben verwerkt die binnen zijn theorie pasten.

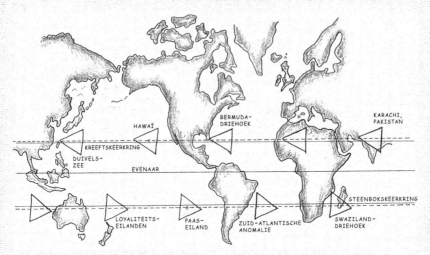

De 'twaalf duivelsdriehoeken'. Merk op dat, afgezien van de Noord- en Zuidpool, de duivelsdriehoeken allemaal gelegen zijn ter hoogte van de Kreeft- of Steenbokskeerring. In duivelsdriehoeken zouden zich opmerkelijk veel verdwijningen, magnetische afwijkingen en andere onverklaarbare verschijnselen voordoen.

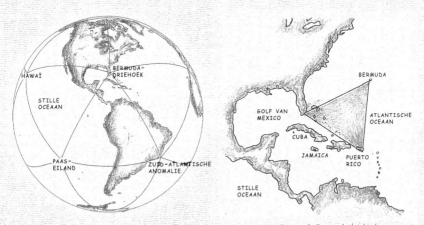

Boven: de wereldbol met een icosahedraal raster met de duivelsdriehoeken als hoekpunten.

Boven: de Bermudadriehoek.

Russische ontdekkingen
de kristalkern en de dodecaëder

In 1973 verscheen er in Rusland een artikel waarin de oervorm van de aarde werd voorgesteld als een kristal dat zich na honderden miljoenen jaren tot een bol had ontwikkeld. De hoekpunten van dit oerkristal zouden concentraties van energie aan het aardoppervlak vormen. De Russische geschiedkundige Nikolai Goncharov voerde dit idee nog een stap verder door de vorm van de aarde voor te stellen als een op de Noord- en Zuidpool en de mid-Atlantische rug gecentreerde dodecaëder, en ook de locaties van oude beschavingen bleken in onderling verband een geometrisch patroon te vormen. Samen met de taalkundige Vyacheslav Morozov en de elektronicadeskundige Valery Makarov schreef hij 'Is de aarde een kristal?', dat werd gepubliceerd in het orgaan van de Academie van Wetenschappen van de Sovjet-Unie. Net als Sanderson gebruikten de Russen de icosaëder als basisvorm.

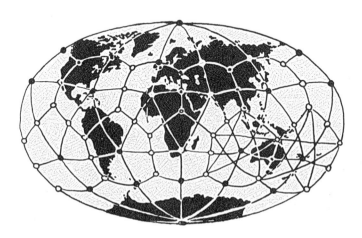

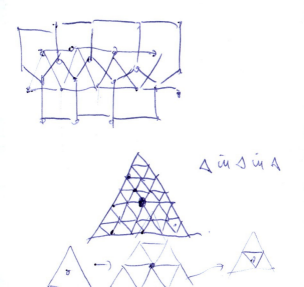

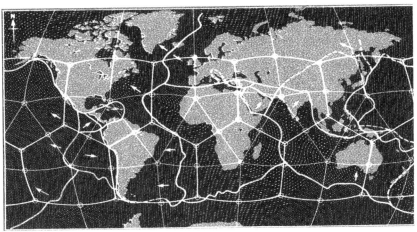

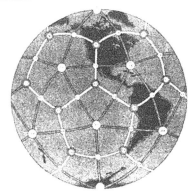
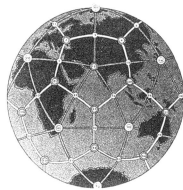

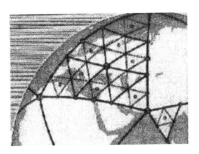

Een aantal versies van het Goncharov-Morozov-Makarov-aardekristalraster. Zij beweerden dat de lijnen en punten van hun raster overkwamen met geologische breuklijnen en oceaanruggen, met hoge- en lagedrukgebieden, de routes van trekvogels, gebieden met zwaartekrachtafwijkingen en de locaties van oude culturen. De geosyncliniale gebieden zouden op de hoekpunten liggen, terwijl oceaanruggen en breuklijnen langs of parallel aan de ribben van de icosaëder zouden liggen.

BRUCE CATHIE EN UFO'S
vluchtroutes en geheimzinnige antennes

Nadat hij in 1952 zelf een ufo had waargenomen, wilde de Nieuw-Zeelandse piloot Bruce Cathie een systeem en zin ontdekken in het fenomeen. In navolging van de Franse ufoloog Aimé Michel besloot Cathie op zoek te gaan naar patronen in de vermoedelijke baan van ufo's. Bij het intekenen van de locaties van betrouwbare waarnemingen, waaronder enkele van hemzelf, op een kaart van Nieuw-Zeeland drong het geleidelijk tot hem door dat zich een raster uitkristalliseerde. Koortsachtig werkte hij in de jaren daarna verder en hij ontdekte uiteindelijk drie rasters, met de Noordpool op respectievelijk 72°25'45" breedte, 89°58'59" lengte; 78°25'07" breedte, 104°59'24" lengte; en 75°32'19" breedte, 95°58'07" lengte. Cathie beweerde dat buitenaardse wezens, de bouwers van eeuwenoude heiligdommen en de ontwerpers van atoomwapens zich oriënteerden en baseerden op een patroon van lijnen die met een tussenafstand van een halve graad op deze assen waren gericht.

Cathie ontwikkelde zijn theorie verder aan de hand van de zogeheten Eltanin-antenne, een antenneachtige vorm die 2500 kilometer uit de kust op de zeebodem was ontdekt en waarin tegenwoordig door biologen een sponsachtige wordt herkend, maar waarin Cathie een buitenaards voorwerp zag, een interpretatie die door sommigen nog altijd wordt aangehangen. Cathie gebruikte de coördinaten van de vindplaats van de geheimzinnige antenne om op een plastic bal rasterpatronen te tekenen tot het kuboctahedrale raster overeenstemde met zijn oorspronkelijke, tweedimensionale raster op de kaart van Nieuw-Zeeland.

Rechts: kaart van Nieuw-Zeeland met een raster van ufowaarnemingen, waarin rekening is gehouden met de ronding van de wereldbol. De afstand tussen de verticale lijnen is 24 zeemijlen, die tussen de horizontale lijnen 30 zeemijlen. Rechtsonder: het kuboctahedrale raster van Cathie met A en B als polen. Linksonder: de Eltanin-antenne werd door de bemanning van het schip Eltanin op 2500 kilometer van de Chileense kust, op ruim 4000 meter diep, gefotografeerd. De antenneachtige vorm stond rechtop, zat aan de zeebodem vastgehecht en zou, zo beweerde Cathie, daar zijn geplaatst door vroege of buitenaardse beschavingen. Anderen echter herkennen in de vorm een sponsachtige behorend tot het geslacht Cladorhiza. Middenonder: deze uit goud en brons vervaardigde dodecahedrale figuren met twaalf vlakken en twintig uitstulpingen zijn gevonden in Frankrijk en Vietnam en zijn herkend als heilige taoïstische voorwerpen die acupunctuurpunten markeren.

Gecombineerde bevindingen
de unified vector geometry-projectie

Geïnspireerd door Buckminster Fullers geodetische koepels werkten William Becker en Bethe Hagens in 1978 het Russische model verder uit tot een raster dat zij baseerden op de rombische triacontaëder, de duale vorm van de icosa-dodecaëder. De rombische triacontaëder telt 30 ruitvormige vlakken en 32 hoekpunten.

Dit nieuwe model, dat zij de 'Ring van Gaia' noemden, omvat 15 grootcirkels, 120 ongelijkzijdige rechthoekige driehoeken en 62 knooppunten. De grootcirkels verdelen elk vlak in vier rechthoekige driehoeken. Hoewel Fuller zich niet bezighield met aardraster, was de vorm hem wel opgevallen en hij had uitgetekend hoe hun hoeken correct konden worden weergegeven in een ruimtelijke en bolvormige context (zie onder).

Het uiteindelijke model dat Becker en Hagens ontwikkelden, heet de Unified Vector Geometry-projectie. Hierin zijn, met behulp van Fullers 'reeksen van grootcirkels', alle hoekpunten van de vijf platonische lichamen verenigd binnen een bolvorm met in totaal 121 grootcirkels en 486 hoekpunten (zie blz. 246).

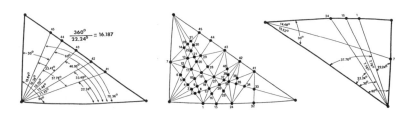

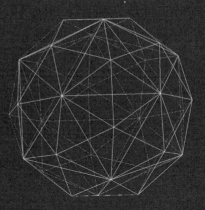

Boven: het aardraster is georiënteerd op de polen en op de N-Z-lijn door Gizeh, punt 1, dat door Livio Stecchini als geodetisch markeringspunt werd herkend.

Boven: het aardraster is gebaseerd op de rombische triacontaëder (dertig ruiten, met elk vier driehoeken) en heeft dezelfde oriëntatie als de wereldbol links.

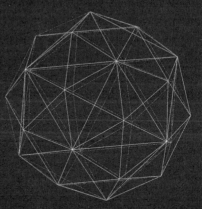

Boven: het aardraster boven Azië en Australië. In totaal telt het raster 12 vijfhoekige vlakken, 15 grootcirkels, 6 hoekpunten en 120 driehoeken.

Boven: de basisvorm van het aardraster is de duale vorm van de icosa-dodecaëder en heeft vijfhoekige vlakken met elk tien driehoeken waarvan de zijden zich verhouden als 7:11:13.

Interessante punten
de unified vector geometry-projectie

Op het hieronder afgebeelde Becker-Hagensraster zijn de hoekpunten genummerd naar analogie van het Russische raster. Hoewel bepaalde rasterpunten overeenkomen met centra van oude beschavingen, wordt slechts een gering aantal hoekpunten gemarkeerd door beroemde heilige plaatsen. Dit is bijvoorbeeld het geval bij de piramiden van Gizeh [1] en van Caral in Noordwest-Peru [35].

De lijn tussen punt 20 en punt 1, van Marokko naar Pakistan, komt overeen met een geologische breuklijn, terwijl rond rasterpunten 17 (de Cerro Cubabi, een hoge bergtop net ten zuiden van de Amerikaans-Mexicaanse grens), 18 (aan de rand van het continentale plat bij de Abaco-eilanden in de Bahama's) en 20 (bij El Eglab, aan de rand van de Sahara, bij Timboektoe) cirkelvormige aardstructuren zijn ontdekt met doorsneden van tussen de 250-320 kilometer. Rasterpunten 49 (ten zuiden van Rio de Janeiro) en 27 (in de Golf van Carpentaria, ten noordoosten van Australië) lijken brandpunten waar wervelingen van energie al millennialang het landschap vormen.

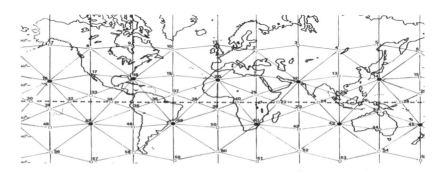

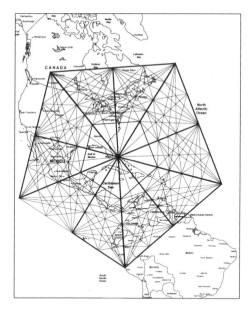

Links: rasterpunten 8 en 18: punt 8 ligt bij Buffalo Lake, Canada, en wordt gekenmerkt door grote gas- en oliereserves, uitgestrekte tarwevelden en een 5000 jaar oud medicijnwiel, bij Majorville. Punt 18 vormt het centrale punt binnen een vijfhoekig vlak. Hier, voor de kust van Bimini, in de noordelijke hoek van de Bermudadriehoek, is een verzonken constructie van megalieten ontdekt.

Onder: rasterpunt 17 ligt bij het nationaal monument Organ Pipe Cactus, waar in het verre verleden een irrigatiesysteem is aangelegd door de Hohokan, een volk dat een negenduizendjarige beschaving heeft gekend. In dit gebied bevinden zich de heiligste plaatsen van de oudste oorspronkelijke volken van Noord-Amerika, waaronder kleine piramiden en rotsschilderingen (onder meer van 'sterexplosies'). Tegenwoordig staan in dit gebied, dat berucht is als smokkelzone, grote aantallen schotelantennes.

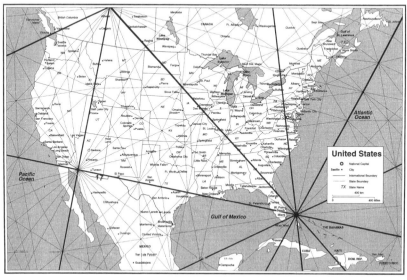

Hartmann- en Curryraster
hulpmiddelen binnen de geopathie

Het eerste wereldomvattende energie- of stralingsraster werd in de jaren zestig van de vorige eeuw ontdekt door dr. Ernst Hartmann. De lijnen van het Hartmannraster, waarvan de straling verticaal uit de grond oprijst als een onzichtbare radioactieve muur, lopen in N-Z- en O-W-richting, met een tussenafstand van een kleine 2 meter, waarbij de breedte van de spanningslijn zelf 15-20 centimeter is. Waar twee lijnen elkaar kruisen, op een zogeheten Hartmannknoop, concentreert zich de geopathische spanning. Dit is met name het geval waar twee negatieve lijnen elkaar kruisen, ongeveer om de 35 meter. Als slaapplek kan een dergelijk knooppunt leiden tot stress, hoofdpijn, krampen en reuma. De regelmaat van dit raster kan door aardbevingen worden verstoord met soms een toename van radioactiviteit tot wel 50%.

In de jaren zeventig ontdekten dr. Curry en dr. Whitman een diagonaal raster waarvan de lijnen van ZW naar NO en van ZO naar NW lopen, met een tussenafstand van 2,5-3 meter, een lijnbreedte van 50-60 centimeter en om de 50 meter kruisende negatieve lijnen. De negatieve Curryknopen worden als schadelijker voor de gezondheid beschouwd dan de Hartmannknopen.

Hoewel voor beide stralingsrasters een wetenschappelijke onderbouwing ontbreekt, is Hans Giertz er in 2006 in geslaagd om op experimentele wijze, met laagfrequente elektromagnetische energie, het bestaan ervan aan te tonen.

Het Curryraster kent nog twee varianten, waarvan de lijnen respectievelijk onder een hoek van 30° en 20° ten opzichte van het noorden lopen, in plaats van de 45° van het normale Curryraster.

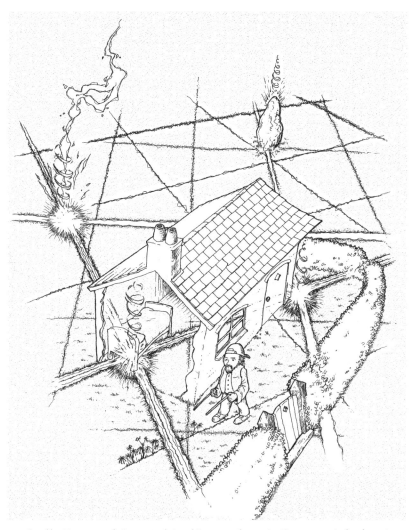

Zowel het Hartmann- als Curryraster krimpt bij toenemende spanning. De mate waarin dit gebeurt, is afhankelijk van de ernst van de traumatische gebeurtenis of verandering die heeft plaatsgevonden. Op plekken waar bijvoorbeeld slag is geleverd, liggen lijnen soms slechts 30 centimeter uit elkaar en komen er dus ook meer negatieve knooppunten voor, die een schadelijke invloed kunnen hebben op de gezondheid.

Landschapsgeometrieën
cultuurpatronen

Binnen het geometrische raster dat Gaia, de aarde, omringt, zijn nog vele andere patronen te ontdekken, zoals het stratenplan van Washington, DC, dat in 1791 werd ontworpen en waaruit een grote kennis spreekt van landmeetkunde, heilige geometrie en astronomie.

Een in Groot-Brittannië door Robin Heath ontdekt neolithisch landschapsraster verbindt Arbor Low ('het Stonehenge van het noorden') met Bryn Celli Ddu, een grafheuvel in Noord-Wales, en Stonehenge in een perfecte pythagorische driehoek (3:4:5).

Stonehenge maakt ook deel uit van de Wessex Astrum, een zespuntige ster in het landschap die door de St.-Michaëlslijn wordt doorsneden. Bovendien blijkt de lengte van het lijndeel tussen Stonehenge en Glastonbury precies een tiende te zijn van de omtrek van de Circle of Perpetual Choirs (zie blz. 253). De St.-Michaëlslijn vormt ook een zijde van een ruitvorm die langs heilige heuvels door Somerset voert. In het zuiden van Frankrijk, bij Rennes le Chateaux, worden kerken, heilige heuvels en natuurlijke landschapsmarkeringen binnen een raster verbonden door vijfhoekige figuren (onder).

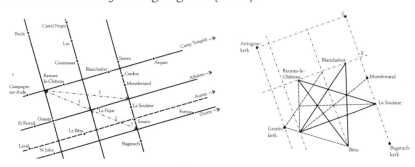

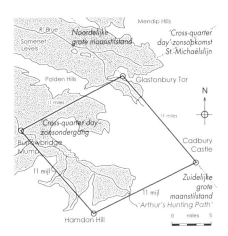

Boven: ruitvorm in het landschap van Somerset, met de St.-Michaëlslijn en oriëntaties op de grote maanstilstanden (N. Mann & P. Glasson, 2007).

Boven: de stadsplattegrond van Washington DC van de Franse architect L'Enfant wordt gekenmerkt door guldensnedeverhoudingen (N. Mann, 2006).

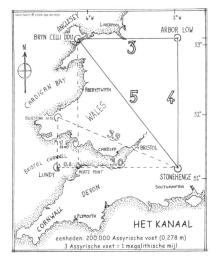

Boven: geodetisch raster (R. Heath) dat aarde- en steenkringen verbindt binnen een pythagorische driehoek. De stippeldriehoek is de Lunation Triangle.

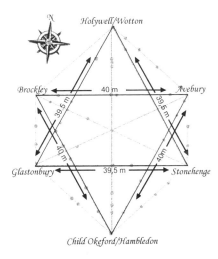

Boven: de Wessex Astrum (door P. Knight, T. Perrott). De basislijn van de omhoog gerichte driehoek wordt gevormd door de St.-Michaëlslijn.

DRIE STAPPEN VAN VISHNU
driehoeksmetingen in het landschap

De *Rigveda* stamt uit de vijftiende eeuw v.Chr. en is een van de oudste teksten ter wereld. Volgens sommige deskundigen wordt in deze heilige Indiase tekst gesproken over het opmeten van de wereld:

> *'Ik zal spreken van de grootse daden van Vishnu, van hem die de aardse gebieden heeft opgemeten, die driemaal zijn voet plaatste, wijd uit elkaar, van hem die met drie voetstappen onze woonplaatsen heeft opgemeten (…)'*

Verderop staat: *'Als binnen een rond wiel laat hij zijn negentig paarden snellen, samen met de vier.'* Dit zou een verwijzing kunnen zijn naar een driehoeksmeting (90°) van de wereldbol (360°).

De driehoeken in het landschap verbinden niet alleen door mensen gecreëerde heilige plaatsen, maar ook, zoals Freddy Silva opmerkte, heilige bergen en heuvels (zie onder en blz. 275). De berg Kailas, de heuvel Gabbar en de Maa Sharda vormen een perfecte driehoek, en John Martineau ontdekte dat twee van de grootste watervallen ter wereld ten opzichte van elkaar een hoek van 90° vormen (zie blz. 310).

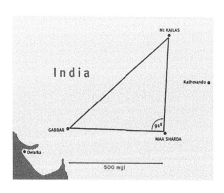
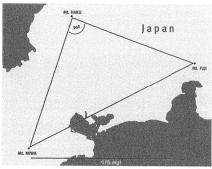

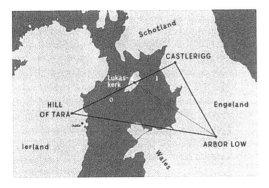

Links: een driehoek verbindt de heuvels van Tara (de zetel van de oude koningen van Ierland) met de steenkringen van Arbor Low en Castlerigg, Cumbria. Wanneer de lengte van de lijn tussen Castlerigg en Tara wordt gedeeld door het getal phi, is dit precies de afstand tussen Castlerigg en de Lukaskerk op het eiland Man, dat het geodetische centrum is van Groot-Brittannië (naar F. Silva).

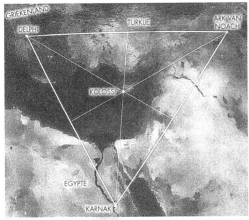

Links: een gelijkbenige driehoek die het Griekse orakel Delphi verbindt met Karnak (een Egyptisch orakel) en de berg Ararat, waar de ark van Noach land trof. De duif die volgens de legende de 1700 kilometer tussen Karnak en Delphi aflegde, kan symbool staan voor telepathische communicatie. Ook in het verhaal van Noach brengt de duif een boodschap over (naar F. Silva).

Onder en blz. 274: de 'drie stappen van Vishnu'. Rechthoekige driehoeken verbinden heilige bergen in India, Japan en China (naar F. Silva).

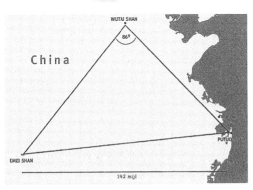
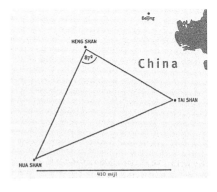

HET CENTRUM VAN DE WERELD
heilige heuvels als ijkpunten

Er zijn aanwijzingen dat de Grote Piramide van Gizeh dienstdeed als hulpmiddel bij het meten van het land, zoals dit ook wordt vermoed van een andere 4500 jaar oude piramide. Silbury Hill in Wiltshire is de grootste door mensen gemaakte prehistorische heuvel in Europa en is mogelijk het middelpunt geweest van een landmeetkundig raster. De amateurhistoricus Tom Brooks besteedde twintig jaar van zijn leven aan het in kaart brengen van oude heilige plaatsen en ontdekte dat er telkens twee van deze plaatsen door een rechte lijn verbonden worden met steeds weer Silbury als exact middenpunt. Deze ontdekking van de twee gelijke lengtes leidde tot zijn ontdekking van gelijkbenige driehoeken in het landschap, die bovendien vaak rechthoekig waren.

Sceptici hebben aangetoond dat ook de filialen van het warenhuis Woolworths door dergelijke driehoeken verbonden kunnen worden!

Op basis van Brooks driehoeken kan er een raster worden uitgetekend waarvan de onderliggende functie zou kunnen zijn dat elk gebied meetbaar is ten opzichte van een ander gebied. Deze techniek van de driehoeksmeting van het landschap werd misschien wereldwijd gebruikt.

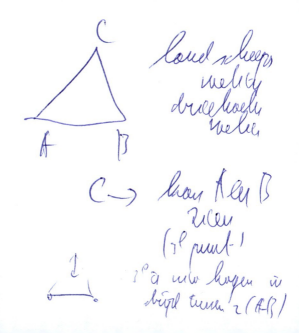

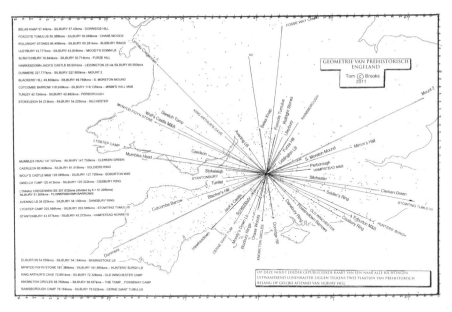

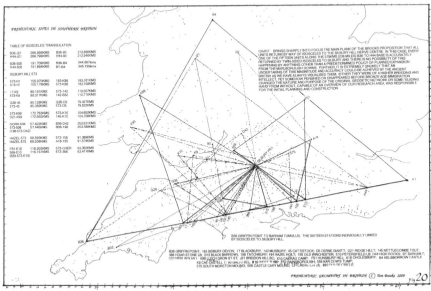

Landschapszodiak
hemelse tekens op aarde

In de jaren twintig van de vorige eeuw ontwaarde kunstenares Katherine Maltwood de tekens van de zodiak of dierenriem in het heilige landschap rondom Glastonbury, waar volgens de legende koning Arthur begraven ligt en waar de eerste kerk van Europa werd gebouwd. De contouren van de twaalf tekens, met elk een doorsnee van zo'n 20 kilometer, zouden worden gemarkeerd door aarden wallen, wegen en beken. Ook in oude straat- en dorpsnamen zag ze verwijzingen naar deze hemelse tekens, zoals ze schreef in *A Guide to Glastonbury's Temple of the Stars*.

Verspreid over Groot-Brittannië zijn er bijna zestig van zulke dierenriemen ontdekt, variërend in grootte per teken van 15 (Ongar) tot 50 kilometer (Pendle). Soms is als extra teken een hond toegevoegd, die de Hondsster symboliseert, de spirituele wachter van de dierenriem. Niemand weet of deze tekens zich natuurlijk hebben gevormd, door mensen zijn gemaakt of slechts hersenspinsels zijn.

De St.-Michaëlslijn verbindt meerdere dierenriemen, die bij Bury St Edmunds, Nuthampstead, Glastonbury, Bodmin Moor en in Cornwall.

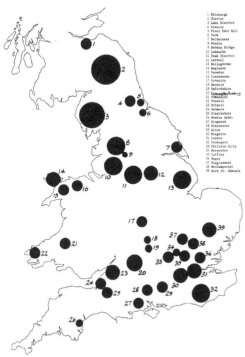 

Boven: Britse landschapsdierenriemen. Rechtsonder: de door Nigel Pennick ontdekte Nuthampstead-zodiak; de St.-Michaëlslijn doorsnijdt het noordwestelijke deel van de leeuw bij Royston. Blz. 278, links: de Glastonbury-zodiak; rechts: de Kingston-zodiak, getekend door Mary Caine. Onder: een eenhoorn in de Glastonbury-zodiak raakt de leeuw bij Somerton, waar het Britse wapen met de leeuw en de eenhoorn werd ontworpen. Rechtsboven: de Bodmin Moor-zodiak.

 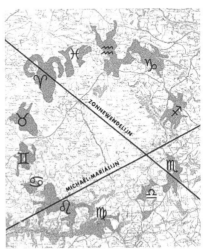

GROOTCIRKELS
de wereld in tweeën verdeeld

Een grootcirkel is een cirkel op een bol waarvan het middelpunt ook het middelpunt van de bol is; de grootcirkel verdeelt de bol dan ook in twee gelijke helften. Alle meridianen zijn grootcirkels. De enige breedtecirkel die ook een grootcirkel is, is de evenaar; de andere breedtecirkels zijn kleincirkels. Het UVG-raster omvat alle 121 grootcirkels.

Op de afbeelding onder ziet u de door Jim Alison ontdekte grootcirkel die de Nazcalijnen verbindt met Machu Picchu, Tassili n'Ajjer, Siwa, Gizeh, Angkor Wat, Paaseiland en nog een aantal heilige plaatsen. Waren de bouwers van deze heiligdommen zich bewust van deze relatie? Op blz. 281, boven, staat een deel van de grootcirkel uitgebeeld die door Robin Heath werd ontdekt en die Stonehenge verbindt met Delphi, Gizeh, Mekka en de Slangenheuvel in Ohio.

In de jaren tachtig van de vorige eeuw presenteerde Robert Coon een kaart van de aardechakra's (zie blz. 281, onder) waarop twee drakenlijnen (samen de Regenboogslang) zich om de wereldbol kronkelen. Het Britse deel van de Regenboogslang valt samen met de Michaël-Marialijn (zie blz. 253). De twee energiestromen vormen geen perfecte grootcirkel maar omvatten wel de hele wereld.

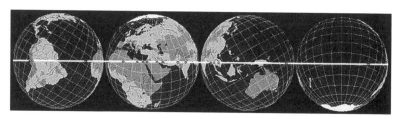

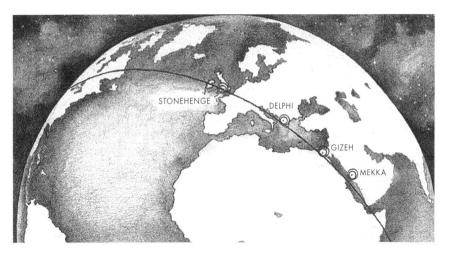

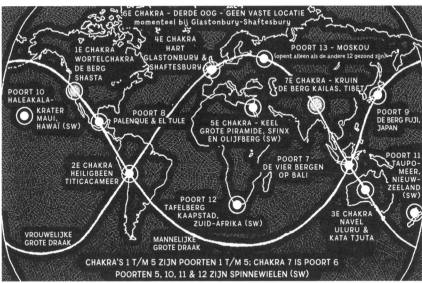

Boven: de Regenboogslang van Robert Coon verbindt de aardechakra's, waarvan Uluru (of Ayers Rock) in Australië er een is. Een van de mythen van de Aboriginals verhaalt van de vrouwelijke slang Kuniya en haar neef Liru, die elkaar bij Uluru treffen. Als energiestromen kunnen deze lijnen met een wichelinstrument worden getraceerd.

De nulmeridiaan

het centrum van de wereld

De egyptoloog en astronoom prof. Charles Piazzi Smythe was een van de mensen die betrokken waren bij het vaststellen van de referentiemeridiaan tijdens de Internationale Meridiaanconferentie in Washington DC, in oktober 1884. Smythe stelde voor om de meridiaan van de Grote Piramide van Gizeh als nulmeridiaan te gebruiken, omdat de lengte- en breedtecirkel door dit punt over meer landmassa voeren dan de lengte- en breedtecirkels door welk ander punt op aarde dan ook (zie blz. 283, boven). Bovendien was de Grote Piramide nauwkeurig georiënteerd op de vier windrichtingen. Uiteindelijk werd echter, met 22 van de 25 stemmen voor, gekozen voor Greenwich, 31°8'8" ten westen van Gizeh.

Een kleine eeuw eerder, ten tijde van Napoleon, hadden Franse landmeters de positionering van de Grote Piramide gebruikt bij hun metingen van Neder-Egypte en hadden zij ontdekt dat de meridiaan van Gizeh precies door het midden van de Nijldelta voert en dat de twee naar het noorden gerichte lijnen van de piramide konden worden doorgetrokken om precies de delta te omvatten (zie blz. 283, linksonder).

Er is wel geopperd dat de Grote Piramide een meetkundige vorm zou zijn van het noordelijke halfrond en dat de Egyptenaren de afmetingen van de aarde kenden. Wanneer de uitkomsten van de lengte en de omtrek van de Grote Piramide worden vermenigvuldigd met 43.200, ontstaan er vrij nauwkeurige benaderingen van de lengte van respectievelijk de poolstraal en evenaar. De lengte van het basisvlak van de Grote Piramide komt overeen met 1/8 graadminuut van de omtrek van de aarde in de lengte gemeten (een graadminuut is 1/60 deel van een graad).

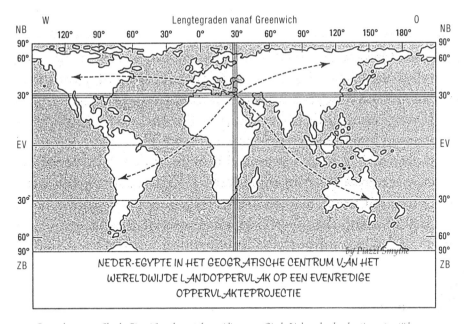

Boven: kaart van Charles Piazzi Smythe met de meridiaan van Gizeh. Linksonder: landmetingen ten tijde van Napoleon van de Nijldelta. Rechtsonder: de Grote Piramide als meetkundige vorm van het noordelijk halfrond.

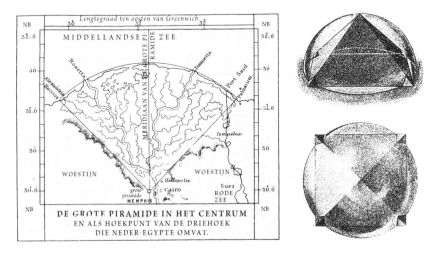

Het middelpunt lokaliseren
de navel van het landschap

Ook andere oude culturen lijken de behoefte te hebben gehad het middelpunt van hun wereld te vinden, dat werd beschouwd als de geboorteplek van het volk, de omphalos of 'navel van de wereld', van waaruit de koning zijn domein kon overzien en wetten uitvaardigde.

Steenkringen, aarden wallen, heuveltoppen of eilanden fungeerden als volksvergaderplaatsen, waar men 'in het licht van de zon' samenkwam. John Michell ontdekte dat deze plaatsen van samenkomst vaak gelegen zijn op het kruispunt van lijnen die van het uiterste noorden en zuiden en van het uiterste oosten en westen door het betreffende gebied getrokken kunnen worden (zie onder).

Plato schreef dat de plaats van het symbolische centrum zowel in landmeetkundig opzicht als in spirituele kracht passend moest zijn voor een nationale omphalos. Zouden de eerste landmeters tegelijk ook priester-profeten, astronomen en geodeten zijn geweest, zoals Caesar beweerde van de Keltische druïden?

De omphalos van Groot-Brittannië is het eiland Man, dat in het centrum van de Britse eilanden ligt (zie blz. 285); de omphalos van Engeland is Meriden in Warwickshire; en ten tijde van de Romeinen vormde een kruispunt van wegen bij het toenmalige Venonae, precies halverwege de Muur van Hadrianus en het eiland Wight, het centrum.

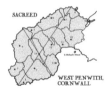

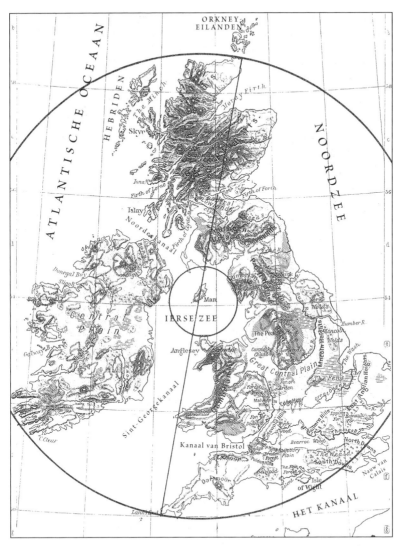

Boven: het midden van de lijn die vanuit het uiterste noorden, in het Schotse Duncansby Head, naar Land's End in Cornwall voert, is het eiland Man. De binnenste cirkel raakt alle delen van het Britse land: Ierland, Schotland, Wales en Engeland (uit At the Centre of the World *van John Michell, 1994).*

DE AARDE METEN
geodesie en metrologie

De grootte en de vorm van de aarde zijn de moderne mens pas zo'n twee eeuwen bekend, terwijl men vermoedelijk in het verre verleden al wel over deze kennis beschikte. Plaatsen als Stonehenge lijken te zijn gebouwd vanuit een exact begrip van de grootte van de aarde.

De eenheden van maat uit de oudheid, zoals de mijl, el, voet en duim, zijn exacte onderverdelingen van de omtrek dan wel de straal van de wereldbol. Zo is de omtrek van de aarde, gemeten over de polen, in de lengte, 24.883,2 Engelse mijl oftewel 135.000.000 Romeinse voet, 63.000.000 heilige el of 129.600.000 Griekse voet (terwijl 129.600.000 weer het aantal graadseconden is binnen een cirkelboog van 360°).

Omdat de aarde niet perfect bolvormig is maar bij de polen is afgeplat, is de afstand tussen de breedtegraden niet overal gelijk. Bij de evenaar is deze afstand het kleinst, naar de polen toe wordt hij steeds groter. De gemiddelde lengte van een graad is 60 zeemijl, waarbij de zeemijl is berekend op 1852 meter, wat overeenkomt met 100 Romeinse stadiën.

De diameter of middellijn van de aarde is 7920 Engelse mijl, wat geschreven kan worden als 8 x 9 x 10 x 11 mijl. De omtrek van de aarde gemeten over de evenaar is 24.902,86 Engelse mijl, wat gelijkstaat aan 360 x 365,242 Engelse voet, waarbij het laatste getal ook het aantal dagen van het jaar is, zodat zowel ruimte, tijd als hoek in voeten, dagen en graden kunnen worden uitgedrukt. De omtrek van de aarde gemeten in de breedte, over de evenaar, verhoudt zich tot de omtrek gemeten in de lengte, over de polen, als 1261:1260. Voor meer voorbeelden van dergelijke verhoudingen zie blz. 287, rechtsonder.

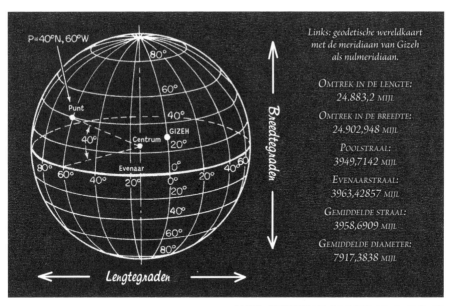

Links: *geodetische wereldkaart met de meridiaan van Gizeh als nulmeridiaan.*

OMTREK IN DE LENGTE:
24.883,2 MIJL

OMTREK IN DE BREEDTE:
24.902,948 MIJL

POOLSTRAAL:
3949,7142 MIJL

EVENAARSTRAAL:
3963,42857 MIJL

GEMIDDELDE STRAAL:
3958,6909 MIJL

GEMIDDELDE DIAMETER:
7917,3838 MIJL

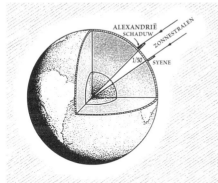

Boven: *de methode aan de hand waarvan Erastosthenes (276-195 v.Chr.) de omtrek van de aarde berekende. Bij Syene, het huidige Aswan, staat de midzomerzon rond het middaguur loodrecht boven de aarde, terwijl diezelfde zon in Alexandrië, 800 kilometer noordelijker, een schaduw werpt onder een hoek van 7°14,' wat 1/50 is van 360°. De omtrek van de aarde was dus 50 x 800 = 40.000 kilometer.*

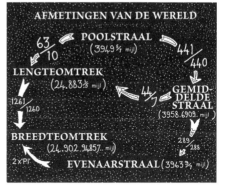

Boven: *de belangrijkste afmetingen van de aarde zoals deze in de oudheid zijn berekend (met dank aan R. Heath, naar J. Neal). Deze getallen vinden we regelmatig terug in de metrologie. Zo verhoudt de door Petrie ontdekte koninklijke el van de Grote Piramide van Gizeh zich tot de koninklijke el die overeenkomt met 1/7 Engelse voet als 441:440.*

LIJN A
prehistorische zichtlijnen in Zuidoost-Engeland

Ten zuidoosten van Cambridge wordt het landschap bij Wandlebury, op de Gogmagog Hills, gemarkeerd door een kringvormige aarden wal. Het westelijker gelegen Stonehenge ligt op 51°10'44" NB. Wandlebury is bijna exact 1° noordelijker gebouwd, op 52°09'31". Vanaf Wandlebury voert een rechte lijn naar Hatfield Forrest in het zuiden. Deze leylijn passeert een reeks van megalieten, kringen van aarden wallen en grafheuvels en heeft dezelfde oriëntatie als de lijn Stonehenge-Avebury (zie blz. 273). Volgens onderzoeker Christian O'Brien diende deze leylijn ('lijn A') als hulpmiddel bij het meten van de lengteomtrek van de aarde, omdat hij als een loxodroom de kromming van de aarde volgt en zo over de hele lengte onder dezelfde hoek zicht biedt op de Poolster. De 52e parallel vervulde een belangrijke rol in de oudheid, omdat deze precies de gemiddelde lengte heeft van alle breedtegraadcirkels. O'Brien ontdekte dat de afstand tussen de markeringen op lijn A telkens 1430,2 meter is en noemde dit een 'megalitische mijl'.

In de jaren twintig van de vorige eeuw ontdekte archeoloog Cyril Fox dat Wandlebury vanaf Ring Hill duidelijk zichtbaar is en stelde zich voor dat er bij de diverse markeringspunten van de lijn vuren werden ontstoken waarop de landmeters-astronomen zich konden oriënteren. Veel van de megalieten langs lijn A zijn manshoge zandstenen. In Littlebury zijn elf van dergelijke stenen gevonden, die vermoedelijk ooit een kring vormden, voor zover bekend de enige in Zuidoost-Engeland. Andere locaties van megalieten langs de lijn zijn Newport, Wendens, Ambo, Littlebury Green, Audley End en Hatfield Forest.

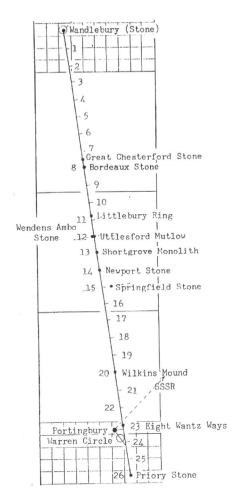

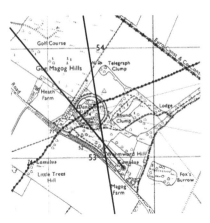

Boven: plattegrond van de Wandlebury-henge ten zuidwesten van Cambridge met de min of meer van noord naar zuid lopende lijn A (links), die niet veel afwijkt van een van de oudste Britse wegen, de Icknield Way. De onregelmatige NO-ZW-lijn op de plattegrond is de door Miller en Broadhurst ontdekte heilige Maria-energiebaan; de NW-georiënteerde lijn is de Cambridge-leylijn (zie blz. 252-253).

Onder: de 4 ton wegende Leper Stone in Newport. Nadat deze steen rond 1870 tijdens een storm was omgevallen, is hij door de bevolking, uit angst om door onheil te worden getroffen, weer opgericht.

Boven: lijn A zou rond 2500 v.Chr. zijn geconstrueerd als meethulpmiddel. Deze lijn door Cambridgeshire en Essex wordt gemarkeerd door megalieten, aarden wallen en grafheuvels. De lichte afwijking van de lijn, die mogelijk diende voor het berekenen van de lengteomtrek van de aarde, volgt precies de kromming van de aarde.

OUDE KAARTEN
prehistorische zeevaarders en opmerkelijke projecties

In 1513 maakte de Ottomaanse admiraal Piri Re'is een kaart van de wereld (zie blz. 291, rechtsboven) die tweehonderd jaar lang voor de zeevaarders uit het Middellandse Zeegebied als referentie heeft gediend. In de jaren zestig van de vorige eeuw kwam de Amerikaanse historicus Charles Hapgood na bestudering van de kaart tot de conclusie dat de wereld al in de prehistorie moet zijn verkend. Kaarten volgens de Piri Re'is-projectie tonen Antarctica als twee eilanden of als een eiland met schiereiland (zie blz. 291, linksonder), iets wat vóór 12.000 v.Chr., toen de kust nog ijsvrij was, met het oog waarneembaar moet zijn geweest, maar wat in de moderne tijd onbekend was, tot eind vorige eeuw radarbeelden de vorm van het land blootlegden.

De brandpunten met de rasterlijnen op een aantal Piri Re'is-kaarten zijn zogeheten portolanen of routebeschrijvingen. De lengtegraden, die pas in de achttiende eeuw door John Harrison werden herontdekt, blijken uiterst nauwkeurig. De nulmeridiaan loopt door Alexandrië, waar Piri Re'is de kaarten had gevonden waarop hij zich baseerde.

Op de Di Canestris-kaart (zie blz. 291, linksboven) worden Europa en Afrika als een koning en een koningin uitgebeeld, met Alexandrië als middelpunt. Hapgood merkte een interessante verzameling van 28 driehoeken op langs een twaalfpuntige omtreklijn die we terugzien in het UVG-raster (zie blz. 291, linksonder).

In 1866 verscheen van de hand van Leonce Elie de Beaumont een op vijfhoeken gebaseerde kaart van Frankrijk, met Parijs als centrum, die precies 1/12 deel van het aardoppervlak omvat oftewel een van de twaalf vlakken van de dodecaëder.

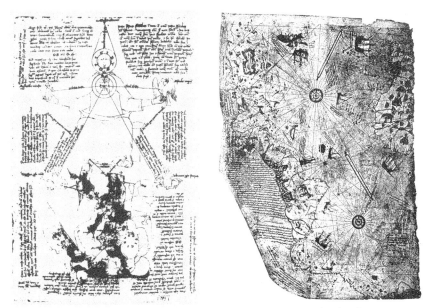

Linksboven: de Di Canestris-kaart uit 1335-1337 met Alexandrië als centrum, een 'loxodrome' geometrie en vier driehoeken zoals in het UVG-raster. Rechtsboven: Piri Re'is baseerde zich op twintig navigatiekaarten en acht mappa mundis (wereldkaarten of jaferiye in het Oudarabisch).

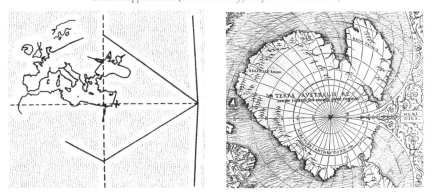

Linksboven: een hedendaagse projectie van een detail van de Di Canestris-kaart met de meridiaan door Alexandrië als nulmeridiaan, plus de vier UVG-driehoeken. Rechtsboven: Antarctica op de wereldkaart van Oronteus Finaeus uit 1532.

Lengteharmonieën
Gizeh als referentiepunt

Wereldwijd kunnen veel heilige plaatsen als binnen een patroon worden verbonden wanneer we de meridiaan van Alexandrië (of Gizeh) als nulmeridiaan nemen. In 1998 poneerde schrijver Graham Hancock de stelling dat heilige plaatsen langs lengtegraden zijn geordend binnen een vijfhoekige geometrie (zie blz. 293, boven). Zo ligt het boeddhistische Angkor Wat 72° ten oosten van Gizeh, oftewel op 1/5 deel van de 360° van de wereldbol.

En er zijn nog meer opmerkelijke relaties: de Mayaheiligdommen in Copan (Honduras) en Chitzén Itzá (Mexico) liggen beide 120° ten westen van Gizeh, wat 1/3 van de 360° van de wereldbol is. We kunnen ons afvragen of de moderne geografische kennis, die we danken aan de uitvinding van de chronometer in de achttiende eeuw, niet al duizenden jaren geleden in de praktijk werd toegepast.

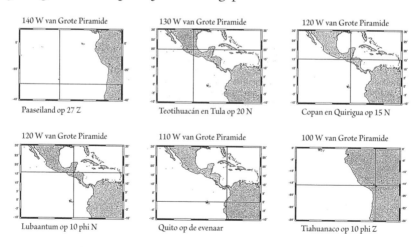

140 W van Grote Piramide — Paaseiland op 27 Z
130 W van Grote Piramide — Teotihuacán en Tula op 20 N
120 W van Grote Piramide — Copan en Quirigua op 15 N
120 W van Grote Piramide — Lubaantum op 10 phi N
110 W van Grote Piramide — Quito op de evenaar
100 W van Grote Piramide — Tiahuanaco op 10 phi Z

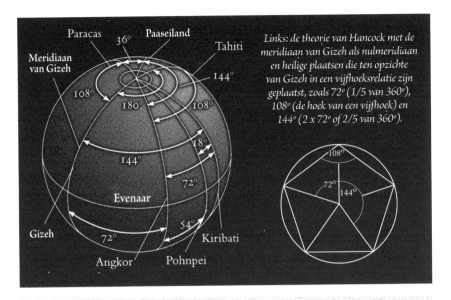

Links: de theorie van Hancock met de meridiaan van Gizeh als nulmeridiaan en heilige plaatsen die ten opzichte van Gizeh in een vijfhoeksrelatie zijn geplaatst, zoals 72° (1/5 van 360°), 108° (de hoek van een vijfhoek) en 144° (2 x 72° of 2/5 van 360°).

Lengteharmonieën in relatie tot Gizeh

Baalbek, Libanon 5° O
Grootste megalieten ter wereld

Angkor Wat, Cambodja 72° O
Boeddhistische tempel

Chavín, Peru 108° W
Sjamanistisch tempelcomplex

Drietand van Paracas, Peru 108° W
Landschapsfiguur

Tiwanaku, Bolivia 100° W
Piramidetempelcomplex

Quito, Ecuador 110° W
Noordelijke Incahoofdstad

Chichén Itzá en Copan 120° W
Mayahoofdsteden

Teotihuacán, Mexico 130° W
Tolteken- en Mayastad

Paaseiland 140° W
Oostwaarts gerichte stenen hoofden

Kiribati, Stille Oceaan 144° O
Megalithische ruïnes

Onderlinge lengteharmonieën

Paaseiland - Angkor Wat 144°
2/5 cirkel

Angkor Wat - Tahiti 108°
3/10 cirkel

Angkor Wat - Kiribati 72°
1/5 cirkel

Angkor Wat - Paracas 180°
1/2 cirkel

Paracas - Paaseiland 36°
1/10 cirkel

Stonehenge - Bosnische piramide 19,5°
tetrahedrale hoek (zie blz. 306)

Bosnische piramide - Machu Picchu 90°
1/4 cirkel

Nan Madol, Pohnpei - Angkor 54°
3/20 cirkel

Carnac, Bretagne - Yonaguni 120°
1/3 cirkel

Op blz. 395 vindt u meer coördinaten van heilige plaatsen.

Veelhoekige muren
wereldwijde megalietenpuzzels

Bij precolumbiaanse vindplaatsen in Peru, van Cuzco en Machu Picchu tot Ollantaytambo, zijn muren aangetroffen die zijn gemaakt van enorme veelhoekige stenen. De zestiende-eeuwse Spaans-Peruviaanse Garcilaso de la Vega schreef over Sacsayhuamán:

> *'Het gaat de verbeeldingskracht te boven te begrijpen hoe deze indianen, die onbekend waren met technische hulpmiddelen, deze enorme rotsblokken, eerder stukken berg dan stenen, konden loshakken, bewerken, oprichten en zo exact plaatsen. Daarom wordt wel gezegd dat deze indianen, die zo vertrouwd waren met demonen, magische bezweringen hebben gebruikt.'*

Over de bouwwijze tasten we nog steeds in het duister en ook de Inca wisten niet hoe hun voorgangers deze muren hadden opgericht. Toen ze het zelf probeerden, rolden de enorme stenen de heuvels af, waarbij meer dan drieduizend mensen omkwamen.

Ook in andere landen zijn dergelijke muren gebouwd, zoals in Italië, langs de westkust, waar de Pelasgen aan het eind van de bronstijd (1200-800 v.Chr.) deze methode van bouwen vanuit Griekenland en Turkije zou hebben geïntroduceerd.

In Turkije zijn veelhoekige constructies gevonden bij Alaca Hoyak; in Griekenland bij Delphi en Mycene; in Japan bij het kasteel in Osaka; terwijl in Saudi-Arabië deze aardbevingsbestendige bouwstijl is toegepast voor grafheuvels. In Egypte zijn indrukwekkende voorbeelden te vinden in de Osiriontempel bij Abydos, in de granieten bekleding in de piramiden van Chefren en Mycerinus, en in de tempel van de sfinx van Gizeh, waar de identieke patronen van veelhoekige stenen een bewijs zijn dat er een ontwerp aan ten grondslag lag.

 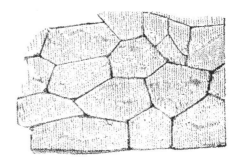

Puzzels in steen. Linksboven: veelhoekige muren bij Cuzco. Rechtsboven: een voorbeeld van een oud-Griekse veelhoekige constructie bij Agios Adrianos. Onder: de door mensen opgerichte puzzel van megalieten bij Sacsayhuamán in Peru. Linksonder: Terracina, Italië. Rechtsonder: stenen constructie bij Alatri, Italië.

Breedteharmonieën
het getal zeven en steenkringen

Heilige plaatsen zijn niet alleen verbonden in lengteharmonieën. De steenkringen van het vijfduizend jaar oude Avebury zijn gelegen op 51°25'43" ten noorden van de evenaar, oftewel op 1/7 van de wereldbol en op 4/7 van de kwartcirkel of het kwadrant van evenaar tot pool. De tempels van Luxor zijn gelegen op 25°25'43" NB, oftewel op 2/7 van een kwadrant. Deze rol van het getal zeven werd al genoemd door de Noord-Afrikaanse geschiedkundige Ibn Ghaldoen (1332-1406) in zijn *Muqaddimah*.

In 2004 keek ook John Michell naar deze zevendeling en kwam tot de conclusie dat Avebury gelegen is op precies 3/7 van de afstand tussen de 51e en 52e parallel. Het getal zeven speelt opnieuw een rol wanneer de afstand tussen deze parallellen in 28 gelijke delen wordt opgedeeld (zie blz. 297, rechtsboven), waarbij de afstand Avebury-Stonehenge precies 7/28 blijkt te zijn. De afstand tussen Avebury en de 52e parallel, die hier gemarkeerd wordt door de Rollright Stones bij Oxford, is precies 1/100 deel van de poolstraal.

Ook in Griekenland zijn interessante relaties tussen heilige plaatsen en breedtegraden te ontdekken. Delphi, Dodona en Delos liggen elk met precies 1 breedtegraad verschil langs de Apollo-St.-Michaëlslijn, die vanaf Skellig Michaël, in Ierland, tot aan Megiddo (Armageddon) in Israël voert.

De steenkringen op de Shetlandeilanden zijn geconcentreerd rond de 60e parallel, op 1/6 van een cirkel en op twee keer de breedte, 30°, van Gizeh, wat weer 1/12 is van een volledige cirkel. Zou dit alles toeval zijn of een bewust ontwerp?

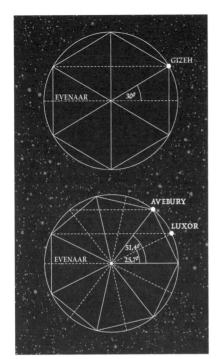 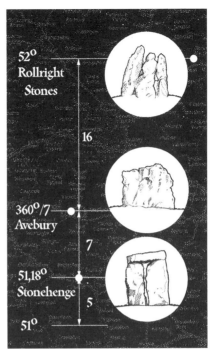

*Linksboven: de positie van heilige plaatsen op zesde en zevende delen van een kwadrant (naar Heath, Michell & Jacobs).
Rechtsboven: de breedteligging van Avebury op precies 3/7 tussen de 51e en 52e parallel.*

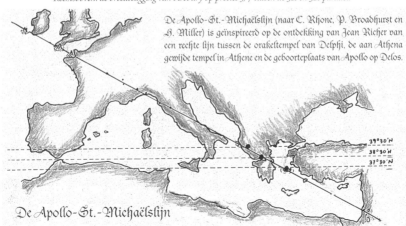

De Apollo-St.-Michaëlslijn (naar C. Rhone, P. Broadhurst en H. Miller) is geïnspireerd op de ontdekking van Jean Richer van een rechte lijn tussen de orakeltempel van Delphi, de aan Athena gewijde tempel in Athene en de geboorteplaats van Apollo op Delos.

Global positioning
verborgen codes, verloren kennis

Carl Munck wordt beschouwd als de vader van de archeocryptologie, oftewel het zoeken naar verborgen getalcodes op archeologische vindplaatsen. Zo telt de Kukulkanpiramide van Chichén Itzá 4 trappen, 4 hoeken, 365 treden (91 aan elke zijde, plus het altaar op de top van de piramide) en 9 terrassen. Wanneer we deze getallen met elkaar vermenigvuldigen, krijgen we het getal 52.560 en dat is weer een verwijzing naar de lengtegraad van Kukulkan ten opzichte van Gizeh, 119°42'10,51620648", want ook 119 x 42 x 10,51620648 = 52.560. Sceptici zeggen dat Munck een 'getallenkraker' is die alleen die getallen gebruikt die hem de gewenste uitkomst opleveren.

Ook Avebury blijkt een getalcode te hebben. In 1996 ontdekte John Martineau twee doorgangen die worden gemarkeerd door twee afwijkende hoekstenen die georiënteerd zijn op het midden van de twee binnenste steenkringen. Deze twee hoekstenen staan ten opzichte van elkaar in een hoek van 51°25'43", wat precies de breedtegraad is van Avebury en 1/7 deel van een cirkel. De hoek tussen Avebury en Chichén Itzá blijkt 72° te zijn, 1/5 van een cirkel om de aarde.

Wereldwijd zijn er nog meer opmerkelijke getalsrelaties tussen heilige plaatsen. De afstand tussen Avebury en de heuvel van Tara en Newgrange in het graafschap Meath, in Ierland, is 1/100 van de omtrek van de aarde; de afstand van de Grote Piramide tot Newgrange is 1/10 van een grootcirkel. Het aarden monument bij Newark in Ohio ligt op bijna 10.000 kilometer van de Grote Piramide. Deze afstand en die binnen het aarden monument zelf, zouden coderingen zijn van astronomische observaties (zie blz. 299, onder; naar James Q. Jacobs).

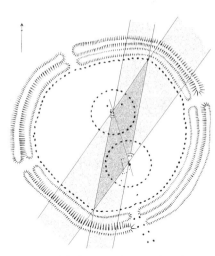 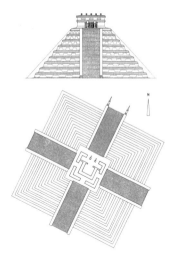

Boven: de hoek tussen de doorgangen bij Avebury is gelijk aan de breedteligging van de kring.

Boven: de Kukulkanpiramide ligt 119°42'10,51620648" W van Gizeh.

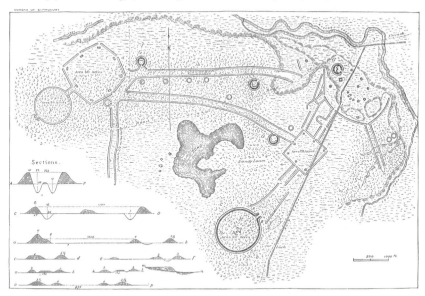

Boven: 360° gedeeld door het aantal dagen in het jaar (365,25636) = 0,98561, het gemiddeld aantal graden dat de zon per dag van positie verandert = de afstand tussen het Marietta Square en de achthoek binnen het Newarkcomplex.

Achthoeken en zeshoeken
interessante oriëntaties

Een van de indrukwekkendste aarden monumenten in Noord-Amerika is het Newarkcomplex in Ohio, dat grotendeels is geïntegreerd in de stad en een golfbaan. Om een idee te krijgen van de enorme omvang moet u zich voorstellen dat de Grote Piramide van Gizeh met gemak binnen de achthoek past (zie blz. 301, boven, en blz. 132-133). James Q. Jacobs merkte op dat het complex georiënteerd is op 51,4° ten oosten van de geografische noordpool, wat ook de breedteligging is van Avebury (51,42°) en gelijkstaat aan 1/7 van een cirkel.

De geomant Cort Lindahl ontdekte dat de Grote Piramide van Gizeh precies in het verlengde ligt van de as van het Newarkcomplex. Het aarden monument getuigt van een geavanceerde astronomische kennis. Zo is de achthoek gerelateerd aan de maanstilstandposities van zowel de kleine als de grote cyclus (zie blz. 133).

De op Alexandrië en Gizeh gerichte NW-ZO-as voert over de Atlantische Oceaan en dan langs diverse heilige plaatsen in Europa: grafheuvels, megalieten, tempels en de achthoekige dertiende-eeuwse doopkapel van Volterra, in Italië, die wordt omringd door een megalithisch landschap waar ooit de Pelasgen woonden, de architecten van veelhoekige muren (zie blz. 294-295).

Ook de tempel van Jupiter bij Baalbek in Libanon, die gebouwd is met de grootste steenblokken ter wereld, staat in een directe relatie tot de Grote Piramide van Gizeh. De noordoosthoek van de zeshoekige voorhof ligt op één lijn met de NO-ZW-diagonaal van de Grote Piramide zo'n 650 kilometer verderop. Zouden het Newarkcomplex en de tempel bij Baalbek bewust georiënteerd zijn op de Grote Piramide?

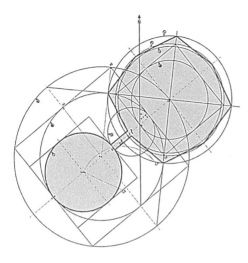

Links: de geheime geometrische constructie van het aarden monument bij Newark (zie ook blz. 298-299), waarvan de NW-ZO-as rechtstreeks georiënteerd is op de Grote Piramide en onderweg enkele andere heilige plaatsen passeert, waaronder Alexandrië.

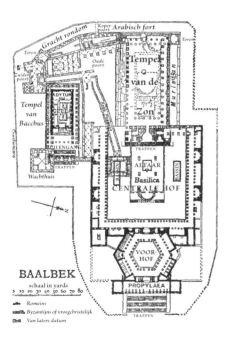

Links: plattegrond van de tempel bij Baalbek in Libanon met de zeshoekige voorhof waarvan de noordwestzijde georiënteerd is op de Grote Piramide. Boven: ingang tot de Tempel van de Zon. Onder: een steen van 1242 ton bij Baalbek.

Gulden snede
het gulden getal phi

De guldensnedeverhouding is een verhouding van lijndelen ten opzichte van elkaar en van de hele lijn die voorkomt in de natuur, in vijfhoeken, icosaëders, dodecaëders en, volgens sommigen, in de rechtelijnverbindingen tussen heilige plaatsen die op duizenden kilometers afstand van elkaar liggen.

Zo ontdekte Jim Alison in de jaren negentig van de vorige eeuw dat langs de door hem gevonden grootcirkel van heilige plaatsen (zie blz. 280) de afstand van Angkor Wat tot de Grote Piramide 4754 mijl is, en die tussen de Grote Piramide en Nazca 7677 mijl, een guldensnedeverhouding, want 4754 x 1,618 (het gulden getal phi) = 7677 (zie onder en blz. 303, rechtsboven).

Op vergelijkbare wijze berekende Rand Flem-Ath dat de Witte Piramide bij Xian, China, die gelegen is op 34°26' NB, het punt markeert dat het kwadrant tussen de evenaar en de noordpool in een guldensnedeverhouding verdeelt: 3840 (mijl vanaf de noordpool) x 1,618 = 6213 (mijlen van het kwadrant). Flem-Ath merkte verder op dat er opvallend veel heilige plaatsen gelegen zijn op of in de buurt van 16°18' (10 x 1,618) ten noorden of zuiden van de evenaar, waaronder Tiwanaku (16°38' NB) en Lubaantum (16°17' NB). Voor andere voorbeelden zie blz. 303, onder.

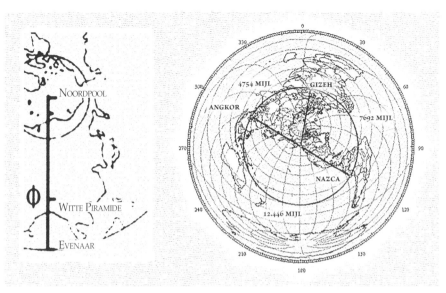

*Linksboven: de Witte Piramide ligt op 34°26' N, 3840 mijl vanaf de Noordpool, een gulden afstand.
Rechtsboven: projectie van Jim Alisons grootcirkel met phi-afstanden. Onder: Witte Piramide bij Xian.*

10 PHI VANAF EVENAAR (16°11'): 16°17'N – LUBAANTUM, 16°38'N – TIAHUANACO, 16°50'Z – RAIATEA.
10 PHI POOL TOT POOL (21°15'N): 20°40' – CHICHEN ITZA, 21°30' – WABAR-TEKTIET.
10 PHI POOL TOT EVENAAR (34°23'N): 34°00' – BAALBEK, 34°19' – EHDIN, 34°22' – XIAN-PIRAMIDES.
10 PHI EVENAAR TOT POOL (55°37'N): 55°40' – KILWINNING (VRIJMETSELAARSLOGE), 55°52' – ROSSLYN

Boven: diverse 'heilige breedtegraden' binnen gulden kwadranten en hemisferen.

Een schuivend raster
een glijdend oppervlak en de oude pool

Naar aanleiding van zijn onderzoek van oude kaarten (zie blz. 290) opperde Charles Hapgood dat de aardkorst '(...) als de schil van een sinaasappel, als deze los zou zitten, in het geheel over het binnenste van de sinaasappel zou kunnen schuiven'. Het was al bekend dat door stroomveranderingen in de ijzerrijke aardkern de aardmagnetische polen van positie konden wisselen (zie blz. 248). Hapgood poneerde nu de stelling dat het buitenste deel van de vaste aarde, de steenschaal of lithosfeer, bij perioden verschuift ten opzichte van de onderliggende minder vaste asthenosfeer. Een van de consequenties hiervan zou zijn dat er niet zozeer sprake is van ijstijden als wel van het feit dat door de verschuiving van de polen verschillende delen van de wereld in verschillende perioden met ijs zijn overdekt.

Deze verschuivingen zouden ingrijpende gevolgen hebben gehad, bijvoorbeeld toen 11.000-12.000 jaar geleden, zo stelt Flem-Ath, de noordpool vanaf de Hudsonbaai naar de huidige positie, 30° noordelijker, zou zijn verschoven (zie onder).

Einstein was een aanhanger van Hapgoods theorie en stelde dat de aanwas van ijs op de poolkappen de verschuivingen veroorzaakte.

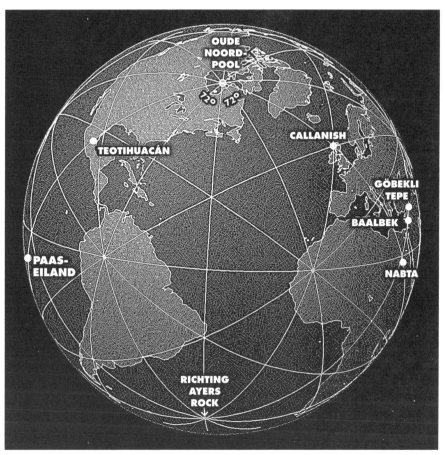

Boven: een mogelijk aardraster met de oude Noordpool in de Hudsonbaai (60°N83'W) als centrum en met de posities van enkele van de oudste heilige plaatsen ter wereld (gemaakt door de auteur met John Martineaus World Grid Program). Paaseiland en Lhasa liggen precies op de oude evenaar; in Nabta staat de oudst bekende steenkring; Göbekli Tepe is de oudste stad die tot nu toe is ontdekt, en in Baalbek zijn de grootste megalieten ter wereld in een bouwwerk verwerkt. Gizeh, Jericho en Nazca zijn gelegen op 15° NB. Britse heilige plaatsen als Stonehenge en Rosslyn zijn georiënteerd op de oude poolpositie (50.000-12.000 jaar geleden). De hoek tussen de oriëntatielijnen op de oude en nieuwe pool is bij Stonehenge 46°, wat tevens de breedteligging ten opzichte van de oude evenaar was; Rosslyn had een 50/50-positie. Ten opzichte van de oude pool lagen er naar schatting vijf keer zoveel heilige plaatsen op een 'heilige breedtegraad' dan ten opzichte van de nieuwe pool. Zouden de landmeters in het verre verleden de positionering van hun bouwwerken hebben gebruikt om de verschuiving van de polen in kaart te brengen?

Aardemuziek
cymatica en de geluidsgolven van de aarde

De aarde is luidruchtig en brengt gestaag een symfonie van een oneindig aantal tonen voort. Met seismometers kan de 'brom' van de aarde in beeld worden gebracht als mysterieuze kringvormige trillingen of golven die doen denken aan de trillingen van de heilige mantra 'om' of 'aum'. Ook het noorderlicht, waarbij elektrisch geladen deeltjes door de zonnewind worden meegevoerd en het aardmagnetische veld raken, gaat gepaard met gil- en fluistertonen.

Als onze oren antennes waren, zouden we bliksemschichten waarnemen als een puls van radiogolven. Deze 'whistlers' worden zo'n honderdmaal per seconde tussen de ionosfeer en het aardoppervlak heen en weer gekaatst, waarbij ze de aarde rondreizen en soms de aardmagnetische lijnen volgen. Zou het kunnen dat deze geluidsgolven en die van aardbevingen, vulkaanactiviteit, stromend water en de wind zich tot een symfonie verenigen, waarbinnen de energieën van de aarde zich tot een coherent pulserend geometrisch raster vormen?

De studie naar de invloed van geluid op materie wordt 'cymatica' genoemd, naar het Griekse *kyma* ('golf'). De grondlegger van de cymatica, dr. Hans Jenny, was een student van Buckminster Fuller. Hij slaagde erin geluid zichtbaar te maken met behulp van uiterst fijne lichtgevende deeltjes, een colloïdale suspensie, die binnen waterdruppels onder invloed van diatonale trillingsfrequenties verschillende vormen aannemen. Hoe sneller de trillingen, hoe complexer de patronen, en elke trilling en elk instrument waarmee de trilling wordt voortgebracht, leverden een ander uniek resultaat. Jenny heeft hiermee onomstotelijk bewezen dat geluid vorm voortbrengt.

Boven, v.l.n.r.: cymatische cirkels op de vlakken van een icosaëder, octaëder en dodecaëder.

Boven: cymatische figuren gebaseerd op Jenny's foto's van in waterdruppels gevangen licht dat in trilling is gebracht. De respectievelijke 3D-rasters hebben een twaalf-, drie- en zesvoudige geometrie.

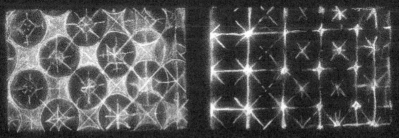

Boven: tekeningen gebaseerd op foto's van Jenny. Terpentine op een vliesachtig materiaal vormt zich in patronen die lijken op het Hartmann- en Curryraster (zie blz. 270-271).

GEOMETRIE OP ANDERE PLANETEN
kosmische energiepatronen

In 1990 opperde de Amerikaanse onderzoeker Richard Hoagland dat binnen ons zonnestelsel concentraties van energie gerangschikt waren binnen een tetrahedrale geometrie. Tetraëders zijn regelmatige viervlakken van vier gelijkzijdige driehoeken. Met de polen als tophoekpunten raken de basishoekpunten van een wereldtetraëder de wereldbol op 19,5° ten noorden en zuiden van de evenaar. Hoagland merkte op dat 19,5° ook de breedteligging is van zowel de Olympus Mons (een vulkaan op Mars die drie keer zo groot is als de Mount Everest en daarmee de hoogste berg is in ons zonnestelsel) als de Kilauea op Hawaï, de actiefste vulkaan op aarde. Ook worden er op 19,5° ten noorden en zuiden van de zonne-evenaar meer zonnevlammen waargenomen (zie blz. 309, rechtsboven) en wordt Saturnus op deze breedte gekenmerkt door een donkere wolkenband.

Er zijn nog meer voorbeelden van planetaire geometrie. De grote rode vlek van Jupiter ligt op 22,5° ZB, op een kwart van een kwadrant. Op dezelfde breedtegraad kon op de planeet Neptunus ook een grote donkere vlek worden waargenomen, omgeven door een witte wolkensluier, zoals door de NASA in juni 1994 werd ontdekt. Nadat deze vlek in april 1995 plotseling was verdwenen, dook hij op het noordelijk halfrond weer op, weer op 22,5°, en weer in combinatie met de wolkensluier.

In 1981 ontdekten wetenschappers een stilstaand cymatisch hexagram rond de noordpool van Saturnus, met een grootte van twee keer de aarde en omgeven door een uit meerdere lagen opgebouwde band van wolken.

Linksboven: binnen de wereldbol markeert een tetrahedrale figuur de noorder- en zuiderbreedte op 19,5°. Rechtsboven: op 19,5° ten noorden en zuiden van de evenaar zijn er meer zonnevlammen zichtbaar. Midden: uitbeelding van de door Hoagland opgemerkte ligging van de Olympus Mons op 19,5° NB, dat daarmee een hoekpunt van een tetraëder is. Links: de hexagonale figuur rond de noordpool van Saturnus is niet van vorm veranderd sinds de ontdekking ervan in 1981.

Natuurlijke rasters
watervallen, vulkanen en bergen

Er zijn nieuwe aanwijzingen dat ook natuurlijke markeringen van het landschap, zoals vulkanen en watervallen, in een rasterrelatie tot elkaar staan. Zo liggen twee van de grootste watervallen ter wereld, de Victoriawatervallen in Zambia en de Angelwatervallen in Venezuela, precies 90° uit elkaar en markeren ze bovendien de hoekpunten van een achthoek die ook de piramiden van Gizeh omvat (zie blz. 311, linksboven). Een tweede achthoek (rechtsboven) verbindt de actiefste vulkaan op aarde, de Kilauea op Hawaï, met Angkor Wat en Nazca. Ook 's wereld grootste vulkaan, de Mauna Loa, ligt op Hawaï, op 19,5° NB, wat betekent dat deze locatie het hoekpunt is van een tetraëder (zie blz. 308-309).

Op blz. 311 zijn linksonder twee grootcirkels uitgebeeld die de Kilauea en de Victoriawatervallen verbinden en waarvan de ene ook de Mount Everest omvat en de ander de Niagarawatervallen plus de berg Shasta in Californië; op deze berg is volgens sommige Noord-Amerikaanse indiaanse mythen de Grote Geest Skell vanuit de hemel neergedaald, die hier sindsdien huist. Shasta maakt ook deel uit van de Regenboogslang (zie blz. 280-281).

De grootcirkel rechtsonder verbindt Gizeh, Lhasa en de eilandengroep Tonga. Lhasa, letterlijk 'plaats van de goden', geldt als de heiligste plaats van Tibet. Op Tonga staan honderden megalieten, waaronder een Stonehengeachtige constructie bij Ha'amonga met twee rechtopstaande stenen die een derde stutten. Tonga en Hawaï worden beide genoemd als mogelijke locaties van een pre-Atlantische Lemurische beschaving.

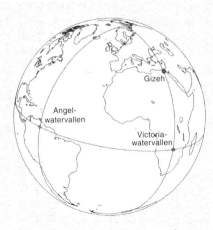

Boven: de Angelwatervallen zijn met een hoogte van 979 meter de hoogste vrijvallende watervallen ter wereld. De Victoriawatervallen, die daarna de grootste zijn, liggen 90° oostelijker (naar Martineau).

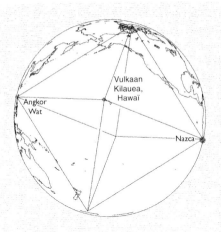

Boven: Kilauea, een van de vijf schildvulkanen van Hawaï, is al sinds januari 1983 actief en is gelegen naast Mauna Loa, 's werelds grootste vulkaan.

Boven: voor sommigen is Shasta een kosmisch energieknooppunt, voor anderen een ufolandingsplaats, een poort naar de vijfde dimensie of een vindplaats van magische kristallen!

Boven: een grootcirkel om de aarde die Gizeh, Lhasa en Tonga verbindt, drie plaatsen die als heilige centra van oude culturen worden beschouwd.

Het bestaan van een aardraster
antizwaartekracht en telekinetische verplaatsingen

In 1943 zou het Amerikaanse marineschip de *USS Eldridge* in een vreemde mist zijn 'verdwenen' om 320 kilometer verderop, langs een rasterlijn, bij Norfolk, weer op te duiken, waarna het schip, door manipulatie van het magnetische veld, weer naar de plaats van verdwijning zou zijn getransporteerd.

Volgens Bruce Cathie kunnen atoomproeven alleen op bepaalde rasterpunten worden uitgevoerd en alleen bij een specifieke stand van bepaalde hemellichamen. Hierdoor zou in elk geval de kans op een atoomoorlog uiterst klein zijn, want om een tegenaanval uit te voeren zou eerst moeten worden gewacht op de juiste omstandigheden. Een andere bewering van Cathie is dat ufo's de energie van het aardraster gebruiken als brandstof, zoals, volgens sommige legenden, ook Merlijn deze energie gebruikt zou hebben om de megalieten van Stonehenge naar Wiltshire te transporteren. Verhalen over zwevende megalieten zijn van alle culturen en tijden, zelfs van onze tijd.

In Florida, in de buurt van rasterpunt 18, ligt Coral Castle, een dorp dat in de jaren dertig en veertig van de vorige eeuw door Ed Leedskalnin werd gebouwd uit meer dan 1100 ton aan rotsblokken, die hij zonder modern gereedschap eigenhandig heeft uitgehakt, bewerkt en geplaatst. Als hij, zoals wordt beweerd, het geheim van de piramidebouwers zou hebben doorgrond, heeft hij het meegenomen in zijn graf.

Het aardraster blijft een mysterie. Of het nu een netwerk van energie, van magische krachten of van routes van buitenaardse wezens is, of dat het alleen in de verbeelding bestaat, het is een kaart van de wereld die langs wonderbaarlijke plaatsen en gebeurtenissen voert.

DEEL VI

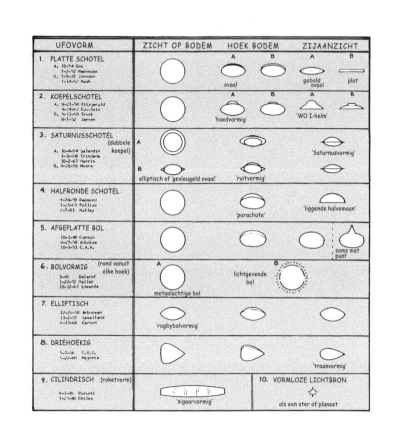

AARD-LICHTEN

ONVERKLAARBARE VERSCHIJNSELEN

Paul Whitehead & George Wingfield

Les Soucoupes Volantes viennent d'un autre Monde

Editions
FLEUVE NOIR

JIMMY GUIEU

Inleiding

'Ufo' staat voor *unidentified flying object*, een ongeïdentificeerd vliegend voorwerp. Halverwege de vorige eeuw werden ze 'vliegende schotels' (in het Frans *soucoupes volantes*, zie blz. 318) of 'buitenaardse ruimteschepen' genoemd. Toen in de middeleeuwen vreemde lichten aan de hemel werden waargenomen, had men het over engelen of demonen, en in de achttiende en negentiende eeuw over 'het kleine volkje' en elfen; tegenwoordig gebruikt men ook wel de term 'aardlichten'.

Ongeïdentificeerde voorwerpen blijken in een groot aantal gevallen onbekende vliegtuigen, sterren of planeten, kunstmanen of zelfs lichtgevende wolken te zijn die niet als zodanig worden herkend. Over de enkele honderden waarnemingen per jaar die zich niet op deze wijze laten verklaren, gaat dit hoofdstuk. De lezer zal zich daarbij zelf een mening kunnen vormen over de aardse, buitenaardse dan wel interdimensionale oorsprong van deze onverklaarbare verschijnselen. Veel getuigen, onder wie ervaren piloten, zeggen ervan overtuigd te zijn dat wat zij hebben gezien 'niet van deze wereld' is, ondanks de reacties van ongeloof en de vaak nadelige gevolgen hiervan voor hun carrière. Binnen het wetenschappelijk onderzoek naar andere levensvormen in ons universum is men weinig geneigd ook de meest betrouwbare ufowaarnemingen serieus te nemen.

Het universum lijkt uitermate geschikt voor de ontwikkeling van leven, maar welke vormen dit leven kan aannemen, is niet te zeggen. Het is niet uit te sluiten dat de ufo's die wereldwijd worden waargenomen slechts een glimp zijn van een buitenaardse werkelijkheid die onze verbeeldingskracht ver te boven gaat.

Aardlichten
dwaallichten

Waarnemingen van vreemde lichtverschijnselen zijn van alle tijden en culturen. Een van de bekendste vormen waarin vreemde lichten zich vertonen, is het dwaallicht, door de oude Romeinen *ignis fatuus* genoemd (zie onder en blz. 317). Deze flikkerende lichten zijn vaak zichtbaar boven moerassige gronden en zouden volgens sommigen de geesten van overledenen zijn, volgens anderen brandend moerasgas.

Een ander soort van mysterieus licht zijn de zogeheten bolbliksems, atmosferische verschijnselen in de vorm van een gloeiende bol die huizen binnen komen suizen en zich een weg banen langs trappen en door gangen (zie blz. 321 voor voorbeelden).

Sint-elmusvuur is het gevolg van grote ladingverschillen, waardoor er vonken weglekken. En dan zijn er natuurlijk nog de meteorieten.

Blz. 320: dwaallicht.

Links: bolbliksem. Een van de bekendste gevallen deed zich voor in Widecombe-in-the-Moor, in Dartmoor, waar een vuurbol van ruim 2 meter doorsnee een kerk kwam binnensuizen, met als gevolg vier doden en zestig gewonden.

Onder: een voorbeeld van sint-elmusvuur, in dit geval veroorzaakt door de opbouw van elektrische lading rond de scheepsmasten.

Uiterst onder: gravure van een meteoriet uit 1860.

Het 'vreemde' verleden
van rotskunst tot de wielen van Ezechiël

In de afgelopen millennia lijkt de mens zich geleidelijk bewust te zijn geworden van de enorme omvang van het universum, dat ontelbare sterrenstelsels, zonnen en planeten omvat en waarbinnen wij als mens wel eens niet een centrale rol zouden kunnen spelen. Maar ook in het verre verleden lijkt de mens kennis te hebben gehad van meer dan het aardse bestaan. Hiervan getuigen de rotsschilderingen van sjamanistische visioenen en vreemde mensachtige wezens (zie blz. 323, linksboven) die uitbeeldingen kunnen zijn van voorouders, van geesten, goden, buitenaardse bezoekers of fantasieën.

In de Veda's, de oud-Indiase heilige geschriften, worden de vliegende strijdwagens van de goden, de *vimana's*, tot in detail beschreven (zie blz. 323, linksonder). Ook uit Babylonische en Zuid-Amerikaanse precolumbiaanse culturen zijn afbeeldingen van vliegende machines bekend (onder), terwijl in de Bijbel verslag wordt gedaan van Ezechiëls visioen van door wielen voortgedreven wezens.

Boven: rotsschildering van een 'ruimtewezen' uit Tassili n'Ajjer, Zuid-Algerije, ca. 5000 v.Chr.

Boven: Ezechiël beschrijft hoe hem een viertal wezens verschenen die 'leken op mensen' en bij ieder stond een wiel op de grond, wielen die 'leken op een wiel midden in een ander wiel. Ze gingen met de vier wezens mee, zonder om te draaien en elk van de vier velgen was afgezet met ogen.'

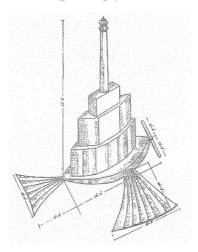

Boven: de in de Veda's beschreven shakuna vimana met scharnierende vleugels en staart, getekend in 1923, onder toezicht van S. Shastry.

Boven: Romeinse munt met een afbeelding van een vliegende wielvormig schotel met patrijspoort.

DE EERSTE VLIEGMACHINES
vreemde schepen in de lucht

In middeleeuwse verslagen wemelt het van de meldingen van ongeïdentificeerde vliegende voorwerpen. In de negende eeuw schreef de aartsbisschop van Lyon over het geloof van de plattelandsbevolking in 'Magonia, een land waar vanuit de wolken schepen komen' en was hij getuige van een steniging tot de dood erop volgde van 'drie mannen en een vrouw die beweerden uit een dergelijk schip op aarde te zijn gevallen'. In 1211 noteerde Gervasius van Tilbury een vergelijkbaar verhaal:

'Het was op een zondag, tijdens de mis, dat zich in Cloera [Ierland] een wonder voordeed. Boven de kerk die aan de heilige Kinarus is gewijd, werd vanuit de lucht een touw met anker neergelaten, waarbij een van de ankerbladen achter de boog boven de kerkdeur bleef haken. De gelovigen haastten zich naar buiten, waar zij een bemand schip in de lucht zagen zweven. Een van de mannen sprong het anker achterna, waarbij het leek of hij zwom. De mensen reikten omhoog en probeerden hem te pakken, maar de bisschop verbood dit omdat, zo zei hij, de man dan misschien wel dood zou gaan. Hierop bewoog de man zich weer snel omhoog, waarna de bemanning het ankertouw lossneed en het schip uit het zicht wegzeilde (…)'

Ook in de eeuwen daarna werd regelmatig melding gemaakt van soortgelijke verschijningen. De eerste melding van een graancirkel dateert van 1678 (zie blz. 325, midden) en de eerste ufowaarnemingen werden gedaan aan de Amerikaanse oostkust, in 1887 en 1896-1897 (onder).

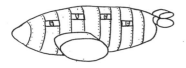

Boven: houtsnede van Hans Glaser van een zwevend voorwerp boven Neurenberg, 14 april 1561.

Boven: oud-Chinese houtsnede van een wijze naast iets wat lijkt op een geland ruimteschip.

Boven: houtsnede uit 1678, toen graancirkels werden verklaard als het werk van 'maaiende duivels'.

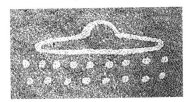

Boven: prehistorische Noord-Afrikaanse rotsschildering van een ufo-achtig voorwerp.

Boven: in de 10e-eeuwse Tibetaanse vertaling van de Prajnaparamitra- of hartsoetra worden twee hoedvormige vliegende voorwerpen beschreven.

Uiterst links: 19e-eeuwse schets van een ufo zoals beschreven door Angie Till. Links: schets van een in april 1897 boven Nashville waargenomen ufo.

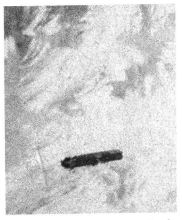

Boven: foto uit 1870 van een sigaarvormige ufo vanaf de top van Mount Washington.

DE RUIMTE IS GROOT
wetenschap en fantasy

Zo'n duizend jaar geleden werd de aarde nog beschouwd als het middelpunt van een klein universum. Pas in de zeventiende eeuw toonden Kepler en Copernicus aan dat de aarde om de zon draait; in 1750 opperde Thomas Wright dat ons universum een van vele zonnestelsels zou kunnen zijn (zie blz. 327, rechtsboven) en in 1785 maakte William Herschel de eerste kaart van ons sterrenstelsel (linksboven).

Als er andere werelden bestonden, zouden die dan op de onze lijken? In 1877 tekende Giovanni Schiaparelli een kaart van Mars met de loop van kanalen (blz. 327, midden). In 1898 werden er elke week nieuwe sterrenstelsels ontdekt en verscheen het eerste sciencefictionboek over buitenaardse wezens, *The War of the Worlds* van H.G. Wells. Binnen de combinatie van *science* (wetenschap), *fiction* (fictie) en *fantasy* (fantasie) werden de ruimte, buitenaards leven en ufo's tot een populair onderwerp en ze zijn dat tot op de dag van vandaag gebleven.

Boven: William Herschels voorstelling uit 1785 van de Melkweg als een samenhangend sterrenstelsel.

Boven: Schiaparelli's kaart van Mars, onderschreven door de astronoom Percival Lowell.
Onder: de wezens van Wells kwamen van Mars

Boven: Thomas Wrights voorstelling uit 1750 van een universum met meerdere zonnestelsels.

Boven en blz. 326: terwijl wetenschappers aan het meten waren, gingen schrijvers en filmmakers met het idee aan de haal en creëerden vermakelijke en vaak afschrikwekkende wezens en werelden.

Vliegende schotels
het begin van het schoteltijdperk

Op 24 juni 1947 maakte zakenman Kenneth Arnold in zijn privévliegtuig een vlucht boven de staat Washington. Het was een heldere dag, met uitstekend zicht. Twee opeenvolgende lichtflitsen in het noorden trokken zijn aandacht en hij zag een formatie van negen vliegende objecten zich met grote snelheid in zuidelijke richting bewegen. 'Ze vlogen door de lucht zoals je schoteltjes over het water laat scheren,' zei hij later. De sikkelvormige objecten vlogen met de stompe kant naar voren en weerkaatsten het licht van de zon.

Arnolds verhaal kreeg veel aandacht in de pers en naar aanleiding van zijn beschrijving van de vreemde objecten kregen ze de bijnaam 'vliegende schotels'.

Men geloofde dat Kenneth Arnold een getrouwe weergave had gegeven van wat hij had gezien. Het bleek het begin van het 'vliegendeschoteltijdperk'. In de loop van de daaropvolgende maanden werden overal in Amerika vliegende schotels waargenomen.

Links: Arnold nam de tijd op tussen het moment dat de schotels langs Mount Rainier vlogen en het moment dat zij Mount Adams passeerden, en berekende dat ze ongeveer drie keer sneller vlogen dan het snelste vliegtuig uit die tijd. Zelfs zijn voorzichtigste schatting van 2173 km/u ging het vermogen van elk vliegtuig uit die tijd ruim te boven.

Rechts: waarneming door de Amerikaanse marine, 1956. Op een avond toen commandant George Benson op 5775 meter boven de Atlantische Oceaan vloog, merkte hij een verzameling lichten onder zich op. Een van die lichten maakte zich los en bleek, toen het dichterbij kwam, een schotelvorm te hebben met bovenop een kleine koepel, zoals door diverse bemanningsleden werd bevestigd. De lichtgevende schotel maakte zwenkende bewegingen en bleef op een afstand van een kleine 100 meter in de buurt van het vliegtuig vliegen, tot het met een geschatte snelheid van 4000 km/u wegschoot. Ook op de grondradar was de schotel zichtbaar geweest. Precies dertig jaar later vond er een vergelijkbare ontmoeting plaats tussen een grotere ufo van dezelfde vorm en een Boeing 747.

Crashes en ontmoetingen
vreemde dingen uit de lucht

In juli 1947 werden er in de woestijn van New Mexico brokstukken gevonden van iets wat vanuit de lucht moest zijn neergestort. Het eerste persbericht van het Roswell Army Air Field, dat de brokstukken voor onderzoek had opgehaald, sprak van een neergestorte vliegende schotel en trok grote belangstelling. Een dag later echter trok de R.A.A.F. het bericht in en beweerde dat het een weerballon betrof.

Sindsdien zijn er diverse mensen geweest die zeggen dat het wel degelijk een vliegende schotel was, met lichamen van buitenaardse wezens aan boord. Nog later bevestigde het leger dat het een ballon was geweest, maar een die betrokken was bij een geheim project dat onder de codenaam 'Mogul' was uitgevoerd.

Het verhaal van de missiepost bij Boianai op Papoea-Nieuw-Guinea is een stuk helderder. Op 26 juni 1959 zagen missionaris William Gill en veertig andere aanwezigen een helderwitte schotel op ruim 200 meter hoog boven zich zweven. De schotel leek over een bovendek te beschikken waarop vier figuren zichtbaar waren die druk bezig leken te zijn. Af en toe schoot er vanuit het ruimtevaartuig een straal omhoog. Het zwevende voorwerp bleef zo'n vier uur zichtbaar, tot het door wolken aan het zicht werd onttrokken.

Boven: in 1984 verschenen er, vanuit het niets, vermoedelijk vervalste, geheime documenten waaruit zou blijken dat de Amerikaanse regering in 1947 aan een commissie van twaalf leden (allen militairen en wetenschappers) de opdracht had gegeven het buitenaardse ruimtevaartuig en de lichamen van de inzittenden te onderzoeken en verslag uit te brengen van de mogelijke risico's van buitenaards bezoek.

Boven: schets van eerw. N. Cruttwell. Op de tweede avond verscheen de ufo weer, samen met twee kleinere objecten en bleef negentig minuten zichtbaar. Ook nu waren er figuren op het bovendek aan het werk. Gill en de anderen zwaaiden en de ufonauten zwaaiden terug. Met een fakkel gaf Gill vervolgens lichtsignalen aan de ufonauten, die zij leken te beantwoorden. Op de derde en laatste avond vertoonden zich acht ufo's. Het door Gill geschreven verslag werd door 25 getuigen ondertekend.

Eivormige objecten
de waarnemingen van Zamora en Masse

Op 24 april 1964 kreeg politieagent Lonnie Zamora een oproep om een explosie te onderzoeken bij Socorro, in New Mexico. Buiten de stad meende hij een auto te zien die over de kop was geslagen, maar toen hij dichterbij kwam, bleek het een eivormig object te zijn op metalige poten; aan boord waren twee wezens die kleiner waren dan een volwassene en die van zijn komst leken te schrikken. Het object steeg vervolgens met luid geraas omhoog, later overgaand in gesuis, en er kwam een blauwige vlam of straal vrij. Geluidloos en met slechts een waas van licht bewoog het object zich parallel aan de grond verder en verdween met toenemende snelheid. Zamora vroeg om versterking. Samen met Sam Chavez onderzocht hij de plaats waar hij het object had zien staan. Hier vonden zij afdrukken van de draagconstructie, voetafdrukken en een deels verbrande struik.

Een jaar later deed zich in Frankrijk een vergelijkbare gebeurtenis voor. Op 1 juli 1965, 's ochtends vroeg rond kwart voor zes, was Maurice Masse aan het werk op een lavendelveld toen hij een geluid hoorde. Hij keek op en zag een eivormig object op zes poten. Door een soort van deur zag hij twee stoelen die met de ruggen tegen elkaar aan waren geplaatst. Buiten het object liepen twee in het groen geklede kleine figuren rond, met grote hoofden, grote ogen, een kleine mond en een puntige kin, die geïnteresseerd leken in zijn lavendel. Een van hen richtte een stafachtig voorwerp op hem, waarna hij zich niet meer kon bewegen. De wezens keerden naar het object terug en vlogen weg. Masse voelde zich nog maandenlang extreem moe.

Boven: het Zamora-incident is volgens Hector Quintanilla, voormalig hoofd van het onderzoeksprogramma naar ufo's van de Amerikaanse marine, de best gedocumenteerde ufo-ontmoeting en toch, zegt hij, 'zijn we niet in staat gebleken verdere sporen van het voertuig te vinden of van de wezens die Zamora heeft gezien'.

Boven: Maurice Masses ontmoeting met de 'kleine mannetjes' toen deze lavendel aan het plukken waren op het veld bij zijn boerderij in Valensole, Frankrijk, op 1 juli 1965. Masse werd verlamd door een soort 'staf', een voorwerp dat vaker een rol speelt in ufoverhalen en, als toverstaf, in sprookjes en legenden.

Links: ellipsvormige ufo's worden ook wel omschreven als ovalen, rugbyballen, eivormig of traanvormig. Behalve de hier beschreven voorvallen zijn ufo's van deze vorm onder meer waargenomen op het Zweedse eiland Väddö (1956), in Puerto Maldonado in Peru (1952) en in Gerena in Spanje (1978)

ONTVOERINGEN

en intieme ontmoetingen

In 1975 zag een groepje van zeven houthakkers in het Sitgreaves National Forest in Arizona een lichtgevende schotel. Ze stopten de vrachtwagen waarin ze reden en een van hen, Travis Walton, stapte uit om het object van dichtbij te bekijken. De schotel begon rond te tollen en een brommend geluid te maken. Walton zocht dekking, maar werd door een lichtstraal geraakt. De anderen reden er in paniek vandoor. Toen ze later terugkwamen, was er van Walton geen spoor meer te bekennen.

De houthakkers maakten melding van het voorval bij de sheriff, maar omdat die de zaak niet vertrouwde, moesten de zes mannen een leugentest ondergaan, die ze echter goed doorstonden. Na vijf dagen vermist te zijn geweest belde een verzwakte en verwarde Walton vanuit Heber, bijna 20 kilometer van de plaats waar hij was verdwenen, naar zijn zus. Wat hem was overkomen wordt op blz. 335 beschreven.

Al eerder, in oktober 1957, was de Braziliaanse boer Antonio Villas Boas aan boord gebracht van een ufo, waar hij vrijwillig gemeenschap had met een vrouwelijk wezen (zie blz. 335, midden). Na afloop zou ze over haar buik hebben gewreven en naar boven hebben gewezen, als om te zeggen dat ze, eenmaal weer in de ruimte, hun kind zou krijgen. Deze ervaring zou van blijvende invloed zijn op het leven van de jonge boer en luidde wereldwijd een reeks van ontvoeringen in.

Het is natuurlijk de vraag of deze ontvoeringen ook echt hebben plaatsgevonden of alleen in de verbeelding van de ontvoerden. De waarheid zou nog wel eens vreemder kunnen zijn dan welk verzonnen verhaal dan ook.

Links: Walton vertelde dat hij weer bij bewustzijn kwam in een ruimte waar hij door drie kleine wezens met kale hoofden werd geobserveerd. Na een vergeefse poging hen aan te vallen, kwam hij in een ronde ruimte terecht, waar hij door een gehelmd wezen naar een aantal schotelvormige voertuigen werd gebracht waarin zich nog meer mensen bevonden. Hij kreeg een zuurstofmasker op en verloor het bewustzijn. Het volgende dat hij zich kon herinneren, was dat hij op de weg lag bij Heber. Evenals zijn collega-houthakkers onderging hij een leugentest.

 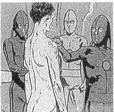  

Boven: Antonio Villas Boas was 23 jaar toen hij op een avond een eivormig voertuig zag landen. Hij werd door vier kleine wezens aan boord gesleept, ontkleed en met een soort gel ingesmeerd. Ze namen hem bloed af, hij kreeg een gasmasker op en werd naar een ruimte gebracht waar hij gemeenschap had met een vrouwelijk wezen met blauwe katachtige ogen.

Rechts: er zijn naar schatting 1 miljoen Amerikanen die beweren door buitenaardse wezens te zijn onderzocht, te veel om genegeerd te worden, denkt professor John Mack. Voor sommigen was het een angstige ervaring, voor anderen juist een heel mooie.

Weggevoerd door elfen
dichter bij de waarheid

Het feit dat zoveel mensen zeggen ontvoerd te zijn door buitenaardse wezens duidt er samen met de vele overeenkomsten tussen hun verhalen op dat het geen fantasieën zijn, althans dat meent professor John Mack. Het zijn echte ervaringen, stelt hij, maar dan ervaringen uit een andere werkelijkheid. De jungiaanse psychotherapeute Veronica Goodchild bevestigt dit: 'Sommige ontmoetingen lijken plaats te vinden in een omgeving die niet herkenbaar is als een werkelijkheid buiten die van alledag om, noch als die van een eigen innerlijke wereld.'

Volgens Mack horen deze ervaringen van ontvoeringen thuis binnen een groter geheel van 'vreemde ervaringen'. Hij schrijft: '(…) een uitwisseling tussen onze wereld en andere werkelijkheden en het bestaan van andere wezens en andere dimensies zijn een bekend gegeven binnen andere culturen.' De huidige, materialistische westerse cultuur heeft hier gewoonweg geen oog meer voor. De ideeën van Mack zijn in overeenstemming met het oude geloof in het bestaan van een elfenrijk en de vele verhalen over ontvoeringen door het 'kleine volkje'.

Boven en links: zouden buitenaardse wezens en elfen eenzelfde soort wezens zijn? Elfen gebruiken een toverstok om mensen in hun macht te krijgen, buitenaardse wezens een op een staf gelijkend voorwerp. Beide zijn veelal gekleed in een groene of grijze tuniek en schijnen zich seksueel aangetrokken te voelen tot de mens. De incubus (links) is een mannelijke demon die vrouwen verleidt; de succubus is een vrouwelijke demon die uit is op de mannelijke levenskracht. Middeleeuwse geleerden stelden dat de ervaringen van gemeenschap slechts gedroomd waren, maar de psychologie leert ons dat de ervaring in elk geval voor de betrokkenen zelf vaak maar al te echt is. Er zijn zelfs gevallen bekend waarin deze gemeenschap vrucht zou hebben gedragen. Over het bestaan van dergelijke hybride kinderen wordt in tal van oude en moderne legenden verhaald.

Het 'ding boven Warminster'
vreemde lichten en mannen in zwarte pakken

In de jaren zestig van de vorige eeuw waren er 's avonds boven het Engelse Warminster eigenaardige geluiden te horen en vreemde lichten te zien. Er werd over gepraat en geschreven, en van heinde en ver stroomden nieuwsgierigen toe om met eigen ogen het 'ding van Warminster', zoals het in de kranten werd genoemd, te zien.

Arthur Shuttlewood, een plaatselijke journalist, had vanaf de heuvels rondom de stad de lucht bestudeerd en had daarbij sterk het gevoel gekregen dat er grote, onzichtbare wezens aanwezig waren. Ook beweerde hij dat het knipperen met een zaklamp werd beantwoord met lichtsignalen die, daar was hij van overtuigd, afkomstig waren van het ruimtevaartuig van de wezens waarvan hij de aanwezigheid had gevoeld. Een van hen, Karne, zou zelfs bij hem thuis zijn geweest om hem te waarschuwen dat de toekomst van de planeet in gevaar was.

In Amerika deden er in die tijd steeds vaker geruchten de ronde over 'Men in Black' (MIBs), die bij mensen langsgingen die ufo's hadden waargenomen. Deze in donkere pakken geklede mannen droegen vaak een zonnebril die hun ogen verborg. Ze vroegen om eventuele foto's van de ufo's en beweerden in opdracht van de regering of het leger te handelen. Wanneer iemand echter na zo'n bezoek navraag deed, werd elke betrokkenheid bij deze MIBs ontkend. Sommigen denken dat het vermomde buitenaardse wezens zijn geweest, anderen zijn van mening dat de Amerikaanse regering zo informatie wilde verzamelen over betrouwbare waarnemingen van ufo's zonder zichzelf in de kaart te laten kijken.

Boven: het kaft van een van Shuttlewoods boeken over de ufo's boven Warminster.

Boven: impressie van de 'Men in Black' in het in de jaren zeventig populaire tijdschrift Unexplained.

Boven en links: twee foto's van het 'ding boven Warminster,' gemaakt door Gordon Faulkner in augustus 1965. De foto links is 's nachts genomen, de foto boven overdag, vanuit het centrum van de stad.

De UMMO-affaire
een vreemde landing in Rusland

De UMMO-affaire begon in 1966 met een waarneming in de buurt van Madrid van een vliegende schotel met het symbool Ж. Vervolgens kregen journalisten en wetenschappers via onbekende bronnen foto's en documenten over het leven op de planeet UMMO.

Het vervolg vond plaats in 1989, in een park van de Russische stad Voronezh, waar drie voetballende jongens een ufo zagen landen. Al snel verzamelde zich een menigte en men kon door een opening in het voertuig een 3 meter lang wezen ontwaren dat was gekleed in een zilverkleurig pak met bronskleurige laarzen. Twee andere wezens, gekleed in een pak met daarop het Ж-symbool, stapten samen met een robot uit de ufo. Een jongen die van angst begon te schreeuwen, werd door een blik van een van de wezens verlamd; anderen begonnen te schreeuwen toen de ufo verdween en vijf minuten later weer terugkwam. Een van de wezens richtte een soort kanon op een jonge toeschouwer, die daarop verdween. Toen de wezens samen met de robot in hun voertuig waren weggevlogen, werd de jongen echter weer zichtbaar.

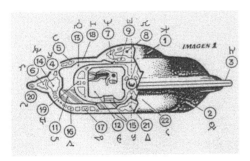

Boven: tekening van een UMMO-voertuig.

Boven: een van de UMMO-documenten.

Boven: een UMMO-strip uit de jaren zestig.

Boven: tekening van de landing in Voronezh.

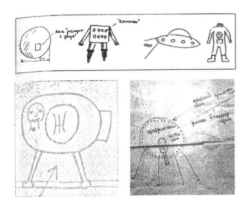

Boven: nog meer tekeningen van de landing.

Boven: een buitenaards wezen bij Voronezh.

ACTIVITEIT BOVEN IRAN
vreemde lichten en verstoorde systemen

In september 1976 vertoonden zich vreemde objecten boven Teheran. Er werd een gevechtsvliegtuig op uitgestuurd om poolshoogte te nemen, maar de piloot kreeg al snel te maken met verstoringen van het communicatie- en besturingssysteem en keerde terug. Een tweede vliegtuig wist dichter bij de ufo te komen en kon hem op zijn radar zien, voor hij er met grote snelheid vandoor ging.

De piloot zette de achtervolging in, waarop er uit de ufo gekleurde lichtflitsen kwamen en er een kleinere ufo tevoorschijn kwam die zich in de richting van het achtervolgende vliegtuig bewoog. De piloot, die voor zijn leven vreesde, wilde een raket afvuren, maar het systeem bleek niet te werken. Om een botsing te voorkomen zwenkte de piloot uit, maar werd daarbij feilloos gevolgd door de kleinere ufo. Toen deze eenmaal naar het moederschip was teruggekeerd, bleek het afvuursysteem weer te werken.

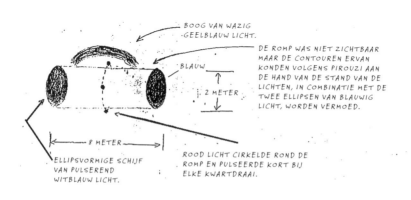

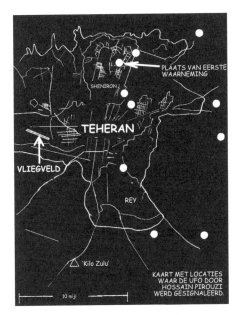 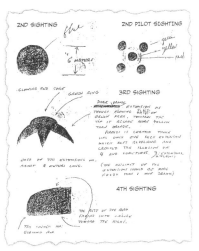

Boven en blz. 342: schetsen van de in 1976 boven Teheran waargenomen ufo, naar de beschrijving van de tweede piloot. In 1942 had zich boven Los Angeles een vergelijkbaar incident voorgedaan.

Boven: een foto van een binnen lichtstralen gevangen ufo boven Los Angeles, in 1942. Oorspronkelijk dacht men dat het om een vijandig Japans vliegtuig ging, maar de vorm is duidelijk die van een ufo.

Rendlesham Forest
NAVO-getuigen van een mysterieuze landing

Eind december 1980 werd in Suffolk, in de bossen bij de NAVO-luchtmachtbasis Bentwaters, een helder verlicht vliegend voorwerp gesignaleerd. Er werd een patrouille op uitgestuurd om te onderzoeken of er een vliegtuig was neergestort. Getuigen zeggen een taps toelopend metaalachtig voertuig te hebben zien zweven boven een open plek in het bos. Sergeant James Penniston zou het voertuig hebben aangeraakt; anderen zeggen rode en groene lichtflitsen tussen de bomen te hebben gezien.

Twee avonden later, na een nieuwe signalering, ging de onderbevelhebber van de basis, luitenant-kolonel Charles Halt, zelf op onderzoek uit. Hij maakte een geluidsopname en deed verslag aan de Britse minister van Defensie. Sommige getuigen beweerden later dat hun geheimhouding was opgelegd en dat zij een verklaring hadden moeten ondertekenen dat zij niets bijzonders hadden gezien.

DEPARTMENT OF THE AIR FORCE
HEADQUARTERS 81ST COMBAT SUPPORT GROUP (USAFE)
APO NEW YORK 09755

13 Jan 81

REPLY TO
ATTN OF: CD

SUBJECT: Unexplained Lights

TO: RAF/CC

1. Early in the morning of 27 Dec 80 (approximately 0300L), two USAF security police patrolmen saw unusual lights outside the back gate at RAF Woodbridge. Thinking an aircraft might have crashed or been forced down, they called for permission to go outside the gate to investigate. The on-duty flight chief responded and allowed three patrolmen to proceed on foot. The individuals reported seeing a strange glowing object in the forest. The object was described as being metalic in appearance and triangular in shape, approximately two to three meters across the base and approximately two meters high. It illuminated the entire forest with a white light. The object itself had a pulsing red light on top and a bank(s) of blue lights underneath. The object was hovering or on legs. As the patrolmen approached the object, it maneuvered through the trees and disappeared. At this time the animals on a nearby farm went into a frenzy. The object was briefly sighted approximately an hour later near the back gate.

2. The next day, three depressions 1 1/2" deep and 7" in diameter were found where the object had been sighted on the ground. The following night (29 Dec 80) the area was checked for radiation. Beta/gamma readings of 0.1 milliroentgens were recorded with peak readings in the three depressions and near the center of the triangle formed by the depressions. A nearby tree had moderate (.05-.07) readings on the side of the tree toward the depressions.

3. Later in the night a red sun-like light was seen through the trees. It moved about and pulsed. At one point it appeared to throw off glowing particles and then broke into five separate white objects and then disappeared. Immediately thereafter, three star-like objects were noticed in the sky, two objects to the north and one to the south, all of which were about 10° off the horizon. The objects moved rapidly in sharp angular movements and displayed red, green and blue lights. The objects to the north appeared to be eliptical through an 8-12 power lens. They then turned to full circles. The objects to the south was visible for two or three an hour or more and beamed down a stream of light from time to time. Numerous individuals, including the undersigned, witnessed the activities in paragraphs 2 and 3.

CHARLES I. HALT, Lt Col, USAF
Deputy Base Commander

Boven: krantenkoppen van de News of the World. Links: de brief waarin het incident officieel werd gemeld. Onder: schetsen van de ufo, gemaakt door de sergeant die het voertuig had aangeraakt en dat volgens hem warm en glad aanvoelde en van kleur veranderde.

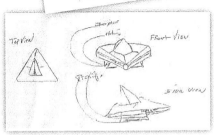

GROENE MANNETJES
schotels met schachten

Op 12 augustus 1983, kort na middernacht, wilde de 77-jarige Alfred Burtoo, die langs een kanaal in het Engelse Aldershot zat te vissen, net een kopje thee zetten toen hij een helder licht vanuit de lucht zag neerdalen. Zijn hond begon te grommen toen twee kleine mensachtige wezens hen naderden. Ze waren zo'n 1,20 meter lang, gekleed in lichtgroene tunieken en droegen een helm van dezelfde kleur, met een donkergetint vizier. Een van hen wenkte Burtoo en samen liepen ze naar het verderop staande ruimtevaartuig met aan boord nog twee van deze wezens.

Binnen was een centrale schacht die van onder tot boven reikte. Alles was glad en er waren geen moeren of bouten zichtbaar. Burtoo werd onder een oranje lichtstraal geplaatst, waarna ze hem lieten gaan omdat hij 'te oud en zwak was'. Even later vertrok het ruimtevaartuig weer met een gierend geluid en een intens helder licht.

Al eerder was in het Oost-Duitse Hasselbach een schotel met een centrale schacht waargenomen. Op 17 juni 1950, tegen de avond, stuitten Oscar Linke en zijn dochter Gabrielle op een schotelvormig object en zagen ze zo'n 35 meter verderop twee 'mannen' gehuld in blinkende metalige kleding, die de grond leken te onderzoeken. Oscar naderde de schotel tot op minder dan 10 meter en zag dat er vanuit het midden een 'zwarte kegelvormige toren' oprees. Toen zijn dochter hem riep, sprongen de 'mannen' deze toren in en lichtten de zijkanten van de schotel afwisselend groen en rood op, waarna deze rond begon te tollen en langzaam opsteeg. De toren of schacht werd van de bovenkant ingeschoven en aan de onderkant weer zichtbaar.

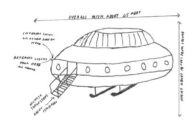

Boven: getekende weergave van de vreemde ontmoeting die Alfred Burtoo had toen hij langs het kanaal zat te vissen. Burtoo maakte specifiek melding van een centrale schacht in het ruimtevaartuig.

Links: de schets die Alfred Burtoo zelf maakte van de door hem waargenomen ufo. Nadat hij was vertrokken heeft hij eerst rustig zijn thee opgedronken.

Rechts: getekende weergave van de ufo die op 17 juni 1950 door Oscar en Gabrielle Linke werd gezien bij het Oost-Duitse Hasselbach - en die door meer mensen werd gezien toen hij als een helder licht verdween. Oscar Linke onderzocht de 'landingsplaats' en vond daar een cirkelvormige afdruk die overeenkwam met de doorsnee van de schacht die hem was opgevallen. Eenzelfde soort ruimtevaartuig met een gelijksoortige schacht werd later door Alfred Burtoo beschreven.

Een golf van waarnemingen
driehoekige gevaarten aan de nachtelijke hemel

Tussen 1983 en 1986 zijn boven de staten New York en Connecticut door honderden, zo niet duizenden mensen driehoekige ufo's waargenomen ter grootte van 'een voetbalveld', die zich langzaam en geluidloos verplaatsten, vaak op slechts 100-200 meter hoog. Een van die mensen was Ed Burns, die zei: 'Als er zoiets als een vliegende stad bestaat, dan was dit een vliegende stad.' Veel mensen waren ervan overtuigd dat wat ze hadden gezien buitenaardse ruimtevaartuigen waren. Er was geen noemenswaardig geluid te horen geweest. Velen spraken van een wisselend patroon van lichten, in heldere tinten rood, blauw, groen of wit, die in de romp verzonken leken te zijn. Behalve de driehoekige ufo's werden er ook cirkelvormige exemplaren gespot (zie foto linksonder, gemaakt door Randy Etting in 1987, boven Connecticut). Sommige getuigen zagen er een van dichterbij, zwevend boven een meer of in één geval boven de kernenergiecentrale bij Buchanan, NY. (zie blz. 349, boven). In de jaren zestig werden de eerste ufo's met een op een boemerang lijkende driehoekige vorm waargenomen.

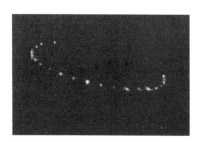
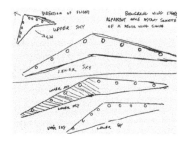

Boven: de kernenergiecentrale bij Buchanan, NY. Op 4 juli 1984 werd hier door twaalf politiemannen een ufo waargenomen die een kwartier lang tussen de toren en de koepel bleef zweven.

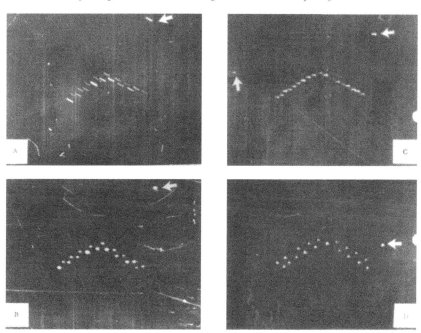

Boven: foto's van lichten in een boemerangconstellatie, gemaakt in 1951 bij Lubbock, Texas.
Blz. 348, rechts: tekening van Monique O'Driscoll van een in februari 1983 boven Lake Carmel, NY, waargenomen ufo.

Ufo's boven België
mysterieuze vliegende driehoeken

Tussen 1988 en 1991 werden boven België door een groot aantal mensen vreemde zwarte, driehoekige vliegende objecten waargenomen die totaal niet op een gewoon vliegtuig leken.

Een van die waarnemingen werd gedaan door Heinrich Nicholl en Hubert Montigny, twee politieagenten, op 29 november 1989 bij Eupen. Zij verklaarden iets ter grootte van een voetbalveld door de lucht te hebben zien zweven, met krachtige koplampen op elk van de drie hoeken. Een uur lang volgden ze het geluidloos over de velden zwevende object, dat af en toe de grond onder zich in een zee van licht liet baden. Niet lang daarna zagen twee andere politiemannen eenzelfde soort ufo in de buurt van Kelmis, een kleine 15 kilometer ten noorden van Eupen. Hier zweefde hij boven de kerk en straalde er vanuit het midden van de driehoek een rood pulserend licht, tot de witte hoeklichten zich bundelden en de ufo verdween.

Tijdens een persconferentie sprak majoor-generaal Wilfried de Brouwer van de Belgische luchtmacht zeer openhartig over hoe met F-16's was geprobeerd de ufo's te achtervolgen. De mysterieuze vliegende objecten waren wel op de radar zichtbaar geweest, maar bleken sneller dan hun achtervolgers. Brouwer zei openlijk dat er iets in het Belgische luchtruim gaande was 'waarover de luchtmacht geen controle had'. De Amerikaanse luchtmacht had hem ervan verzekerd dat er op dat moment geen experimentele vluchten waren uitgevoerd boven België. Wat dan wel de oorsprong en de aard waren van deze vliegende driehoeken is nooit opgehelderd.

Rechtsboven: foto's uit 1989 van boven België waargenomen ufo's, sommige zijn mogelijk vervalst. Links: getekende weergave van een ufo zoals deze tussen 1989 en 1991 boven België veel werden waargenomen. Onder: twee foto's gemaakt door J.S. Henrardi in Wallonië op 15 juni 1990. Ook in de daaropvolgende jaren werden er nog regelmatig driehoekige ufo's gespot. Ondanks onderzoek van het leger en de luchtmacht heeft men nooit kunnen achterhalen wie of wat het Belgische luchtruim was binnengedrongen.

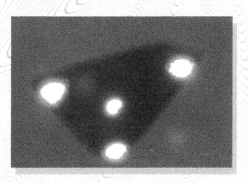
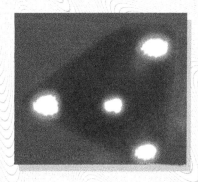

ONAFHANKELIJKE GETUIGEN
ontmoetingen in de 'bocht van de weg'

Dr. Allen Hyneks bewering dat een aantal van de best gedocumenteerde ontmoetingen met ufo's zich voordoet in afgelegen, dunbevolkte gebieden en dat de klassieke ontmoetingsplaats in of net na een bocht in de weg is, wordt bevestigd door het verhaal van de Australische Kelly Cahill.

Op de avond van 8 augustus 1993 reed Kelly samen met haar man en hun drie kinderen buiten Melbourne toen ze laag boven de grond een cirkelvormig object zag zweven, met ronde ramen waarachter een oranje gloed zichtbaar was. Later die avond, op de weg terug, zag Kelly ongeveer op dezelfde plek opnieuw een ufo, die voor hij verdween ook door haar man werd gezien. Even verderop verscheen midden op de weg een groot hel licht dat plotseling doofde.

Later realiseerden de Cahills zich dat ze zo'n twee uur in hun herinnering misten en Kelly ontdekte bij haar navel een vreemd driehoekig teken. Pas na enkele maanden begon Kelly zich te herinneren dat zij en haar man waren uitgestapt en dat ze een groep donkere wezens van zo'n 2 meter lang en met grote gloeiende rode ogen uit de ufo hadden zien komen, en dat ook andere mensen daarvan getuige waren geweest, mensen die net als zij en haar man op die weg hadden gereden.

Door het aspect van de 'ontbrekende' tijd en vooral omdat er diverse andere mensen getuige van het voorval waren geweest, die in geen enkele relatie tot elkaar stonden, is dit een van de beroemdste ufo-ontmoeting. Op youtube.com doet Kelly Cahill hiervan zelf verslag.

Links: illustratie van een klassieke ontmoeting met een ufo in de bocht van de weg, op een afgelegen plek.

Rechts: getekende weergave van de ufo die door Kelly Cahill werd waargenomen op 8 augustus 1993.

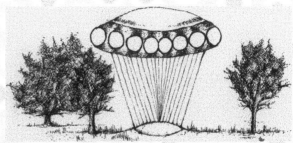

Links: getekende weergave van de grote, zwarte wezens die Kelly zich pas later herinnerde en die ze ontmoet zou hebben in de 'ontbrekende' tijd.

Dingen zien
aura's en lichtbollen

In de afgelopen jaren is er een opvallende toename in het waarnemen van zwevende bollen van licht, waarvan ook veel beeldmateriaal bestaat, omdat deze massaal op digitale camera's worden vastgelegd. Sommige mensen beweren dat zij puur door meditatie lichtbollen kunnen doen verschijnen. Er zijn sceptici die zeggen dat wat zich aan ons voordoet als 'bollen van licht' niets anders is dan de reflectie van stofdeeltjes of van vocht in de lucht. Maar daarmee is nog niet verklaard hoe iemand, zonder zich te bewegen, dergelijke concentraties van licht kan laten verschijnen.

Sommige mensen geloven dat deze lichtbollen elfen (zie blz. 336-337) of de geesten van overledenen zijn. Ongeveer 1 op de 25 mensen zegt regelmatig overdag lichtbollen of -flitsen te zien. Een vergelijkbaar percentage mensen zegt af en toe aura's te kunnen zien rond levende dingen, een omhulsel van licht dat mogelijk wordt veroorzaakt door elektromagnetisme. Om erachter te komen wat het zou kunnen zijn, kunt u thuis zelf proberen een foto van een lichtbol te maken.

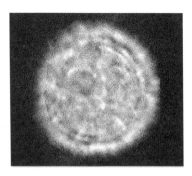 

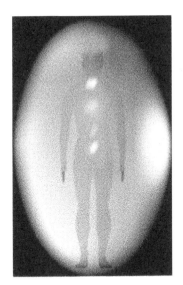 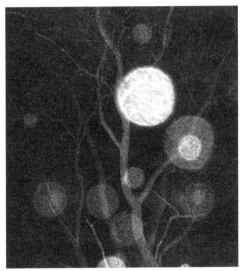

Linksboven: getekende weergave van chakra's en een aura rondom een mens, zoals 1 op de 25 mensen zeggen te kunnen waarnemen; 1 op 10 mensen schijnt synesthetisch te zijn en anderen kunnen elektromagnetische velden zien. Rechtsboven, onder en blz. 354: digitale foto's van lichtbollen, gemaakt door Cedar Rivers uit Australië. Voor meer voorbeelden zie www.celticgardens.com.au.

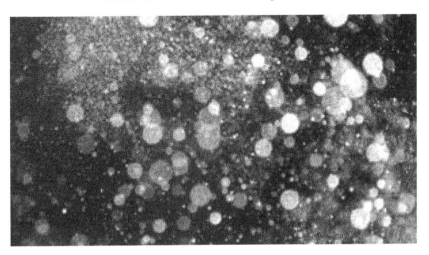

Werken met ufo's
classificaties van ontmoetingen

In 1972 verscheen *The UFO Experience: A Scientific Inquiry*, waarin astronoom en omgeving ufoloog J. Allen Hynek ontmoetingen met buitenaardse wezens en waarnemingen van ufo's classificeerde volgens een schaal met drie gradaties, die later tot vijf is uitgebreid.

Het waarnemen van vliegende schotels en het zien van lichten of andere onverklaarbare verschijnselen in de lucht worden gerekend tot *close encounters of the first kind* of 'ontmoetingen van de eerste graad'. Van de tweede graad is sprake als er warmte of straling wordt gevoeld, als er sporen zijn achtergebleven, als een getuige verlamd is geweest of als er tijd 'ontbreekt'. Ontmoetingen van de derde graad betreffen het zien van buitenaardse wezens. De vierde graad omhelst een verandering van omgeving, bijvoorbeeld het betreden van de ufo of een andere werkelijkheid. Bij vijfdegraads ontmoetingen ten slotte is er sprake van wederzijds contact, door bijvoorbeeld telepathie of meditatie.

Steeds vaker wordt dit wederzijdse contact nagestreefd door zowel groepen als individuen die beweren dat zij buitenaardse wezens kunnen 'uitnodigen' om zich te tonen. Zo gaan de zogeheten CSETI-groepen van Steven Greer naar gebieden waar veel ufo's zijn waargenomen en waar ze, althans dat beweren ze, contact maken en vragen waar en wanneer een volgende ontmoeting kan plaatsvinden. Ze zouden zelfs filmopnames hebben gemaakt van lichten, van ruimtevaartuigen en van hun communicatie met buitenaardse wezens. Soms zouden er lichtsignalen worden gegeven ten teken van afscheid, die door honderden getuigen worden gezien.

Boven: groepen van mediterende en telepathisch begaafde mensen beweren dat ze contact kunnen leggen met buitenaardse wezens en zo informatie kunnen krijgen over waar en wanneer een ufo zal verschijnen.

Boven: in Close Encounters of the Third Kind *landde een ufo bij de Devil's Tower in Wyoming. Volgens de huidige classificatie was hier eigenlijk sprake van een ontmoeting van de vijfde graad.*

Bezoek uit onderbewuste
eeuwenoude archetypische visioenen

Zouden ufo's archetypische visioenen kunnen zijn, moderne versies van Maria- of St.-Michaëlverschijningen? Psycholoog Carl Gustav Jung (1875-1961) stelde dat alle waarnemingen van dergelijke aard een projectie waren van de geest en dat archetypen die vroeger werden voorgesteld als goden, engelen of elfen nu door onze obsessie met de nieuwste technologieën de vorm van ufo's hebben aangenomen.

Ook John Michell (1933-2009) was die mening toegedaan. In *The Flying Saucer* beweerde hij dat vliegende schotels manifestaties van de menselijke geest zijn. Ufo's, zo schrijft hij, zijn 'de voortekens van een radicale verandering van het menselijke bewustzijn, een verandering die samenvalt met de aanvang van het Watermantijdperk'.

Volgens diplomaat en geheim agent Gordon Creighton (1908-2003) zijn ufo's djinns – soms goede, soms kwade onzichtbare geesten – die zich aan ons voordoen als ruimtevaartuigen. Ralph Noyes (1914-1998), die zich als luchtmachtofficier en medewerker van het ministerie van Defensie had gespecialiseerd in onverklaarbare verschijnselen in de lucht, verklaarde: 'Ze lijken een spelletje met ons te spelen. Ze lijken in elk geval over humor te beschikken.'

Schrijver Patrick Harpur is van mening dat de menselijke geest veel minder gebonden is aan het menselijk lichaam dan wordt aangenomen en een integraal deel is van een grotere werkelijkheid. Ufo's, zo beweert hij, hebben alle kenmerken van een vorm van communicatie die zo ongrijpbaar is als kwikzilver, van raadselachtige boodschappen van de goden. Hun zichtbare vorm zegt alleen iets over onze beperkte zienswijze van de werkelijkheid als een fysieke werkelijkheid.

The Fairy Raid van Sir Joseph Noel Paton. Wanneer er tegenwoordig sprake is van lichtverschijnselen en 'ontbrekende' tijd, zijn het niet langer elfen maar buitenaardse wezens die mensen zouden ontvoeren.

Boven: verschijningen passen vaak in hun tijd en plaats. Deze foto's zijn van verschijningen van de maagd Maria bij een kerk in Zeitoun, Egypte, tussen 1968-1971, waarvan duizenden mensen getuige waren.

Buitenaardse wezens
en hun relatie tot de mens

Charles Fort (1874-1932) wordt wel de eerste ufoloog genoemd. Hij concludeerde dat ufo's ruimtevaartuigen zijn van buitenaardse wezens en velen zijn geneigd hem daarin gelijk te geven.

Maar zijn het goedaardige wezens? Er zijn ufologen die geloven dat buitenaardse wezens mensen ontvoeren om hen als slaven te gebruiken, om hun bloed te drinken of om met hun genen een hybride soort te creëren. Zij wijzen op wijdverbreide gevallen van verminking onder vee en wilde dieren, die soms totaal geen bloed meer in hun lijf hebben of verwondingen hebben die met chirurgische precisie lijken te zijn toegebracht. Omdat er rondom vaak geen sporen zijn te ontdekken, lijkt het of ze vanuit de lucht zijn neergegooid.

Begin twintigste eeuw verkondigden de Welshe Mary Jones en haar collega-revivalisten dat door de lucht bewegende lichtbollen tekens van God waren. Rond diezelfde tijd zou Bapak Subuh in Indonesië een goddelijke ervaring hebben gehad in de vorm van een bol van licht, waarna hij de spirituele beweging Subud oprichtte. In Amerika werden in de jaren zeventig twee sektes opgericht, Heaven's Gate en de nog altijd actieve Raëlian Movement, met als centrale leerstelling het bestaan van geestelijk hoogontwikkelde buitenaardse wezens.

Als fenomeen zijn ufo's en buitenaardse wezens niet eenduidig. Sommigen stellen zich hen voor als sinistere wezens die mensen alleen voor hun eigen doeleinden gebruiken, anderen zien in hen een geestelijk verder ontwikkelde vorm van leven die er slechts op wacht tot ook de mens zal zijn 'ontwaakt'.

Boven: deze ruimteschepen lijken in niets op getuigenbeschrijvingen van ufo's. Zou, zoals binnen ufosekten wordt beweerd, de kennis van buitenaardse technologie op een postmaterialistische wijze worden verkregen?

Links: zijn buitenaardse wezens geestelijk hoogontwikkeld en hebben ze het beste met ons voor, of zijn ze boosaardig en bloeddorstig? Of zou de waarheid ergens in het midden liggen? Misschien dat er vanaf andere planeten kleine onderzoeksgroepjes worden gestuurd om de op de aarde levende primitieve wezens te bestuderen, gelijk een team biologen onderzoek doet in het Amazoneregenwoud.

De Fermiparadox
en de vergelijking van Drake

De vraag is of er, behalve op aarde, leven is in het universum. Op basis van de door de radioloog Frank Drake ontwikkelde wiskundige formule is de kans hierop zeker aanwezig, maar 'waar', zoals natuurkundige Enrico Fermi het zo sprekend uitdrukte, 'zijn ze dan?'

Het punt is dat het ontstaan van leven alleen mogelijk is op een planeet die zich niet alleen op de juiste afstand van de juiste ster bevindt, maar ook op de juiste afstand van het middelpunt van het melkwegstelsel

Op aarde werd de elektriciteit pas 150 jaar geleden uitgevonden. Over welke technologieën zouden we over enkele miljoenen jaren wel niet beschikken? En tot wat voor wezens zouden we ons wel niet kunnen ontwikkelen (mits we onszelf niet voor die tijd hebben vergiftigd)? Zouden we ons dan misschien ook in ufo's voortbewegen?

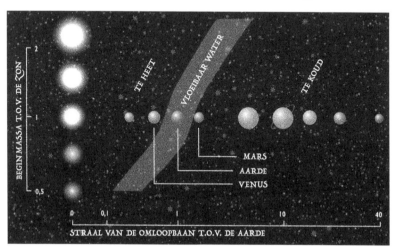

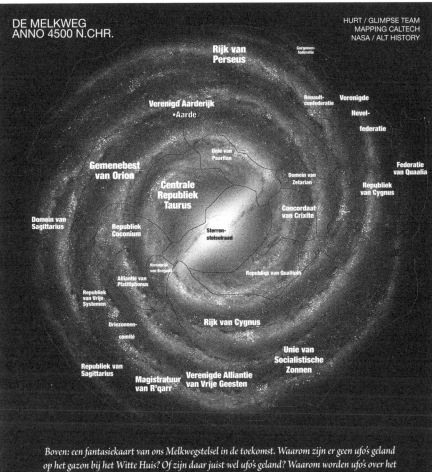

Boven: een fantasiekaart van ons Melkwegstelsel in de toekomst. Waarom zijn er geen ufo's geland op het gazon bij het Witte Huis? Of zijn daar juist wel ufo's geland? Waarom worden ufo's over het algemeen waargenomen door gewone mensen, onder alledaagse omstandigheden? Waarom lijken ufo's zo geïnteresseerd te zijn in militaire installaties? Zouden we te primitief zijn om interessant te zijn? Zoeken we misschien naar de verkeerde signalen? In het analoge tijdperk zochten we de ruimte af naar analoge signalen; in het huidige digitale tijdperk zijn de radiotelescopen afgestemd op het signaleren van witte ruis. Door welke vorm van communicatie zal het volgende tijdperk gekenmerkt worden? De hier afgebeelde kaart van ons sterrenstelsel schetst een toekomstbeeld naar analogie van de aardse geschiedenis, maar onze ervaringen met ufo's duiden op de mogelijkheid van een andersoortige toekomst voor ons Melkwegstelsel.

Het leven elders
variatie en convergentie

Hoewel voor het leven op aarde water nodig is, is dit niet noodzakelijkerwijs ook zo op andere planeten. Het is mogelijk dat op koude manen en planeten vloeibaar methaan een vergelijkbare rol speelt. De enorme diversiteit aan manen en planeten binnen alleen al ons eigen zonnestelsel doet vermoeden dat er evenveel diverse vormen van leven mogelijk zijn. Maar is dat ook zo?

Buideldieren en placentale dieren hebben een gezamenlijke voorouder, maar zijn zo'n 100 miljoen jaar geleden elk hun evolutionaire weg ingeslagen. Toch blijken ze zich binnen eenzelfde leefmilieu niet veel anders te hebben ontwikkeld. Als het belangrijk is scherp te zien, om snel te kunnen zwemmen met grote tanden, om diep te kunnen graven, blijkt er telkens één aanpassing te zijn die de beste is, zowel bij buideldieren als placentale dieren (zie onder).

Dit wordt 'convergente evolutie' genoemd en het is dus mogelijk dat buitenaardse planten op hun aardse tegenhangers lijken en dat buitenaardse wezens ons zouden voorkomen als verre verwanten.

Boven: leven is niet alleen mogelijk op verre planeten, maar ook op hun manen, zoals dit binnen ons eigen zonnestelsel in principe ook mogelijk zou zijn op de manen Europa en Titan.

Boven: gelijk en toch anders. Het is goed mogelijk dat er op andere planeten levensvormen zijn vergelijkbaar met die op aarde als er eenzelfde soort van specialisme vereist is.

Wat is het universum?
en waarom is het zo levensvriendelijk?

In de jaren zeventig van de vorige eeuw werkten John Barrow en Frank Tipler, beiden werkzaam aan de universiteit van Cambridge, het zogeheten antropische principe uit, waarbij de onderzoeksvraag was waarom ons universum zó exact lijkt te zijn afgestemd om leven mogelijk te maken dat zelfs de geringste verandering van één natuurkundige constante het universum tot een levensvijandige omgeving zou transformeren.

Het antropische principe stelt dat ons universum een geheel is van bewuste organische levensvormen en suggereert dat complexe levensvormen geen toevallige uitkomst van processen in het universum zijn, maar juist de drijvende kracht ervan. Anderen stellen zich het bestaan voor van talloze universums, een multiversum waarbinnen ons eigen universum dankzij een gelukkig toeval levensvriendelijk is. Weer anderen opperen dat ons universum zo levensvriendelijk is omdat het speciaal daartoe is ontworpen, dat we in feite in een virtueel universum leven.

Het feit dat het universum elektromagnetisch is en een samenhangend geheel vormt, zou er volgens sommigen op duiden dat het universum een enorme geest is, misschien van een 'God' (zie blz. 367). Zou een bewustzijn het universum bedacht kunnen hebben? En zo ja, welke rol zouden wij, met ons kleine menselijke bewustzijn, dan spelen?

Misschien dat we ufo's moeten zien als een middel om ons onze oorsprong te herinneren en om ons het universum voor te stellen als vrij van territoriale geschillen en beperkte denkkaders.

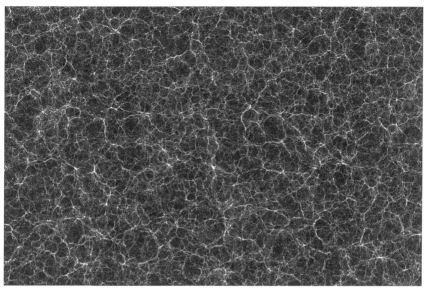

Boven: een klein deel van het universum door een uitgezoomde lens. Op macroniveau lijkt de ruimte te zijn dooraderd van elektrische energie, met clusters van sterrenstelsels (onder: een vergroting hiervan).

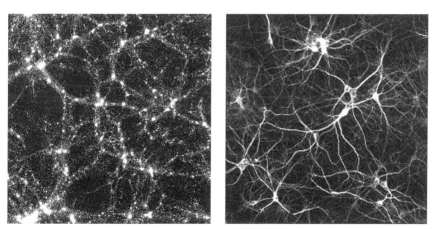

Boven: de plasmavezelstructuur van de ruimte met haar clusters van sterrenstelsels en elektromagnetische verbindingen (links) lijkt op het neuronennetwerk van ons brein (rechts). Zou het universum een gigantisch brein kunnen zijn?

BIJLAGEN & REGISTER

Overzicht van Europese draken

DUITSLAND

DE DRAAK VAN KÖNINGSWINTER, *Rhien-Sieg, Noordrijn-Westfalen.* Niet ver van het stadje Köningswinter, hoog boven het middeleeuwse Schloss Drachenburg, met in de diepte de rivier de Rijn, woonde in een grot in de bergen een draak die volgens de plaatselijke legende door Siegfried werd verslagen.

DE DRAAK VAN FURTH IM WALD, Beierse woud. De *Further Drachenstich* ('het neersteken van de draak in Furth im Wald') is een ruim vijfhonderd jaar oude traditie en daarmee het oudste folkloristische festival van Duitsland. Tijdens het festival wordt het doden van de draak die in de middeleeuwen de stad zou hebben bedreigd, nagespeeld.

FAFNIR, Worms, Rijnland. De draak Fafnir uit de noordse Völsunga-sage is in het Duitse Nibelungenlied de lintworm van Worms; Sigurd heet hier Siegfried. Ook in de Duitse versie schenkt het drinken van het bloed van de gedode draak de held wijsheid.

ENGELAND

HET VLIEGENDE SERPENT, *Aller, Somerset.* Deze enorme gevleugelde slang die zich in Round Hill had genesteld, werd verslagen door de heer van Aller, die daarbij werd geholpen door zijn pachters. In de kerk van Aller staat een beeld van de ridder; de speer in de kerk van het nabijgelegen Low Ham zou het wapen zijn waarmee de draak werd gedood.

DE RUSTENDE WORM VAN SPINDLESTONE HEUGH, *Bamburgh, Northumberland.* In Bamburg Castle kunt u de legende van de *laidly worm* van Spindlestone zien uitgebeeld. De *Spindlestone* (ook wel *Bridlestone*) waar de worm zich omheen kronkelde, is te zien bij Spindlestone Heugh.

DE WOESTE DRAAK VAN BISTERN, *Bisterne Park, Hampshire.* Op het zogeheten Drakenveld versloeg Sir Maurice de Berkeley een vuurspuwende draak. Bij deze strijd lieten de twee honden van Sir Maurice het leven en later zou hij ook zelf bezwijken. In de poort boven de hoofdingang tot Bisterne Park staat een draak uitgebeeld en in het park zelf staan twee beelden van honden.

DE DRAAK VAN BRENT PELHAM, *Brent Pelham, Hertfordshire.* De draak van Brent Pelham huisde in een grot, tussen de wortels van een oude taxus, op de grens van het Grote en Kleine Peppersall Field. In de plaatselijke kerk bevindt zich de graftombe van Piers Shonks, die zijn speer door de hals van de woeste draak van Brent Pelham zou hebben gedreven.

DE DRAAK VAN SINT-JORIS, *Brinsop, Hereford en Worcester.* Op het timpaan van de aan Sint-Joris gewijde kerk van Brinsop staat de heilige uitgebeeld terwijl hij de wormachtige draak met zijn speer doorboort. De draak huisde in de zogeheten Drakenbron op een weide ten zuiden van de kerk. Op het kale stuk grond bij Lower Stanks zou niets gedijen, omdat hier het bloed van de stervende draak de aarde zou hebben vergiftigd. Het dorp Wormsley ligt hier niet ver vandaan.

DE 'GURT VURM' VAN SHERVAGE WOOD, *Crowcombe, Somerset.* De houten kerkbanken van de kerk in Crowcombe zijn gesierd met uitbeeldingen van drakendoders en draken als vruchtbaarheidssymbolen. Nadat de Vurm door een houthakker in tweeën was gehakt, gingen de helften er afzonderlijk vandoor. De ene helft ging naar Bilbrook, waar de legende voortleeft in de vorm van een muurschildering in Cleeve Abbey en een hotel genaamd The Dragon House. De andere helft zou naar Kingston St Mary zijn gegaan en hier later zijn gedood.

DE DRAAK VAN DEERHURST, *Deerhurst, Gloucestershire.* De draak van Deerhurst zou zijn verslagen door een eenvoudige arbeider die daarvoor werd beloond met een landgoed op Walton Hill. Deze John Smith voedde het dier met melk en wachtte tot het zich ontspande en ging slapen, waarop hij zijn bijl hief en het de kop afhakte. De stenen hoofden waarmee de kerk is gesierd – boven de buiten- en binnendeuren, boven een raam en boven de preekstoel – zouden uitbeeldingen zijn van deze drakenkop.

DE WORM VAN HANDALE, *Handale, Yorkshire.* De worm van Handale werd verslagen door een dappere jongeling, genaamd Scaw, die daarbij de dochter van een graaf redde en zo haar hand won. In het nu afgebroken benedictijnerklooster van Handale werd in een stenen kist een zwaard gevonden waarmee volgens de legende de draak werd gedood. Het nabijgelegen bos, het Scaw Wood, is naar de drakendoder genoemd.

DE DRAAK VAN HET ST LEONARD'S FOREST, *Horsham, Sussex.* Midden in het woud van St Leonard's staat een herberg, de Dragon Inn. Op de plek in het woud waar een zee van lelietjes-van-dalen groeit, zou het bloed van de heilige Leonard hebben gevloeid. Lelietjes-van-dalen zijn een symbool van de komst van Christus.

HET SERPENT VAN KELLINGTON, *Kellington, West-Yorkshire.* In de bossen rond Kellington zou een gigantisch serpent hebben gehuisd dat zich voedde met schapen. Het monster zou zijn gedood door een schaapherder en zijn hond, die daarbij echter zelf ook om het leven kwamen. In de kerk van Kellington bevindt zich de zogeheten Serpent Stone, waarop zowel een kruis als een slang staat afgebeeld.

HET SERPENT VAN ST CARANTOC, *Ker Moor, Somerset.* De streek rond Ker Moor zou zijn geteisterd door een afgrijselijk serpent. Toen de heilige Carantoc het ondier benaderde, liet het zich gedwee meevoeren. De heilige bracht het serpent naar de vesting van koning Arthur, maar wilde niet dat het gedood zou worden. Hij beval het dier weg te gaan en zich nooit meer te laten zien. En zo geschiedde. De vesting in kwestie zou Dunster Castle zijn geweest.

DE ONZICHTBARE DRAAK, *Longwitton, Thurston, Northumberland.* De inwoners van Longwitton durfden hun drie waterputten niet te gebruiken omdat ze daar de aanwezigheid voelden van een onzichtbare draak. De legendarische held Guy of Warwick beschikte over een magische zalf waarmee hij zijn tegenstander kon zien en wist

zo de draak te verslaan, waarna men het heilzame water uit de putten weer kon gebruiken.

DE KNUCKLER, *Lyminster, Sussex.* De Knuckler ('knekelaar') huisde in Knuckler Hole, een bijna bodemloze poel ten noorden van Lyminster, niet ver van de kerk waar zich een grafdeksteen bevindt met de naam Slayer's Stone ('Steen van de Drakendoder').

DE DRAAK VAN MOSTON, *Middlewich, Cheshire.* Een draak die op het punt stond een kind te verorberen, werd bij Bache Pool bij Moston door Sir Thomas Venables door het oog geschoten. Als wapen voeren de Venables een draak met een kind in de muil.

DE DRAAK VAN MORDIFORD, *Mordiford, Hereford en Worcester.* Een zekere Garston zou het ondier hebben opgewacht toen het zich een weg kronkelde via Serpent Lane naar de rivier de Lugg. Garston had zich verschanst in een met puntige spijkers gevatte ton en bracht de draak ertoe hem aan te vallen, waarbij het dier in stukken werd gereten. Een muurschildering in de kerk waarop de draak stond uitgebeeld, werd in 1810 vernield.

DE DRAAK VAN LOSCHY HILL, *Nunnington, Yorkshire.* PLoschy Hill is genoemd naar Peter Loschy, die hier gekleed in een harnas dat was afgezet met scherpe messen een draak versloeg. De drakendoder en zijn hond stierven echter zelf ook toen ze het giftige drakenbloed aanraakten. In de nabijgelegen kerk van Nunnington bevindt zich een graftombe met daarop de uitbeelding van een ridder. Doordat de onderkant is beschadigd, is niet met zekerheid te zeggen of aan zijn voeten een hond rust.

DE WORM VAN LAMBTON, *Penshaw, Durham.* In North Biddick, aan de oevers van de rivier de Wear, ligt Worm Hill, waar volgens de legende de worm van Lambton zich omheen had gekronkeld. De put waarin de worm tot afschuwwekkende grootte zou zijn uitgedijd, is een replica.

DE COCKATRICE VAN RENWICK, *Renwick, Cumberland.* Dit vreemde wezen zou zijn ontsnapt uit de funda-

menten van de kerk toen deze werd afgebroken, waarna het door John Tallantine werd gedood met een twijg van de lijsterbes, een boom waaraan magische krachten worden toegeschreven.

HET LANGE SERPENT VAN SLINGSBY, *Slingsby, Yorkshire.* Het serpent, waarvan de lengte in beschrijvingen varieert van 18 meter tot ruim 1,5 kilometer, had zijn hol vermoedelijk in een oude kalksteengroeve net buiten de stad. Het werd verslagen door de plaatselijke held met de naam Wyvill, die daarbij samen met zijn hond het leven liet. Op het wapenschild van de Wyvilles staat een wyvern.

DE WORM VAN SOCKBURN, *Sockburn, County Durham.* Een oude legende uit deze streek verhaalt hoe Sir John Conyers een worm (dan wel draak of wyvern) zou hebben verslagen met een *falchion*, een zogeheten fautsoen; dit is een enkelzijdig snijdend zwaard dat nog altijd wordt gebruikt bij de wijding van de bisschoppen van Durham en te bezichtigen is in de kathedraal van Durham. Bij Sockburn Hall bevindt zich een beeld van een ridder met aan zijn voeten een leeuw in gevecht met een draak. Het British Museum bezit een manuscript waarin de legende is opgetekend.

DE DRAAK VAN UFFINGTON, *Uffington, Oxfordshire.* In de vallei waar zich het Witte Paard van Uffington tegen de heuvelhelling aftekent, bevindt zich ook de Drakenheuvel. De kale plek hier zou zijn veroorzaakt door het bloed van een stervende draak. Volgens de legende zou hier ook koning Naud, die de titel Pendragon ('kop van de draak') voerde, door de Saksische koning Certic zijn verslagen. Sommigen beweren dat het Witte Paard geen paard maar een draak is.

DE DRAAK VAN WANTLEY, *Wantley, Yorkshire.* Een zeventiende-eeuwse ballade verhaalt over deze draak uit Yorkshire, met 44 ijzeren tanden, lange klauwen, een gepunte staart en twee vleugels. De mensen van het stadje Rotherham smeekten Sir More van More Hall hen van het ondier te verlossen. More stemde toe, maar vroeg als beloning een meisje van zestien lentes. Gekleed in een typisch drakendodersharnas, met messcherpe uitsteeksels, vocht hij twee dagen en twee nachten met de draak en versloeg hem uiteindelijk door hem op zijn kwetsbaarste plek te raken, in zijn aars. De strijd zou zijn gestreden bij Warncliffe Lodge, dat meestal Wantley wordt genoemd, niet ver van het dorp Wortley. Op het wapen van de Mores prijkt een groene draak.

DE COCKATRICE VAN WHERWELL, *Wherwell, Hampshire.* Dit monster, door een pad uit een eendenei gebroed, huisde in een crypte onder het klooster van Wherwell, van waaruit het de omgeving terroriseerde. Een zekere Green wist het onschadelijk te maken door een spiegel in het hol te laten zakken, waarop de cockatrice zijn spiegelbeeld met zo'n enorme felheid aanviel dat het zichzelf doodde. Green's acre bij Wherwell is naar deze drakendoder genoemd.

FRANKRIJK

DE TARASQUE VAN NERLUC, *Nerluc, Provence.* Dit schubbige, bizonachtige monster, dat oorspronkelijk afkomstig was uit Galatië, verschroeide alles wat het aanraakte. De koning van Nerluc en zijn ridders hadden het zonder succes met katapulten aangevallen. De heilige Martha echter kreeg de tarasque met hymnen en gebeden rustig en voerde het dier tam mee naar de stad. In hun angst vielen de mensen het monster aan en doodden het, ook al bood het geen enkele weerstand. Martha begon toen te preken en veel inwoners bekeerden zich tot het christendom. Uit berouw over wat ze hadden gedaan, gaven ze hun stad de naam Tarascon.

DE GARGOUILLE, *de rivier de Seine, Rouen.* De gargouille was een gevleugelde, water spuwende draak met vier poten. Hij was de schrik van de rivier de Seine en veroorzaakte overstromingen, tot hij door Saint Romain, de aartsbisschop van Rouen, aan land werd gelokt. Met het teken van het kruis temde hij de waterdraak en leidde hem naar de stad, waar hij levend werd verbrand. Het hoofd en de nek wilden echter niet branden en werden boven op de kathedraal geplaatst ten teken van de macht van God. De gargouilles of waterspuwers op bouwwerken zijn uitbeeldingen van deze waterdraak.

DE PELUDA, *La Ferté-Bernard, Pays de la Loire.* Deze ruigharige draak terroriseerde in de middeleeuwen het plaatsje La Ferté-Bernard. Het monster huisde niet ver daarvandaan in een grot bij de rivier de Huisne. Het was zo groot als een os en zijn huid was bedekt met groene, harige, scherp gepunte tentakels die hij als pijlen kon wegschieten. Waar de peluda verscheen, verdorden de gewassen en waren dieren noch mensen veilig. Hij werd ten slotte verslagen door een man wiens verloofde door het dier was gedood. Razend van woede spoorde de man het beest op en doodde het door het de staart af te slaan (zijn kwetsbaarste plek, naar men zei).

ITALIË

DE DRAAK VAN FÖRLI. Saint Mercurialis, de eerste bisschop van Förli, zou een draak hebben gedood.

DE DRAAK VAN FORNOLE, *Terni, Umbrië*. In Fornole zaaide een woeste draak angst en verderf onder de mensen en hun vee. De heilig verklaarde paus Silvester wist het enorme dier tot een zachtaardig schepsel te temmen. Uit dankbaarheid bouwden de dorpelingen boven op de berg, bij het drakenhol, een aan de heilige gewijde kerk.

DE WYVERN VAN THYRUS, *Terni*. Deze gevaarlijke wyvern hield in de middeleeuwen de stad Terni in zijn greep, maar werd uiteindelijk verslagen door een dappere ridder die het moe was toe te kijken hoe de stad haar inwoners verloor.

DE SCULTONE, *Baunei, Sardinië*. Deze basilisk leefde op een natuurlijke hoogvlakte in de Supramonte di Baunei, vlak naast de *su golgu*, de diepste kloof in Europa. De scultone kon met een enkele blik iemand doden. Om van het monster te worden verlost riepen de mensen de hulp van de heilige apostel Petrus, die de draak versloeg door hem in een spiegel te laten kijken. De San Pietrokerk bij Baunei is aan deze drakendoder gewijd.

OOSTENRIJK

DE DRAAK VAN BRAND, Brand, West-Oostenrijk. In de bergen bij het afgelegen dorpje Brand huisde ooit een woeste draak die zich voedde met het vee en de boeren. Een geleerde op doortocht liet met een bliksemend vuur de berghelling instorten en versloeg zo de draak.

DE LINTWORM VAN KLAGENFURT, Karinthië. Een dertiende-eeuwse legende verhaalt van een lintworm bij Klagenfurt die het meer liet overstromen en zich voedde met jonge maagden. Met een beloning van de hertog in het vooruitzicht waagden enkele jongemannen het om het ondier te vangen met een stier aan een ketting als lokaas. Nadat de lintworm had toegehapt, haalden ze hem in als een vis en doodden hem.

OOST-EUROPA

DE DRAAK VAN BRNO, Tsjechische Republiek. Volgens de legende was er bij Brno een enorme draak voor wie kippen en lammetjes niet veilig waren. Er werd een beloning uitgeloofd voor het doden van deze stroper. Een rondtrekkende slager gebruikte een met ongebluste kalk gevulde ossenhuid als lokaas. De draak hapte toe en kreeg een onlesbare dorst. Hij dronk bij de rivier tot zijn maag uit elkaar barstte.

DE DRAAK VAN BILÄR, *Bilär, Bulgarije*. In Bilär, een stad in de middeleeuwse staat Wolga-Bulgarije, leefde een slang die zich tot Allah richtte en hem smeekte om vleugels toen mensen hem wilden doden. Allah verhoorde hem en de slang vloog heen en werd nooit weer gezien.

DE TATZELWORM, de Oostenrijkse, Beierse, Italiaanse en Zwitserse Alpen. Een gedrongen, hagedisachtig wezen met het bovenlijf van een kat en het onderlijf van een slang, waarover in Alpenlegenden wordt verhaald. Afhankelijk van de streek wordt hij ook wel 'Stollenworm', 'Springworm', 'Arassas' en 'Praatzelworm' genoemd. In 1934 zou een zekere Balkin, een Zwitserse fotograaf, bij een berghut een vreemd wezen hebben gezien. De foto die hij maakte, wekte zo veel interesse dat de *Berliner Illustrierte*  een zoektocht naar de Tatzelworm sponsorde. Toen er echter geen spoor van het dier werd gevonden, nam de belangstelling snel af.

POLEN

DE DRAAK VAN WAWEL, *Kraków*. Smok Wawelski, de draak van Wawel, huisde in grotten in de heuvel Wawel, langs de rivier de Wisla, en was de schrik van de stad Kraków. Om de draak rustig te houden voedden de stedelingen hem met jonge maagden. De koning beloofde dat degene die de  stad van de draak zou verlossen, met zijn dochter mocht trouwen. Leerling-schoenmaker Skuba slaagde hierin door het dier een met zwavel en teer gevulde schapenhuid te eten te geven, waarna het monster zo'n dorst had dat het rivierwater bleef drinken tot het uit elkaar barstte.

SCANDINAVIË

DE LINDORM, *Småland, Blekinge en Skåne*. In heel Zuid-Zweden, maar vooral in Småland, Blekinge en Skåne, wordt in legenden verhaald over de lindorm of lindeboomslang (een bijnaam die de draak dankt aan de gewoonte zijn eieren te bedekken met de bast van een lindeboom). In de negentiende eeuw verzamelde Gunnar Olof Hyltén-Cavallius deze verhalen en in 1884 loofde hij zelfs een beloning uit voor wie hem, dood of levend, een exemplaar kon bezorgen.

DE LINDORMS VAN KARLSKRONA, BLEKINGE. In de haven van Karlskrona zouden uit een schip twee lindorms zijn ontsnapt die, nadat ze de stadsbewoners de schrik op het lijf hadden gejaagd, in zee verdwenen, waar ze elk hun eigen weg gingen. Beide draken werden later, op verschillende plekken, langs de kust waargenomen terwijl ze op de rotsen in de zon baadden. Beide plekken dragen sindsdien de naam van deze lindorms.

HET SERPENT VAN LÄEN, *Småland*. Johan Sedig zag met eigen ogen op een klein eiland in het meer Läen een serpent 'van wel 3,5 meter lang met een afzichtelijk uiterlijk. De ogen waren zo groot als hazelnoten en glansden als die van een aspisadder. Zijn blik was scherp en afschrikwekkend. Ons avontuur wekte alom interesse en ik kan zonder overdrijven zeggen dat dit type slang of draak in deze streken een veelbesproken onderwerp is en dat sommige mensen beweren exemplaren te hebben gezien tot wel 5 of 6 meter lang, met lange, donkere manen.'

DE LINDORM VAN SIRK, *Åsnen, Småland*. In 1844 zou een lindorm op het eiland Sirk, gelegen in het meer Åsnen, een groepje timmerlieden op de vlucht hebben gejaagd. Toen ze de volgende dag terugkeerden, konden ze echter geen spoor van de draak vinden.

DE LINDORMS VAN SKÅNE. Op een pinksterzondag in de jaren vijftig van de negentiende eeuw, rustte Elna Olsdotter op weg naar de kerk even uit onder een lindeboom toen er een enorme lindorm uit de boom tevoorschijn kwam en haar heelhuids verorberde. Alleen haar sjaal en boek met hymnen werden teruggevonden. Elders in Skåne werd een klein meisje het slachtoffer toen ze samen met haar moeder bessen aan het plukken was in de buurt van de stronk van een oude lindeboom. Het meisje ontdekte een slang in de boomstronk en sloeg de waarschuwing van haar moeder, dat het vast een lindorm was, in de wind. Ze stak haar hand in de boom en werd prompt gegrepen en opgegeten.

SCHOTLAND

HET WITTE SERPENT, *Dalry, Dumfries en Galloway*. De heer van Galloway loofde een beloning uit aan diegene die het serpent wist te doden dat zich bij Dalry om Mote Hill had genesteld en dat zich voedde met lijken. Een smid die zich in een harnas van spijkers had gehuld en de draak ertoe verleidde hem op te eten, wist het dier op deze wijze te verslaan. De spijkers scheurden het gulzige monster uiteen en drie dagen lang kleurde het water van de rivier de Ken rood van het bloed van de draak.

DE WYRM VAN WYRMISTON, *Linton, Roxburghshire*. Norman Somerville versloeg deze wyrm door een lans met een klomp in teer gedoopte turf in zijn muil te gooien, een techniek die ook werd toegepast bij het doden van de worm van Cnoc-na-Cnoimh. De wormvormige tekeningen op Wormington Hill zijn de kronkelsporen van de draak tijdens zijn doodsstrijd. Somerville kreeg hiervoor de titel van baron van Linton en werd benoemd tot koninklijk valkenier. In de kerk van Linton staat een man in gevecht met een draak uitgebeeld, die mogelijk een valk vasthoudt.

DE WORM VAN CNOC-NA-CNOIMH, *Cnoc-na-Cnoimh, Dumfries en Galloway*. Om een einde te maken aan de draak en zijn alles vergiftigende adem wierp

de boer Hector Gunn een speer in de drakenmuil waarop hij een klomp in teer gedoopte turf had vastgeprikt. Cnoc-na-Cnoimh ('drakenheuvel') dankt zijn naam aan de golvende sporen die de worm al kronkelend van de pijn in de heuvel zou hebben getekend.

DE DRAAK VAN MARTIN, *Kirkton of Strathmartin, Angus*. De legende van de negen verleidelijke maagden verhaalt hoe een draak die bij een put bij Pitempton negen maagden verschalkte, ten noorden van het bos van Baldragon, door een zekere Martin werd gedood; de plek wordt nu gemarkeerd door Martin's Stone. De laatste woorden van de draak:

*'I was tempit at Pitempton,
Draiglet [dragged] at Baldragon,
Striken at Strikemartin,
And killed at Martinstane.'*

verwijzen naar deze plaatsnamen in de omgeving. De put van de negen maagden is gedempt.

SPANJE

DE CAUCHADOR REAL, *Almería*. Deze grote oranjekleurige draken leefden in het wild in de woestenijen van Zuidoost-Spanje, waar ze tot een gewicht van rond de 10-12 ton uitgroeiden. Ze werden ook, om hun vechtlust, in gevangenschap gehouden en wogen dan tot wel 25 ton.

HET SERPENT VAN CUÉLEBRE, Asturië en Cantabrië. Dit gigantische gevleugelde serpent huist in grotten, waar het zijn schatten bewaart en maagden gevangenhoudt. Hoewel het onsterfelijk is, wordt het wel steeds ouder en daardoor zou het mogelijk zijn om het dier op bepaalde dagen te slim af te zijn.

DE DRAAK VAN FLECHA-DEL-FUEGO, *Zuidwest-Spanje en Portugal*. Deze draak is slechts 7-8 meter lang en heeft grote, lichte, sterke vleugels; dat maakt hem, in tegenstelling tot de meeste andere draken, tot een uiterst wendbare vlieger. De mannetjes hebben lange gekrulde hoorns en een kraag.

DE DRAAK VAN HERENSUGE, *Baskenland*. Deze draak zou de laatste draak zijn die door Sint-Michaël werd gedood, waarbij de aartsengel, toen hij vanuit de hemel neerdaalde, door God persoonlijk werd vergezeld. De oude Baskische god Sugaar wordt vaak als een slang of draak voorgesteld.

DE DRAAK VAN PEÑA URUEL, *Jaca*. In een grot in de bergen bij Jaca, in de Peña Uruel, zou een draak hebben gehuisd die met zijn blik mensen kon hypnotiseren. De draak werd verslagen door een jongeman die was gewapend met een blinkend schild, waardoor de draak zichzelf hypnotiseerde.

WALES

DE VECHTENDE RODE EN WITTE DRAAK, *Dinas Emrys, Snowdonia*. Voor de legende zie blz. 46. Bij Dinas Emrys zijn nog de resten van een heuvelfort uit de ijzertijd te vinden.

DE COCKATRICE VAN WISTON, *Pembrokeshire*. Eeuwen geleden was er strijd om het bezit van het kasteel Gwys (nu Wiston). Binnen de strijdende familie werd besloten dat diegene die de in de buurt van het kasteel wonende cockatrice in de ogen kon kijken zonder door de dodelijke blik te worden getroffen, zich de heer van het kasteel mocht noemen. Een van de gegadigden rolde in een afgesloten ton langs het hol en loerde daarbij naar de draak door het spongat. Een list die hem tot winnaar maakte.

DE WYVERN VAN CYNWCH, *Dolgellau, Gwynedd*. In het meer van Cynwch leefde een wyvern die uiteindelijk werd gedood door een herdersjongen die daarbij door monniken werd geholpen..

DE DRAAK IN DE TOREN, *Llandeilo Graham, Powys*. In de toren van de kerk had zich een angstaanjagende draak genesteld. Een slimme boerenjongen wist de draak te verslaan door een namaakmonster waaruit scherpe messen en haken staken in de toren te plaatsen op een moment dat de draak weg was. Zoals verwacht viel de draak bij terugkeer zijn 'rivaal' aan en spietste zichzelf dood. Deze legende hangt mogelijk samen met de windvaan in de kerktoren, die de vorm heeft van een draak.

Chinese draken

DE NEGEN KLASSIEKE DRAKENSOORTEN:

(Chinese draken worden als mannelijk voorgesteld ('yang') en zijn over het algemeen goedgunstig en heilig).

Tian-long, de Hemelse Draak

Shen-long, de Spirituele Draak

Fucang-long, de Draak van Verborgen Schatten

Di-long, de Aardse Draak

Ying-long, de Gevleugelde Draak

Jiao-long, de Gehoornde Draak

Pan-long, de Ineengekronkelde Draak, leeft in water

Huang-long, de Gele Draak, die uit de rivier de Lo opreest om Fu Xi het schrift te leren.

Long wang, de Drakenkoning, een voor elke windrichting

DE DRAKENKINDEREN:
(behalve de hier genoemde negen zijn er nog andere draken die als decoratie worden uitgebeeld)

Ba Xia, (de zwarte schildpad Genbu in het Japans) is de eerste zoon. Deze schildpaddraak staat voor rotsen en aarde, hij is sterk en siert vaak de stenen voet van monumenten.

Chi Wen (de rode feniks Suzaku in het Japans) is de tweede zoon. Met zijn verziende blik siert deze draak vaak de hoeken van daken. Chi Wen wordt ook wel geassocieerd met water en heerst dan over de regen en beschermt het bouwwerk tegen vuur.

Pu Lao (de blauwgroene draak Seiryuu in het Japans) is de derde zoon. Hij verbeeldt de elementen water en wind en wordt vaak brullend uitgebeeld op muziekinstrumenten en klokken.

Bi An (de witte tijger Byakko in het Japans) is de vierde zoon. Deze machtige draak weet goed en kwaad van elkaar te onderscheiden. Hij siert vaak gerechtsgebouwen en gevangenissen en verbeeldt het element metaal.

Tao Tie, de vijfde zoon, houdt vooral van eten en wordt vaak uitgebeeld op etensbenodigdheden. Soms wordt ook Qiu Niu, de muziekliefhebber die op snaarinstrumenten staat uitgebeeld, of Fu Xi, de literatuurliefhebber die beschreven kleitabletten siert, als vijfde zoon genoemd.

Gong Fu, de zesde zoon, voelt zich vooral thuis in water. Zijn kop siert veel bruggen.

Ya Zi, de zevende zoon, houdt van vechten en wordt vaak uitgebeeld op zwaard- en mesheften en op bijlen.

Suan Mi, de achtste zoon, lijkt op een leeuw en omhult zich graag met vuur en rook. Hij is de wachter van de hoofdingang en wordt uitgebeeld op wierookbranders.

Jiao Tu, de jongste zoon, ziet eruit als een oester en is net zo gesloten. Hij houdt er niet van gestoord te worden en wordt wel uitgebeeld op voordeuren en deurkloppers.

Verder zijn er nog twee minder belangrijke, maar kwaadaardige drakensoorten. Deze hoornloze soorten zijn de vrouwelijke Jiao en de Li, een gele variant van de Jiao.

Decoratie op een kerkbank in Crowcombe, Engeland.

De 10 Hemelse Stammen

De 10 Hemelse Stammen leiden de energie die vanuit de hemel op ons neerdaalt. Naar welke van de 24 mogelijke richtingen zij zich openen, is afhankelijk van de plaatsing van poorten, deuren, ramen, van een doorkijk of waterloop, van ingangen en uitgangen, van wegen en paden.

Stammen 3, 4, 7 en 8 zijn 'geluk brengend' en worden geassocieerd met de trigrammen (*Ba Gua*) Xun en Gen, die beide yin en yang in zich verenigen en dus vruchtbaar zijn. Stammen 1, 2, 9 en 10 zijn 'ongeluk brengend' en worden geassocieerd met de trigrammen Qian en Kun, die respectievelijk puur yang en puur yin zijn.

Stammen 5 en 6 zijn het 'schild van de schildpad' en houden de verspreiding van *sha*-energie tegen.

1. ***Jia*** 甲 is een schelp of knop die het kostbare koestert.
2. ***Yi*** 乙 is een jonge loot aan de moederplant, de verbeelding van creativiteit.
3. ***Bing*** 丙 verbeeldt het huiselijk haardvuur.
4. ***Ding*** 丁 is de viriele, gewortelde hemelse kracht.
5. ***Wu*** 戊 is een zeis, het werktuig dat snijdt en oogst.
6. ***Ji*** 己 is de schering en inslag bij het weven.
7. ***Geng*** 庚 is het wannen, het kaf van het koren scheiden.
8. ***Xin*** 辛 is nauwkeurig en fel als de beet van een tijger, is de luis in de pels van de machthebber, is straf en angst.
9. ***Ren*** 壬 is een bediende die twee emmers water aan een juk draagt, de lastdrager, de levenschenker.
10. ***Gui*** 癸 is een gespannen boog, de verborgen stroming van water, de in de zaad- en eicel vervatte vruchtbaarheid.

De 12 Aardse Takken

De 12 Aardse Takken markeren de twaalf aardse kompasrichtingen en de qi van de Aardse Draak. Ze verdelen bovendien de dag in twee keer twaalf uren, het jaar in twaalf maanden en de omloop van Jupiter in twaalf jaren. De winterzonnewende, het ijkpunt voor het begin van het nieuwe jaar, valt halverwege de eerste Tak, die pal naar het noorden wijst. Ook de andere Takken leggen het verband tussen kompasrichting en tijd en kunnen worden geraadpleegd om de beste richting of het beste tijdstip te bepalen voor het bouwen van een graf of huis.

De *Xia Li* ('Duizend Jaar')-kalender beschrijft de tijd in cycli van jaren, maanden, dagen en uren, die worden uitgedrukt in 60 Stam-Takcombinaties. Er zijn *luopans* met drakenringen van 60, 72, 120 of 240 combinaties.

1. Zi 子 is een ingezwachtelde baby, winterzonnewende, poort van leven en dood, verborgen yin- en yangkracht.
2. Chou 丑 is een jonge plant, die nog wat steun behoeft.
3. Yin 寅 is het groetende samenbrengen van de handen.
4. Mao 卯 is het openen van deuren, de zonsopkomst, de lente-equinox, de kracht van Hout en de Groene Draak.
5. Chen 辰 is een vrouw met haar handen op haar zwangere buik, in zichzelf gekeerd, de beweging in het ei.
6. Si 巳 is een volgroeide foetus, rijpend fruit.
7. Wu 午 is tegenstand, de sterke verticale kracht vanuit de hemel, de zomerzonnewende, het vuur op zijn heetst.
8. Wei 未 is de wortel en de stam van een met fruit beladen boom, de Hemelse kracht op Aarde.
9. Shen 申 staat voor twee handen die de uiteinden van een touw vasthouden, een met de geest verbonden kracht.
10. You 酉 is een gistende vloeistof, distillatie, oogst, de herfstequinox, de Hemel die naar de Aarde reikt.
11. Xu 戌 is een zeis, een dodelijk wapen, het wegsnoeien van het onnodige, de grond zaaiklaar maken.
12. Hai 亥 is een man en een vrouw die de liefde bedrijven, yin en yang die samenkomen om vrucht te dragen.

Plattegrond Purperen Stad (Beijing)

De feng shui van Beijing, en daarbinnen van de Purperen Stad (nu de residentie van de president), is bepalend voor de voorspoed van het land. De gunstigste plaats voor een hoofdstad is het hoofd van de draak; de Purperen of Verboden Stad, waaruit Beijing is gegroeid, is dan ook gebouwd op de plek waar het noordelijk gelegen Drakengebergte de kop laat rusten, op de plek waar de qi die neerstroomt vanaf de bergen in het noorden en de heuvels in het westen zich verzamelt.

De keuze voor deze plek werd mede bepaald door de gelijkenis ervan met de Keizerlijke Troon of Zi Wei, de ster die de hemelse Noordpool markeert, met de omringende bergen als de aardse reflectie van de andere sterren die samen met Zi Wei een constellatie vormen. Terwijl de Hemelse Keizer op Zi Wei troont, symboliseert het sterrenbeeld in zijn geheel het Hemelse Keizerlijke Hof, dat plaats biedt aan de keizerin, de concubines, de prinsen, de adel en de ambtenaren. Binnen de klassieke Chinese kosmologie werden alle aardse vormen, van landen en steden tot individuen, voorgesteld als reflecties van hemelse patronen.

De Hal van de Opperste Harmonie, waar de Keizerlijke Troon staat, is het belangrijkste bouwwerk van de Purperen Stad en is georiënteerd op de vier windrichtingen die worden gemarkeerd door vier altaren die zijn gewijd aan de Zon, de Maan, de Aarde en de Hemel. Deze altaren zijn gepositioneerd volgens de rangschikking van de *Ba Gua* van de Vroege Hemel, met het Hemelaltaar in het zuiden, het Aardealtaar in het noorden, het Zonnealtaar in het oosten en het Maanaltaar in het westen. Vier andere altaren, die zijn gewijd aan de goden van het land en graan, van de landbouw, van de heuvels en rivieren, en van de zijderups, zijn telkens halverwege de vier hoofdwindrichtingen geplaatst. De acht altaren zijn zo op de acht windrichtingen georiënteerd als waarborg voor vrede en harmonie, mits er passende offers worden gebracht.

Om zoveel mogelijk te kunnen profiteren van de gunstige Hemelse yang-qi die vanuit de bergen en heuvels in het noorden en westen naar beneden stroomt, werden aan die kant van de stad, vanaf de heilige bron waar het water voor de keizer werd geput, pagodes en torens gebouwd om de qi naar binnen te leiden. De Hal van de Opperste Harmonie wordt in hoogte alleen overtroffen door het Wanchupaviljoen op de Kolenheuvel in het ten noorden van de Purperen Stad gelegen Jingshanpark en door de boeddhistische tempel die gewijd is aan de god Yamataka, de spirituele beschermer van de stad en keizer.

In het ontwerp van de stad, zoals deze is verrezen tijdens de Ming- en Qingdynastie, zien we de rangschikking verbeeld van de *Ba Gua* binnen de Vroege en de Latere Hemel en de cyclische relatie met de Vijf Elementen. De stad is in feite toegepaste Chinese metafysica.

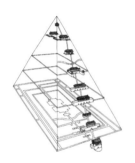  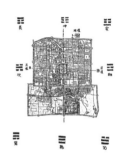

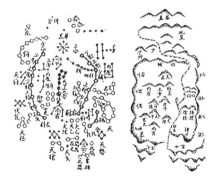

Het **ZUIDEN** staat voor het element Vuur, voor technologie, beschaving en vooruitgang. De poort waarachter het paleis ligt van waaruit de keizer het land bestuurde en voor welvaart zorgde, is de zuidelijke poort.

Het **NOORDEN** staat voor Water, geld en rijkdom. Ten noorden van de Purperen Stad zijn een Trommeltoren en Klokkentoren gebouwd. De klok werd 's ochtends geluid als signaal dat de poorten werden geopend, terwijl 's avonds op de trommel werd geslagen als signaal dat de poorten werden gesloten. Bij de klok hoort het element Metaal, bij de trommel het element Aarde.

Het **OOSTEN** staat voor het element Hout, voor groei en voorspoed. In het oorspronkelijke ontwerp was er net buiten de oostelijke toegangspoort een bos aangeplant.

Het **WESTEN** staat voor het element Metaal, voor oorlog, ruzie en andere slechte voortekens. Ten westen van de Purperen Stad zijn drie meren aangelegd om de schadelijke invloeden van het element Metaal tegen te gaan. Ten westen van de stad lag al een natuurlijke heuvel, waar nu de Babaoshanbegraafplaats is. Aarde kristalliseert uit tot Metaal; Metaal lost op in Water. Door het element te beheersen kan het ten goede worden aangewend.

Het **NOORDOOSTEN** staat voor het trigram *Gen* en symboliseert jongemannen; in deze hoek van de stad Beijing zijn de tempel van Confucius en de universiteit gevestigd.

Het **ZUIDOOSTEN** staat voor het trigram *Xun* en symboliseert intellect en literatuur, een invloed die nog wordt versterkt door de pagode Wen Chang.

Het **ZUIDWESTEN** staat voor het trigram *Kun*, voor de mensen, voor het vlakke land. Wanneer de keizer de stad verliet, vertrok hij door de zuidwestelijke poort.

Het **NOORDWESTEN** staat voor het trigram *Qian*, voor goden, voor Boeddha en voor de voorouders. Aan deze zijde staan de hoogste pagodes en tempels, terwijl het hier gelegen meer (Water) de schadelijke invloeden inperkt die geassocieerd worden met het element Metaal.

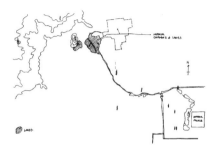
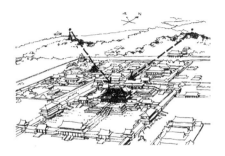

De 60 Jia Zi

DE 10 HEMELSE STAMMEN

Nr.	Symb.	Naam	Yn/g	Aard	Elem.	Seiz.
1	甲	Jia	○	Kneedbaar	Hout	Lente
2	乙	Yi	●	Flexibel	Hout	Lente
3	丙	Bing	○	Edelmoedig	Vuur	Zomer
4	丁	Ding	●	Leidend	Vuur	Zomer
5	戊	Wu	○	Loyaal	Aarde	Midden
6	己	Ji	●	Voedend	Aarde	Midden
7	庚	Geng	○	Verdragend	Metaal	Herfst
8	辛	Xin	●	Aandachtig	Metaal	Herfst
9	壬	Ren	○	Bewegend	Water	Winter
10	癸	Gui	●	Stilstaand	Water	Winter

DE 12 AARDSE TAKKEN

Nr.	Symb.	Mnd.	Yn/g	Dier	Aard	Elem.
I	子	Zi	○	Rat	Slim	Water
II	丑	Chou	●	Os	Standvastig	Aarde
III	寅	Yin	○	Tijger	Gezaghebbend	Hout
IV	卯	Mao	●	Konijn/Haas	Eenvoudig	Hout
V	辰	Chen	○	Draak	Charismatisch	Aarde
VI	巳	Si	●	Slang	Verleidelijk	Vuur
VII	午	Wu	○	Paard	Vrij	Vuur
VIII	未	Wei	●	Schaap/Geit	Creatief	Aarde
IX	申	Shen	○	Aap	Vrolijk	Metaal
X	酉	You	●	Haan	Praktisch	Metaal
XI	戌	Xu	○	Hond	Trouw	Aarde
XII	亥	Hai	●	Varken/Zwijn	Perfectionistisch	Water

DE 60 JIA ZI – STAMMEN EN TAKKEN

Stam Tak	1 Jia	2 Yi	3 Bing	4 Ding	5 Wu	6 Ji	7 Geng	8 Xin	9 Ren	10 Gui
I Zi	1924 / 1984			1936 / 1996			1948 / 2008			1960 / 2020			1972 / 2032
II Chou		1925 / 1985			1937 / 1997			1949 / 2009			1961 / 2021			1973 / 2033
III Yin	1974 / 2034			1926 / 1986			1938 / 1998			1950 / 2010			1962 / 2022		
IV Mao		1975 / 2035			1927 / 1987			1939 / 1999			1951 / 2011			1963 / 2023
V Chen	1964 / 2024			1976 / 2036			1928 / 1988			1940 / 2000			1952 / 2012		
VI Si		1965 / 2025			1977 / 2037			1929 / 1989			1941 / 2001			1953 / 2013
VII Wu	1954 / 2014			1966 / 2026			1978 / 2038			1930 / 1990			1942 / 2002		
VIII Wei		1955 / 2015			1967 / 2027			1979 / 2039			1931 / 1991			1943 / 2003
IX Shen	1944 / 2004			1956 / 2016			1968 / 2028			1980 / 2040			1932 / 1992		
X You		1945 / 2005			1957 / 2017			1969 / 2029			1981 / 2041			1933 / 1993
XI Xu	1934 / 1994			1946 / 2006			1958 / 2018			1970 / 2030			1982 / 2042		
XII Hai		1935 / 1995			1947 / 2007			1959 / 2019			1971 / 2031			1983 / 2043

Links: de 60 Jia Zi worden gevormd door gelijkaardige combinaties van de 10 Hemelse Takken met de 12 Aardse Takken, dat wil zeggen dat alleen yin- met yintekens worden gecombineerd en alleen yang- met yangtekens, vandaar de diagonale indeling van de jaren. Aan de hand van uw geboortejaar in de tabel kunt u de bijbehorende Aardse Tak en Hemelse Stam vinden.

Onder: de 12 Aardse Takken verbonden binnen vier driehoeken van San He of Drievoudige Harmonie (linksonder): sheng (geboorte), wang (groei) en mu (dood). De beste plaats voor een voordeur, haard, slaapkamer of altaar wordt aangegeven door een Tak die harmonieert met uw geboortejaar-Tak; de plaats die u moet vermijden, wordt aangegeven door de Tak recht tegenover uw geboortejaar-Tak, een Zhong Sha-combinatie (zie rechtsonder).

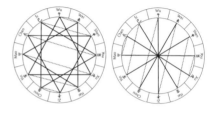

24 Bergen

De 3 Bergringen van 24 symbolen werden tijdens de Tang- en zuidelijke Songdynastie aan het *luopan* toegevoegd en worden afgelezen aan de hand van de magnetische noord-zuid-as. De *Di Pan* is de Bergring die betrekking heeft op de Aarde en waarop afwisselend een van de 12 Aardse Takken, een van de 8 Hemelse Stammen (het element Aarde is weggelaten) of een van 4 *Ba Gua* (alleen de hoekrichtingen) van de Latere Hemel staat afgebeeld (zie blz. 382, zesde ring).

De 4 *Ba Gua* op deze ring symboliseren doorgangen voor geesten. Plekken die hierop georiënteerd zijn, zijn ongunstig voor waterlopen en voor het plaatsen van poorten of deuren. Voor de betekenis van de 12 Aardse Takken en de 8 Hemelse Stammen: zie blz. 380; voor de betekenis van de 4 *Ba Gua* van de Aarde-Bergring: zie hieronder:

Gen ☶, Berg, NO, is yinkracht, de baarmoeder, de dageraad, het Chinese Nieuwjaar Li Chun, het Keltische festival Imbolc, dat gewijd is aan de lichtgodin Brigit.

Xun ☴, Wind, de ZO-berg, de onzichtbare Hemelse kracht die alles doet bewegen, het Keltische festival Beltane en de viering rond de meiboom.

Kun ☷, Aarde, de ZW-berg, de moeder in al haar overvloedige en gulle vruchtdragende kracht, het Keltische festival Lughnasadh, dat is gewijd aan de god van het graan.

Qian ☰, Hemel, de NW-berg, is de yangkracht die zich ter bescherming met yin omhult, het Keltische festival Samhain, dat is gewijd aan de cyclische transformatieve krachten.

Het *San He-luopan* telt drie los van elkaar staande Bergringen. De binnenste is de Aardering, met *Wu* georiënteerd op het zuiden. Op deze ring is af te lezen van welke invloed een richting is op spiritueel, geestelijk en emotioneel gebied (de 8 Hemelse Stammen), op materieel en sociaal gebied (de 12 Aardse takken) of op meditatief gebied (de 4 *Ba Gua*). Deze ring wordt gebruikt om de plaats en oriëntatie te bepalen van een graf of huis, wat de achterzijde en wat de voorzijde dient te zijn, waarbij het best is als beide ofwel yin ofwel yang zijn. Deze ring kan ook worden gebruikt voor het bepalen van de plaats en oriëntatie van binnenruimtes of van elementen binnen ruimtes.

De middelste Bergring is de Mensring, de *Ren Pan*, die, tegen de klok in, 7,5° moet worden gedraaid ten opzichte van de op de kompaslijn georiënteerde Aardering. Deze ring wordt gebruikt voor het beoordelen van de plaats en oriëntatie van de lagere heuvels en andere licht verheven elementen in het landschap. De buitenste Bergring is de Hemelring, de *Tian Pan*. Ook deze ring moet 7,5° worden gedraaid ten opzichte van de Aardering, maar dan met de klok mee. De Hemelring wordt gebruikt voor het beoordelen van de plaats en oriëntatie van waterstromen (ook putten), wegen en paden. Water moet niet naar een krachtplaats toe stromen, maar ervan weg.

Boven: bronzen astrologische spiegel uit de Tangdynastie (618-907 n.Chr.) met de 4 geesten, de 8 trigrammen, de 12 diersymbolen van de Takken, de 24 Bergringsymbolen en de 28 Maanhuizen.

Luopan met Bergringen

Ringen, vanuit het midden:
1. Hemels Bad met naald
2. Ba Gua van de Vroege Hemel
3. de 9 paleizen van Lo Shu
4. de 8 kwade geesten
5. Yin yang

6. Aarde-Bergring
7. Mens-Bergring
8. Hemel-Bergring
9. de 64 Yi Jing
10. Gradenboog

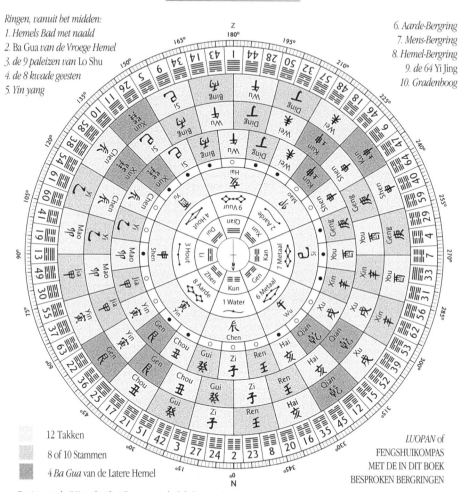

12 Takken
8 of 10 Stammen
4 *Ba Gua* van de Latere Hemel

LUOPAN of FENGSHUIKOMPAS MET DE IN DIT BOEK BESPROKEN BERGRINGEN

De ring met de '8 Kwaadaardige Geesten van de Gele Bronnen' wordt gebruikt om te bepalen wat een ongunstige richting is voor naar het huis leidend water, paden en poorten, en wordt gelezen in relatie tot de Aarde-Bergring. Bijvoorbeeld: wanneer, zoals hierboven, het 9e *Lo Shu*-paleis, en daarmee ook *Hai* in de 4e ring, op het zuiden is gericht (Z is boven), is de *Hai*-richting op de Aarde-Bergring ongunstig in relatie tot water, wegen, enz.

Jiu Xing, 9 sterren

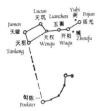

DE NEGEN STERREN van de *Bei Dou* (Grote Beer) zijn gerelateerd aan de Negen Paleizen van het *Lo Shu*-vierkant. De Chinese kalender is gebaseerd op een cylus van 180 jaar, die wordt onderverdeeld in drie *yuan* of cycli van 60 jaar. Elke *yuan* is op zijn beurt weer onderverdeeld in 3 *yun* of cycli van 20 jaar. Bij elke *yun* hoort een getal tussen de 1 en 9 en *Gua* (zie tabel onder). Bij elk afzonderlijk jaar hoort een met een getal aangeduide ster, waarbij naar beneden afgeteld moet worden: 2013 is 5; 2014 is 4; 2015 is 3; 2016 is 2; 2017 is 1, enz. U kunt zelf een *Lo Shu*-vierkant maken met in het midden het nummer van de ster die regeert over het huidige jaar of u kunt het betreffende vierkant hiernaast kiezen.

Wanneer we het vierkant met de 8 als centraal getal nemen en dit volgens de *San Yuan*-traditie lezen, geldt dat de gunstige *Zhen Shen* ('Oorspronkelijke Geest') in het NO huist (de positie 8 in het middelste *Lo Shu*-vierkant, waarbij, net als bij het *luopan*, het zuiden bovenaan ligt) en dat dat de beste bergpositie is, terwijl de zwakkere *Ling Shen* ('Fragmentarische Geest') in het tegenoverliggende ZW huist, waarmee dat de beste waterpositie is. De *Zhao Shen* ('Verlichte Geest') huist in het oosten en is gerelateerd aan door Water opgewekte Rijkdom.

De Ster van de Berg staat voor het behoud van de yin-qi van een huis, zodat deze ten goede kan komen aan de harmonie en gezondheid van het gezin; de Ster van het Water staat voor de vrije doorgang van de yang-qi, die zorgt voor voorspoed.

STER	1	2	3	4	5	6	7	8	9
Kleur	Wit	Zwart	Jade	Groen	Geel	Wit	Rood	Wit	Purper
Ster	Tan Lang	Ju Men	Lu Cun	Wen Qu	Lian Zhen	Wu Qu	Po Jun	Zhou Fu	Yu Bi
Vertaling	Gulzige Wolf	Poortwachter	Behoeder van rang	Literaire activiteiten	Zuivere waarheid	Militaire activiteiten	Verwoester van legers	Linkersteun	Rechtersteun
Yin/yang	○	○	●	○	●	○	●	●	●
Element	Hout	Aarde	Aarde	Water	Vuur	Metaal	Metaal	Hout	Hout
Gua	Zhen	Gen	Kun	Kan	Li	Qian	Dui	Xun	Xun
(On)Gunstig	G	O	Wisselend	G	Kracht	G	Wisselend	G	Kracht
Yun	1864	1884	1904	1924	1944	1964	1984	2004	2024
Voorteken	Sheng Qi	Tian Yi	Huo Hai	Liu Sha	Wu Gui	Yen Nian	Jue Ming	Fu Wei	Fu Wei
Vertaling	Vruchtbare qi	Hemels lot	Ongeluk	Zes vloeken	Vijf geesten	Lang Leven	Verbroken lot	Troon	Troon
Landvorm									

De 8 voortekenen

De 8 voortekenen kunnen worden gelezen in relatie tot de plaats waar het huis tegenaan leunt en hebben dan betrekking op gezondheid, en in relatie tot de positie waar het huis op uitziet en hebben dan betrekking op rijkdom. Met behulp van het overzicht rechts kunt u zien wat, afhankelijk van het getal dat u heeft berekend, het achterliggende en het voorliggende getal binnen het *Lo Shu*-vierkant zijn, welke trigrammen zij verbeelden, en wat de posities van de andere getallen zijn.

Een *Ming Gua*-cijferdiagram is een *Lo Shu*-vierkant van uw geboortetrigram. Hiervoor maakt u de volgende berekening: i) tel bij uw geboortejaar het getal 1 op wanneer u na de winterzonnewende bent geboren; ii) mannen delen de laatste twee cijfers van hun geboortejaar door 9 en noteren het restgetal (als dit 0 is, wordt het 9) en trekken dit af van 10 (wie na 2000 is geboren van 9); de uitkomst is de *Ming Gua*; iii) vrouwen tellen bij de laatste twee cijfers van hun geboortejaar het getal 5 op (wie na 2000 is geboren 6) en delen de uitkomst door 9; de uitkomst is de *Ming Gua*; iv) wanneer de *Ming Gua* 5 zou zijn, wordt dit bij mannen 2 en bij vrouwen 8. Het trigram dat volgens het *Lo Shu*-vierkant bij dit getal hoort, is het geboortetrigram; daarnaast vindt u het vierkant dat op u betrekking heeft.

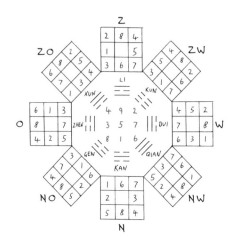

1. SHENG QI is het beste voorteken, het schenkt energie, brengt voorspoed in zaken en privéleven, staat voor het op de juiste tijd op de juiste plaats zijn. Een goede plek en oriëntatie voor een voordeur, slaap-, woonkamer en studeerkamer of atelier.

2. TIAN YI schenkt genezing van lichaam en geest, brengt financieel herstel en beperkt schadelijke invloeden. Een goede plek voor een behandel- of ziekenkamer en de beste oriëntatie voor de Vuurmond (de haard) of de keukendeur.

3. HUO HAI is de zwakste van de slechte voortekens, duidt op kleine ongelukjes, geldverlies, rechtszaken, besmettelijke ziekten, zorgen en irritatie. Deze plek kan het best worden gebruikt voor de keuken, badkamer of voorraadkamer.

4. LIU SHA is de voorbode van ongelukken, ziekte, problemen met geld en de wet, verlies aan qi, de dood van familieleden of werknemers. Deze plek kan het best worden gebruikt voor de keuken, voorraadkamer of het toilet.

5. WU GUI wordt geassocieerd met spoken, inbraken, branden, ruzie, verraad, verlies en gevaar voor het jongste kind. Kan het best dienen als keuken of toilet, maar is een gunstige plek voor een altaar voor gidsende geesten.

6. YEN NIAN staat voor een lang leven en harmonie binnen het gezin. Deze plek is bevorderlijk voor relaties en het bijleggen van ruzies, en schenkt vruchtbaarheid. Een goede plek voor woon-, eet- en slaapkamer.

7. JUE MING is het slechtste voorteken en kan duiden op werkeloosheid, faillissement, scheiding, een zwakke gezondheid en dood. Deze plek dient te worden gebruikt voor het toilet of de voorraadkamer.

8. FU WEI symboliseert de troon en staat voor de kern van wie u bent, uw eigen pad, een heldere zienswijze, een harmonieus leven en bescherming tegen ongeluk. Een goede plek voor de voordeur, slaap- en studeerkamer en het bureau.

Dierensymboliek

SCHILDPAD: staat voor spirituele wijsheid, een lang leven en kracht. Gunstigste ligging ten noorden van het huis.

DRAAK: symboliseert goedgezinde macht, geluk, de essentie van kracht, rechtgeaardheid en zegeningen. Komt het best tot zijn recht in het oosten.

FENIKS: zon en zuiverheid, deugd, vrede en voorspoed. Komt het best tot zijn recht in het zuiden. Een feniks en een draak samen symboliseren, als keizerin en keizer, geluk binnen het huwelijk.

TIJGER: waardigheid, woeste kracht, moed. Beschermt het huis tegen het kwaad. Beste plaats is in het westen, van het huis af, zodat hij zich niet tegen de bewoners keert.

VIS: staat voor overvloed, vruchtbaarheid, rijkdom en succes. Beste plaats is in het noorden, bij de voordeur of in de woonkamer.

OLIFANT: staat voor kracht, slimheid, voorspoed en macht. Beste plaats is in het oosten.

LEEUW: majesteit en moed. Beste plaats is in het zuiden, buiten de poort, met rechts een leeuwin (die het gezin beschermt) en links een leeuw (die de geest beschermt).

EENHOORN: staat voor geluk, blijheid, wijsheid, goedheid en een lang leven. Komt in het westen in zijn meest verheven vorm tot uitdrukking.

SLANG: symboliseert wijsheid, de diepe geheimen van het leven. Gunstige werking in het noorden en midden.

OOIEVAAR: staat voor een lang leven, vruchtbaarheid en harmonie binnen het gezin. Beste plaats is in het zuiden, zuidoosten en zuidwesten.

PAARD: staat voor snelheid, kracht, hoge status en een goede naam. Beste plaats is in het zuiden.

KIKKER/PAD: het schijnsel van de maan, het vallen van de regen, geld. Beste plaats is in het zuidwesten, westen en noordwesten of, onopvallend, op de voordeur georiënteerd.

Nederlandse uitspraak van het pinyin

Medeklinkers (beginklanken)

b als 'b' in *baard*.
c als 'ts' in *plaats*.
d als 'd' in *vrijdag*.
g als 'k' in *kaas*.
h als 'ch' in *lachen*.
j als 'j' in *jeans*.
k als 'k' in *kaas*, maar dan geaspireerd.
p als 'p' in *paard*, maar dan geaspireerd.
q als 'tsj' in *hatsjie*.
r als 'r' in *lieverd*, dus geen rollende 'r'.
sh als 'sj' in *meisje*.
t als 't' in *toen*, maar dan geaspireerd.
x als 'ch' in *China*.
y als 'j' in *jaar*.
z als 't z' in het zinnetje *'t zal wel*.
zh als 'dj' zoals in *Djibouti*.

Klinkers

a als 'a' maar als 'e' zoals in *pet* na i, ü en u (uu) en gevolgd door y of n.
e als 'e' zoals in *pet* na i, ü, u (uu) of y, anders als 'e' in *de*.
i als 'ie' zoals in *zie* aan het eind van een woord, als 'e' zoals in *de* na s, z, c, ch, zh, sh of r, anders als 'i' zoals in *in*.
o als 'o' zoals in *kop*, als 'oe' voor ng.
u als 'oe' zoals in *koe*, als 'uu' na j, q, x of y.
ü als 'uu'.

Klinkercombinaties

an als 'en' zoals in *men*.
ao als 'au' zoals in *cacao*.
ei als 'ee' zoals in *nee*.
en als 'en' zoals in *lopen*.
eng als 'ung'.
ia als 'ja' zoals in *jammer*.
ie als 'je' zoals in *jennen*.
iu als 'ieuw' zoals in *nieuw*.
iao als 'iauw' zoals in *miauw*.
iong als 'jong'.
ou als 'o' zoals in *Ermelo*.
ua als 'wah'.
ui als 'wee' zoals in *week*.
un als 'oen'.
uo als 'wo' zoals in *worst*.
uai als 'waai'.
ue als 'oe-ee'.

NB: dit is slechts een selectie van klanken, om u een idee te geven van hoe het Chinees volgens het westerse transcriptiesysteem klinkt.

Yijing of I Tjing

1. *Qian.* Het scheppende. Handeling en volharding in het goede leiden tot succes.

2. *Kun.* Het ontvangende. Subtiel handelen en het volgen van raad leiden tot geluk.

3. *Tun.* Het ontspruiten. Kwetsbaar in het begin, tijdens de groei aan kracht winnend.

4. *Meng.* Jeugdige overmoed. Succesvol wanneer het enthousiasme door discipline wordt getemperd.

5. *Xu.* Afwachtend. Beleefdheid en behoedzaamheid maken een goede afloop mogelijk.

6. *Song.* Twist. Zelfverzekerdheid belemmert geluk; bereidheid tot compromissen schenkt geluk.

7. *Shi.* De massa. Verantwoordelijk leiderschap leidt tot geluk.

8. *Bi.* Eenheid. Een goede samenwerkingsbasis overtuigt ook anderen tot meedoen.

9. *Xiao Chu.* Klein offer. Behoedzaamheid en aandacht voor details leiden tot voltooiing.

10. *Lu.* Lopend. Goed gedrag leidt tot succes en niet tot schade, zelfs als op de tijgerstaart wordt getrapt.

11. *Tai.* Groot. Vredige voorspoed, harmonie tussen hemel en aarde, een einde aan alle vijandschap.

12. *Pi.* Sluiten. Stilstand, het slechte wint aan invloed; overwin de innerlijke belemmeringen.

13. *Tong Ren.* Gemeenschap van mensen. Het loont om zich als groep ergens voor in te zetten.

14. *Da You.* Grootse bezittingen. Deel de immense rijkdom en heb aandacht voor het spirituele.

15. *Qian.* Bescheidenheid. Harmonie kan worden bereikt door respect en offervaardigheid.

16. *Yu.* Genoegen. Goed uitgedachte plannen laten zich, met hulp, gemakkelijk realiseren.

17. *Sui.* Het navolgen. Ervaring verdient navolging. Alleen wie weet te dienen, weet te heersen.

18. *Gu.* Gif. Een goede voorbereiding en evaluaties leiden tot verbetering van gebreken.

19. *Lin.* Nadering. De voorwaartse beweging leidt alleen binnen acht maanden tot succes.

20. *Guan.* Beschouwing. Oprechtheid, waardigheid en spirituele reiniging dragen vrucht.

21. *Shi He.* Straf. Een probleem onder ogen zien en aanpakken is moeilijk maar lonend.

22. *Bi.* Bekoring. De verfijning van zich een beperkt doel stellen en kleine successen behalen.

23. *Bo.* Afpellen. Kwetsbaar, voor het blootleggen van de ware kern is de rust van een thuis nodig.

24. *Fu.* Terugkeer. Beweging is bevorderlijk, keer zonder drang naar de tao terug.

25. *Wu Wang.* Onschuld. Beweging zonder kennis brengt ongeluk, beweging met kennis geluk.

26. *Da Chu.* Ingetogenheid. Geef gul aan wie weinig heeft en vier feest in goed gezelschap.

27. *Yi.* Voeding. Let op de kwaliteit en kwantiteit van de voeding voor uzelf en anderen.

28. *Da Guo.* Het buitengewone. De behoefte aan een maatstaf die het gewone overstijgt.

29. *Kan.* Afgrond. In gevaarlijke wateren schuilt eer, handel vanuit het hart.

30. *Li.* Helderheid. Een scherpe geest en correct gedrag lonen; koester man en vrouw gelijkelijk.

31. *Xian.* Invloed. Samenkomst leidt tot vreugde en succes. Luister naar geest, hart en lichaam.

32. *Heng.* Standvastigheid. Geduld en doorzettingsvermogen schenken stabiliteit.

33. *Dun.* Verscholen. Verberg bezit voor duistere krachten, wees bescheiden over uw deugd.

34. *Da Zhuang.* Grote kracht. Kracht moet met wijsheid en op de juiste tijd worden gebruikt.

35. *Jin.* Vooruitgang. Bloei, maar getemperd met deugd en behoedzaamheid, want niets is blijvend.

36. *Ming Yi.* Verduisterd licht. Verberg het licht om het bij tegenspoed te laten schijnen.

37. *Jia Ren.* Het gezin. De verantwoordelijkheid voor het gezin bevordert de deugdzaamheid.

38. *Kui.* Vreemd. Ongewone omstandigheden, binnen het kleine zal onmin niet gedijen.

39. *Jian.* Moeilijkheid. Neem de tijd om raad in te winnen, laat de dingen hun loop nemen.

40. *Jie.* Loslaten. Wanneer het gevaar afzwakt, is het tijd voor rust en nieuwe plannen.

41. *Sun.* Afname. Ook met weinig middelen zijn oprechtheid en offervaardigheid van belang.

42. *Yi.* Toename. Elke handeling bevordert materiële voorspoed en geestelijke groei.

43. *Quai.* Besluitvaardigheid. Stel doelen, bepaal uw strategie en neem positie in.

44. *Gou.* Paring. Een seksueel samenkomen, een vrouw die te krachtig is voor een huwelijk.

45. *Cui.* Het verzamelen. Zoek het contact met anderen, met uzelf en uw spirituele kracht.

46. *Sheng.* Reik omhoog. Zoek het contact met de Hemel, breng offers, wees ordelijk.

47. *Kun.* Zorg. Een vermoeide geest en beschaamd vertrouwen behoeven wijze raad.

48. *Jing.* De bron. De natuur is standvastig. Menselijke relaties vereisen wederzijdse zorg.

49. *Ge.* Verandering. De oude huid verruilen voor een nieuwe, persoonlijke transformatie.

50. *Ding.* De ketel. Menselijke relaties als kunstwerken, een alchemistisch proces.

51. *Zhen.* Prikkelend. De donder wekt vrees en is bevrijdend, rituelen geven rust.

52. *Gen.* Rust. Meditatie en transcendent bewustzijn. Rust schenkt kracht.

53. *Jian.* Ontwikkeling. Laat het vormen van een hechte band geleidelijk verlopen.

54. *Gui Mei.* Het huwende meisje. De opgelegde last van dienstbaarheid, handelen leidt tot ongeluk.

55. *Feng.* Overvloed. Paranormaal spiritueel inzicht zal in de toekomst lonend blijken.

56. *Lu.* Reiziger. Eer de geesten voor een veilige reis en voorspoed. Wees niet arrogant.

57. *Xun.* Zachtmoedig. Wijze raad, een klein offer en discipline zullen op hun tijd lonend zijn.

58. *Dui.* Vreugdevol. Geniet en maak gebruik van het moment, geef en ontvang met blijdschap.

59. *Huan.* Verspreiding. Onderzoek nieuw terrein voor groei, bescherming, inzicht. Laat egoïsme los.

60. *Jie.* Regelgeving. Laat regels niet knellen, maar laat ze in overeenstemming zijn met de tao.

61. *Zhong Fu.* Innerlijke oprechtheid. Succes in het grote als het innerlijk waarachtig is.

62. *Xiao Guo.* Klein en uitzonderlijk. Met aandacht voor de details is geluk verzekerd.

63. *Ji Ji.* Reeds voltooid. Kleine handelingen schenken op hun tijd geluk, na hun tijd wanorde.

64. *Wei Ji.* Nog onvoltooid. Geen profijt zonder voltooiing, maar niets is ooit echt voltooid.

Zesde *yao*, de bovenste lijn: goden, voorouders
Vijfde *yao*, midden van bovenste trigram: keizer
Vierde *yao*, vierde lijn: mandarijn, edele

Derde *yao*, bovenlijn onderste trigram: magistraat
Tweede *yao*, tweede lijn: ambtenaar
Eerste *yao*, onderste lijn: de ongeschoolde

Geomantie als westerse voorspelkunst

De geomantie is eeuwenlang een veel beoefende voorspelkunde geweest in Afrika, Arabië, Europa en Azië. De vroegste vorm van deze voorspelkunst was gebaseerd op het duiden van patronen in de grond of van een willekeurige hoeveelheid putjes die met een stok in de grond werden gemaakt. Een oneven aantal putjes werd als één rondje (of zoals hieronder als ster) weergegeven, een even aantal als twee rondjes. Dit werd vier keer herhaald. De vier uitkomsten vormen een tetragram waarvan de eerste (bovenste) lijn het *hoofd* wordt genoemd, de tweede de *nek*, de derde het *lichaam* en de onderste de *voeten*. Er zijn zestien tetragrammen of geomantische figuren mogelijk, met elk een kenmerkende betekenis en een astronomische en astrologische associatie. In plaats van putjes in de grond te maken kan ook een willekeurig aantal stenen of stokken worden geraapt of met dobbelstenen of munten worden gegooid. Zo is Fortuna Major het resultaat van de worpen: even, even, oneven, oneven.

DE 16 GEOMANTISCHE FIGUREN
Naam in het Latijn, Ned., Arabisch, Futhark (runenschrift), Duiding; gunstig/ongunstig. Aard, Planeet, Teken, Element.

1 **VIA, de Weg**, *Tariq*, Rait
Pad, onderweg zijn, richting, eenzaamheid, beweging, handeling, verandering van fortuin; neutraal. Mobiel, Maan, Kreeft, Water.

2 **ACQUISITIO, Winst**, *Djama'a*, Ur
De oeros, voordeel door kracht, innerlijk begrip, humor, vooruitgang, pijn, succes in juridische kwesties; zeer gunstig. Stabiel, Jupiter, Boogschutter, Vuur.

3 **PUELLA, Meisje**, *Naky al-khad*, Bria
Godinnenboom, berk, puurheid, blijdschap, liefde, land, muziek, kunst, helend, grillig, gracieus; veelal gunstig. Stabiel, Venus, Weegschaal, Lucht.

4 **CONJUNCTIO, Vereniging**,
Idjima'a, Lagu
Beweging en groei, verbanden, aantrekking, liefde vriendschap, hereniging, herstel; neutraal gunstig. Mobiel, Mercurius, Maagd, Aarde.

5 **TRISTITIA, Verdriet**, *Ankis*, Iss
IJs, stagnatie, verdriet, liefdespartner, koppig, lijden, armoede, tegenwerking, verslechtering, geheimen; ongunstig, behalve voor Aarde-associaties en bouwplannen. Stabiel, Saturnus, Waterman, Lucht.

6 **ALBUS, Wit**, *Bayad*, Sol
De Zon, de waarzegger, verblindende schoonheid, vrede, slaap, wijsheid, hartzeer, puurheid, geduld, gematigdheid; gunstig in aanvang en voor zakelijke ondernemingen. Stabiel, Mercurius, Tweelingen, Lucht.

7 **CAPUT DRACONIS, Drakenkop**,
Al-'ataba al dakhil, Thuris
De reus, vreugdevaan, innerlijke drempel, noordelijke maanknoop, poort naar de bovenwereld, onschuld, waakzaamheid, oorlogen; gunstig in aanvang, versterkt het goede en kwade. Stabiel, Jupiter, Venus, Aarde.

8 **FORTUNA MAJOR, Groot Geluk**,
Al-nusrat al-dakhil, Feu
De schepper, heilig vuur, kracht, rijkdom, geluk, status, veilig bezit, succes, innerlijke zege; zeer gunstig. Stabiel, Zon, Leeuw, Vuur.

9 **FORTUNA MINOR, Klein Geluk,** *Al-nusrat al-kharidj*, Ar
De godenrune, leider, wijze, muur van bescherming, uiterlijke zege, trots, dominantie; gunstig voor vooruitgang. Mobiel, Zon, Leeuw, Vuur.

 10 **CAUDA DRACONIS, Drakenstaart,** *Al-'ataba al-kharidj*, Yr
Het eind, de dodenrune, taxus, uiterlijke drempel, zuidelijke maanknoop, de onderwereld, uitgang, mogelijke problemen, koude werelden, fraude, slaven; veelal ongunstig, verzwakt het goede en het slechte. Mobiel, Saturnus, Mars, Schorpioen, Vuur.

 11 **RUBEUS, Rood,** *Hamrah*, Chaion
(Brand)wond, passie, ondeugd, opvliegend, vreugde, juwelen, vernietigend vuur, waarschuwing, gevaar; zeer ongunstig, verzwakt. Mobiel, Mars, Schorpioen, Water.

 12 **LAETITIA, Vreugde,** *Al-lahyan*, Os
De mond, spraak, gelach, volle baard, koning, geluk, verrukking, gratie, vrouwen, gezondheid, balans, onthulling; zeer gunstig voor huiselijk geluk. Mobiel, Jupiter, Vissen, Water.

 13 **CARCER, Kerker,** *'Uklah*, Naut
Behoefte, dwang, gesloten cirkel, verband, vertraging, beperking, onderworpen, veelal ongunstig. Stabiel, Saturnus, Steenbok, Aarde.

 14 **PUER, Jongen,** *Djaudala*, Tiu
Het zwaard, de krijger, donsbaard, erectie, onbesuisd, initiatief, competitief, geweld, beroving, arbeiders; ongunstig behalve in de strijd en liefde. Mobiel, Mars, Ram, Vuur.

 15 **AMISSIO, Verlies,** *Al-kabd al-kharidj*, Hagal
Hagelsteen, transformatie, uiterlijk begrip, vergankelijkheid, tranen, dingen die buiten het bereik liggen, verlies door ziekte of diefstal; ongunstig in materieel opzicht. Mobiel, Venus, Stier, Aarde.

 16 **POPULUS, Volk,** *Djama'a*
Menigte, menselijkheid, bijeenkomst, samenkomst, nieuws, overvloed, gedeelde vrijheid; versterkt het goede en slechte. Stabiel, Maan, Kreeft, Water.

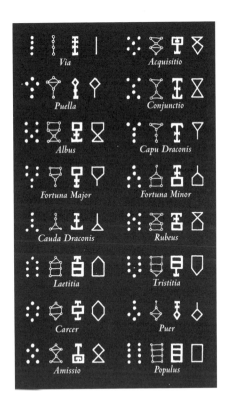

Westerse voorspelkunst (vervolg)

De **VIER MOEDERS** omvatten zestien worpen met een dobbelsteen of munt. De vier tetragrammen worden, in volgorde van gooien, ook wel de 'figuren van het zuiden, oosten, noorden en westen' genoemd en staan in het schild (rechts) bovenaan, van links naar rechts.

De **VIER DOCHTERS** worden uit deze figuren gevormd, waarbij de eerste dochter, van boven naar beneden, bestaat uit de hoofden van de eerste, tweede, derde en vierde moeder; en de tweede dochter volgens hetzelfde systeem uit de halzen van de moeders, de derde dochter uit de lichamen, enz.

Uit de moeders en dochters worden de **VIER NICHTEN** gevormd: het hoofd van de eerste nicht is de optelsom (even of oneven) van de hoofden van de eerste en tweede moeder, zo ook met de hals, het lichaam en de voeten. De tweede nicht is de optelsom van de derde en vierde moeder; de derde nicht die van de eerste en tweede dochter, enz.

De **TWEE GETUIGEN** zijn de optelsom van de eerste en tweede nicht (rechtergetuige) en de derde en vierde nicht (linkergetuige). De rechtergetuige is de 'vader van de rechter' en getuigt over het verleden; de linkergetuige is de 'moeder van de rechter' en getuigt over de toekomst.

De **RECHTER** wordt gevormd uit de twee getuigen en geeft het antwoord op de vraag die bij aanvang, vóór het gooien, is gesteld. Er zijn maar acht figuren die als rechter kunnen optreden: Acquisitio, Amissio, Conjunction, Carcer, Fortuna Major, Fortuna Minor, Populus en Via.

Om het oordeel te verhelderen kan een **VERZOENER** worden gevormd door de rechter bij de eerste moeder op te tellen.

Bij de **DUIDING** spelen ook de getuigen een rol. Zo zal het oordeel van een slechte rechter met twee goede

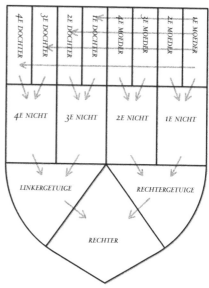

Het geomantische schild, de klassieke Europese vorm waarbinnen de geomantische figuren worden weergegeven.

getuigen geen blijvend succes opleveren, terwijl het succes alleen vertraagd wordt bij een goede rechter met een slechte eerste maar een goede tweede getuige; het succes zal twijfelachtig zijn wanneer de eerste getuige goed en de tweede slecht is. Ook de vier combinaties van twee moeders of dochters met een nicht zijn van belang: de combinatie van de eerste en tweede moeder met de eerste nicht staat voor de omstandigheden, gezondheid, gewoonten en het karakter van de vraagsteller; de tweede combinatie voor de huidige bepalende gebeurtenissen; de derde combinatie voor de thuis- en werksituatie; de vierde combinatie voor vrienden, zakenrelaties en het gezag.

Voor een **ASTROLOGISCHE DUIDING** van het geomantische schild plaatsen we de moeders (10, 1, 4, 7), de dochters (11, 2, 5, 8) en nichten (12, 3, 6, 9) binnen een middeleeuwse vierkante vorm (zie blz. 391) of een moderne cirkelvorm van twaalf huizen.

De theorie van de astrologie is gebaseerd op de invloed die planeten hebben op het zijn van de mens en op de invloed die de sterrenbeelden hebben op het handelen van de mens, waarbij de twaalf huizen voor de verschillende invloedssferen staan. Zoals we de betekenis van de planeten binnen elk van de twaalf huizen kunnen duiden naar 'waardigheid' (als heerser, in verhoging, in val of vernietiging) en 'aspect' (in samenstand, harmonisch of spanningsvol), zo kunnen we dit ook met de geomantische figuren.

DE HUIZEN

1e huis, **VITA**, **Leven**, De vraagsteller: leven, gezondheid, gewoonten, karakter, gedrag.

2e huis, **LUCRUM**, **Rijkdom**, Bezit, geld, overvloed, eigenwaarde, zelfrespect, winst en verlies.

3e huis, **FRATRES**, **Broers**, Broers en zussen, familie, contact, nieuws, basisopleiding, korte reizen.

4e huis, **GENITOR**, **Vader**, Thuis, voorouders in mannelijke lijn, bezit, overerving, afronding, belangrijk als indicatie voor uitkomst.

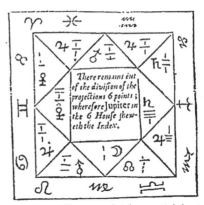

Boven: een middeleeuwse astrologisch-geomantische kaart.

5e huis, **NATI**, **Zonen**, Voortplanting, kinderen, vrouwen, luxe, vermaak, feesten, speculatie.

6e huis, **VALETUDO**, **Gezondheid**, Ooms en tantes, werknemers, huisdieren, gebruiksvoorwerpen, ziekte, dagelijks werk.

7e huis, **UXOR**, **Vrouw**, Liefde, huwelijk, partnerschap, geliefden, conflict, schande.

8e huis, **MORS**, **Dood**, Dood, pijn, angst, erfenissen, gedeelde achtergrond, onderzoek, armoe.

9e huis, **ITINERIS**, **Reizen**, Lange reizen, pelgrimage, religie, filosofie, kunst, voorspelkunde.

10e huis, **REGNUM**, **Koninkrijk**, Moeder, status, reputatie, gezag, wereldse bezittingen, omgeving.

11e huis, **BENEFACTA**, **Voorspoed**, Vrienden, medestanders, beschermheren, naastenliefde, afhankelijkheid, verlangens en verwachtingen.

12e huis, **CARCER**, **Kerker**, Angst, verdriet, straf, opsluiting, geheime vijanden, verborgen gevaren.

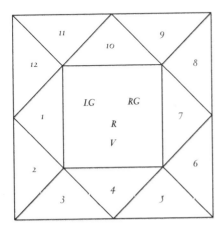

Selectie van Britse leylijnen

'OSLS' verwijst naar de betreffende Ordinance Survey Landranger Sheet; schaal 1:50.000

Een Cornish geestenpad (OSLS 203). St Mary's, kerk, Penzance, Cornwall - Chapel Street, Penzance - Madron, kerk en heilige bron - een recht stuk weg - kruis - Lanyon Quiot, dolmen - recht stuk weg tot Trevowhan.

Een bovennatuurlijke weg in de Mendips (OSLS 172). Cross Keys Inn, Bedminster Down (waar een galg stond en spookpaarden verschijnen) - spookweg naar het landgoed Bishopworth - spookweg leidend over Dundry Hill - de oude bron van Wriggleswell - Pagan Hill (plaats van Romeinse tempel en offerput) - lijkenweg langs de Pilgrim's Way bij Chew Stoke - St Andrew's, kerk - steenkring en heilige bron - Moreton Cross en St Mary's, put - White Cross (begraafplaats voor zelfmoordenaars) - Harptree, gemeentegrens.

Twee leylijnen in Glastonbury (OSLS 182, 172).

Glastonbury-ley 1: St Benedict's, kerk, Glastonbury - Glastonbury Abbey (de as van de abdij volgt de ley) - Dod Lane - St Michael's, kerk, op Gare Hill - Stonehenge.

Glastonbury-ley 2: St Nicholas', kerk, Brockley (tunnellegende) - Holy Trinity, kerk, Burrington - Gorsey Bigsbury, *henge* - Westbury Beacon, kampplaats, Mendips - kruising en merksteen bij Yarley - St Michael's, kerktoren, Glastonbury Tor - St Leonard's, kerk, Butleigh (centrum van de Glastonburydierenriem).

De eerste leylijn die Alfred Watkins in Herefordshire ontdekte (OSLR 149). Croft Ambrey, heuvelfort uit de ijzertijd - Croft Lane (2,4 km lang) - merksteen bij kruising bij Blackwardine - Risbury Camp - hoogte bij Stretton Grandison (Romeinse legerplaats).

Lijkweg bij Feckenham, Worcestershire. (OSLR 150). Ham Green, gehucht - vervallen kapel bij Cruise Hill - Burial Lane - ruiterpad - hek van ijzer dwars over het pad - voorde en voetbrug - weg - Feckenham, kerk.

Leylijn van Cerne Abbas, Dorset (OSLR 194). St Lawrence's, kerk, Holwell in Dorset - grafheuvel - prehistorische nederzetting - The Trendle, aarden wal op Giant's Hill - ruïne van abdij bij Cerne Abbas - heilige put - St Mary's, kerk, Cerne Abbas.

Kerkpad bij Gotherington, Gloucestershire. (OSLR 163). Shutter Lane, Gotherington - 'Church Walk', voetpad - laan en pad door de velden - St Michael's, kerk, Bishop's Cleeve.

Leylijn van Coldrum, Kent (OSLR 188). St Peter and Paul's, Trosley (as van kerk op leylijn) - langgraf van Coldrum (een tunnel zou de kerk in Trosley verbinden met het langgraf) - kruising van oude wegen - All Saint's, Snowland (pelgrimsroute voert langs kerkhof) - ooit geplaveide voorde over de Medway - St Mary's, Burnham Court - Blue Bell Hill.

The Devil's Arrows, Yorkshire (OSLR 99). Ley 1: Thornborough, *henges* - Nunwick, *henge*

- middelste 'pijl van de duivel', Boroughbridge. Ley 2: middelste en zuidelijkste 'pijlen' Boroughbridge - Cana, *henge* - grafheuvel, Low Barn - Hutton Moor, *henge*.

Knowlton Henge, Dorset (OSLR 195). Grafheuvel, bronstijd - grafheuvel, bronstijd - grafheuvel, bronstijd - Knowlton, *henge* en kerkruïne - midzomerzonsopkomstoriëntatie.

Loanhead of Daviot, Aberdeenshire (OSLR 38). Loanhead of Daviot, liggende steenkring - sporen van steenkring op kerkhof in Daviot - New Craig, liggende steenkring.

Leylijnen in Londen (OSLR 176).

Londen-ley 1: St Martins-in-the-Fields - St Mary-le-Strand - St Clement Danes (met een geschiedenis van Noormannen en tempeliers) - St Dunstan's, Fleet Street - locatie van heilige heuvel bij Arnold's Circus in Shoreditch (waar de lijn deels via Pall Mall en The Strand voert).

Londen-ley 2: St Paul's, Covent Garden – The Temple (ronde kerk van de tempeliers) - St Bride's, Fleet Street – kerk op Ludgate Hill – kerk bij de Guildhall - St Stephen's, Coleman Street - St Botolph's, Bishopsgate (The Temple en St Bride's zijn op de leylijn georiënteerd).

Londen-ley 3: The Temple - St Paul's Cathedral (op Ludgate Hill) - St Helen's Bishopsgate - St Dunstan's, Stepney - St Clement Dane's (St Paul's, St Helen's en St Dunstan's hebben dezelfde oriëntatie als de leylijn).

Leylijn van May Hill, Gloucestershire (OSLR 163). Giant's Stone, langgraf - Wittantree (Saksische vergaderplaats) - Bull's Cross (spookkoets met paarden) - Painswick (waar de kerk jaarlijks wordt 'omarmd' door een kring van mensen, *clipping the church*) - May Hill.

Leylijn van Old Sarum, Wiltshire (OSLR 184). Stonehenge - Old Sarum (aarden wal uit de ijzertijd en kathedraal uit de middeleeuwen) - Salisbury Cathedral - Clearbury Ring (heuvelfort uit de ijzertijd) - Frankenbury Camp (heuvelfort uit de ijzertijd) - grafheuvel op Durrington Down.

Saintbury, leylijn en lijkweg, Gloucestershire (OSLR 150). Kruis en kruising - recht stuk weg (ooit een lijkweg) - St Nicholas, kerk, Saintbury - grafheuvel, bronstijd - prehistorisch langgraf - Saksische begraafplaats - Seven Wells (een plaats die in de middeleeuwen bekendstond om zijn magische kracht).

Leylijn van Silbury Hill, Wiltshire (OSLR 173). Bincknoll Castle - een Noormannenvesting - oude put, Broad Hinton - kerkhof van St Peter's, Broad Hinton (via het kerkhofportaal) - Avebury Henge - Silbury Hill - locatie van een steenkring (ontdekt door Stukeley) - Tan Hill (locatie van jaarmarkt) - aarden wal met greppel en de Wansdyke (met verschijningen van spookbegrafenissen) - Marden, *henge*.

Leylijnen van Stanton Drew, Somerset (OSLR 172).

Lijn 1: midden van de ZW-cirkel - midden van de Grote Cirkel - Hautville's Quoit - punt van midzomerzonsopkomst (2000 v.Chr.).

Lijn 2: midden van de NO-cirkel - midden van de Grote Cirkel - The Cove (megalithisch grafmonument) - punt aan de horizon van midwinterzonsondergang (2000 v.Chr).

Leylijn van Sutton Walls, Herefordshire (OSLR 149). Wellington, kerk - Marden, kerk - Sutton Walls, heuvelfort uit de ijzertijd (door kijkgaten in verdedigingswallen) - grafkruis op begraafplaats bij St Nicholas, kerk, Sutton - Western Beggard, kerk.

Lijkweg bij Wick, Worcestershire (OSLR 150). De oude weg die vanuit het dorp naar het westen voert (nu een voetpad) - oversteekplaats Avon - pad door de velden dat in een rechte lijn naar Pershore Abbey voert – overstap en holle weg - Church Street (vroeger Lyce Street, 'lijkweg') - Pershore Abbey.

Leylijn van Uffington, Oxfordshire/Berkshire (OSLR 174). St Mary's, Uffington - Dragon Hill (conische heuvel, drakenlegende) - grafheuvel, bronstijd - Uffington Castle, heuvelfort uit de ijzertijd (boven het Witte Paard) - grafheuvel bij Parkfarm Down - rechte aarden wal bij Near Down - rechte aarden wal bij Farncombe Down - grafheuvel ten oosten van Preston.

Leylijn van Winchester, Hampshire (OSLR 185). Tidbury Ring, heuvelfort uit de ijzertijd - restanten neolithisch langgraf, South Wonston - St Batholemew's, kerk, Winchester - Hyde Gate (locatie van Hyde Abbey, begraafplaats Alfred de Grote) - Winchester Cathedral - St Catherine's Hill (heuvelfort uit de ijzertijd, en 'Mizmaze', een turflabyrint).

Leylijn van Yazor, Herefordshire, Monmouthshire (OSLR 149). Merksteen op de weg bij de kerk van Yazor, Herefordshire - torenruïne van de oude kerk van Yazor - merksteen te midden van een groepje bomen bij Mansel Gamage - Monnington Court - merksteen op de weg bij Wilmarston - heuvelfort bij Whitehouse Farm - grafkruis bij Capel-y-Ffin, Monmouthshire - ruiterpad over Taren-yr-Esgob - bergtop van Pen-y-Gader, Black Mountains.

Leylijn van Hereford Church (OSLR 149). Deel van Portland Street - All Saint's, kerk - locatie van St Owen's, kerk - St Owen Street - St Giles', kapel - Eign Road - The Crozen (huis op heuvel) - Saksische begraafplaats.

Kruising van leylijnen, Forest of Dean, Gloucestershire (OS Outdoor Leisure Map 14).

Ley 1: Sedbury Stone op 'Offa's Tump' - Coomsbury Wood - Coldharbour Piece, St Briavels (straalsgewijs opgedeeld, rond veld) - groepje grove dennen bij Cauldwell Farm, Stowe - de Staunton Longstone, megaliet - megaliet, Symond's Yat (natuurlijk gevormde steen) - Queen Stone, Huntsham (schiereiland in de rivier de Wye).

Ley 2: Butt Acre, Monmouth (vermoedelijke locatie van megaliet of tempel) - Kymin, bij Monmouth (hooggelegen aarden wal) - Buckstone, Staunton (schommelsteen) - Staunton Longstone - Berry Hill, kruising - Cannop, kruising - Hungry Croft, Ruddle - Barrow Hill, Arlingham (op het schiereiland in de 'hoefijzerbocht' van de rivier de Severn).

Coördinaten geselecteerde plaatsen

Alexandrië – 31°11'53"N, 29°59'09"O
Angkor Wat – 13°24'45"N, 103°52'01"E
Arbor Low – 53°10'08"N, 1°45'42"W
Avebury – 51°25'43"N, 1°51'09"W
Baalbek – 34°0'25"N, 36°12'11"O
Babylon – 32°32'32"N, 44°25'15"O,
Bimini (noord) – 25°46'0"N, 79°16'43"W
Bosnische piramiden – 43°58'37"N, 18°10'41"O
Bryn Celli Ddu – 53°12'28"N, 4°14'05"W
Callanish – 58°11'51"N, 6°44'42"W
Canterbury – 51°16'45"N, 1°05'03"O
Caral – 10°53'28"N, 77°31'24"O
Carnac, Bretagne – 47°34'17"N, 2°57'01"W
Chavin – 9°36'47"N, 77°13'58"W
Chichén Itzá – 20°40'59"N, 88°34'07"W
Copan – 14°51'30"N, 2°57'05"W
Coral Castle – 25°30'02"N, 80°26'40"W
Cuzco – 13°31'06"Z, 78°51'48"W
Delphi – 38°28'53"N, 22°29'46"O
Gizeh – 29°58'45"N, 31°08'03"O
Glastonbury Tor – 53°08'39"N, 2°41'50"W
Gobekli Tepe – 37°13'26"N, 38°55'21"O
Jericho – 31°51'01"N, 35°26'10"O
Jeruzalem – 31°46'15"N, 35°13'20"O
Kilauea – 19°25'12"N, 155°17'24"W
Knossos – 35°17'52"N, 25°09'48"O
Knowth – 53°42'04"N, 6°29'28"W
Lhasa – 29°40'02"N, 91°10'10"O
Long Meg – 54°43'41"N, 2°40'02"W
Luxor – 25°42'00"N, 32°38'22"O

Machu Picchu – 13°09'50"Z, 72°32'46"W
Mekka – 21°25'38"N, 39°48'53"O
Mohenjo-Daro – 27°19'31"N, 68°08'00"O
Nabta – 22°30'29"N, 30°43'32"O
Nan Madol – 6°50'41"N, 158°20'06"O
Nazca – 14°41'31"Z, 75°09'00"W
Newark, achthoek – 40°03'17"N, 82°26'39"W
Newgrange – 53°41'41"N, 6°28'30"W
Ohio Slangenheuvel – 39°01'30"N, 83°25'41"W
Ollantaytambo – 13°15'26"Z, 72°16'02"W
Paaseiland – 27°07'20"N, 109°21'05"W
Paracas – 13°51'10"Z, 76°17'50"W
Quito – 13°46'47"Z, 78°31'27"W
Rennes le Chateux – 28°52'11"N, 42°53'57"O
Rollright Stones – 51°58'33"N, 1°34'15"W
Rosslyn – 55°52'21"N, 3°07'12"W
Saqqara – 29°52'17"N, 31°12'49"O
Silbury Hill – 51°24'56"N, 1°51'24"W
St Michael's Mount – 50°06'26"N, 5°29'12"W
Stonehenge – 51°10'43"N, 1°49'30"W
Tara – 53°34'46"N, 6°36'42"W
Teotihuacán – 19°41'33"N, 98°50'38"W
Tiahuanaco – 16°33'24"Z, 68°40'22"W
Tikal – 17°13'23"N, 89°37'24"W
Tonga – 21°08'12"Z, 175°02'53"W
Troje – 39°57'28"N, 26°14'18"O
Ur – 30°57'46"N, 46°06'11"O
Wandlebury – 52°9'29"N, 0°10'58"O
Xianpiramide – 34°16'13"N, 108°49'02"O
Yonaguni – 24°17'47"N, 123°50'37"O

UVG-RASTERPUNTEN

1) 31,72°N 31,20°O
Op het Egyptisch continentaal plat, ongeveer halverwege de monding van de Nijl bij Masabb Rashid en bij Masabb Dumyat. Vlak bij Behdet

2) 52,62°N 31,20°O
Aan de rivier de Sozj, ten oosten van Gomel, op de grens tussen Oekraïne, Wit-Rusland en Rusland. Vondsten van megalieten en Venusfiguren uit de prehistorie

3) 58,28°N 67,20°O
In moerassige laaglanden ten westen van Tobolsk

4) 52,62°N 103,20°O
In de laaglanden ten noorden van de zuidpunt van het Baikalmeer, op de grens met het hoogland

5) 58,28°N 139,20°O
In het hoogland, langs de oever van de Zee van Ochotsk

6) 52,62°N 175,20°O
Net ten oosten van Attu, aan de westzijde van de eilandengroep de Aleoeten

7) 58,28°N 148,80°W
Grens van het continentaal plat bij de Golf van Alaska

8) 52,62°N 112,80°W
Buffalo Lake, Alberta, op de grens van hoog- naar laagland

9) 58,28°N 76,80°W
Net ten oosten van Port Harrison aan de Hudsonbaai

10) 52,62°N 40,80°W
Charlie Gibbs-breuklijn

11) 58,28°N 4,80°W
Loch More aan de noordwestkust van Schotland

12) 26,57°N 67,20°O
Op de grens van het Kirthargebergte en de Indusvallei ten noorden van Karachi

13) 31,72°N 103,20°O
Aan de oostgrens van de Himalaya in de provincie Sichuan, ten westen van de top van de Jiuding Shan

14) 26,57°N 139,20°O
Waar drie oceaanruggen kruisen: de Kyūshū Palau, de westelijke Mariana en de Iwo Jima

15) 31,72°N 175,20°O
Raakpunt van het Hessplateau, de Hawaï-oceaanrug en de Keizerlijke onderzeese bergen

16) 26,57°N 148,80°W
Ten noordoosten van Hawaï, halverwege de Murray- en Molokaibreuklijn

17) 31,72°N 112,80°W
Cerro Cubabi, bergtop ten zuiden van de Am./Mex. grens bij Sonoita en de lavavelden

18) 26,57°N 76,80°W
Rand van het continentaal plat bij het Great Abaco Island in de Bahama's

19) 31,72°N 40,80°W
Atlantisbreuklijn

20) 26,57°N 4,80°W
In El Eglab, waar het hoogland overvloeit in de zandduinen van de Sahara

21) 10,81°N 31,20°O
Overgang van het Sudanese hoogland en het moerasland van de Witte Nijl

22) 0° 49,20°O
Somalische onderzeese vlakte

23) 10,81°Z 67,20°O
De Vema-trog (Indische Oceaan), waar de Mascarene-, de Carlsberg- en de Maldivenrug de mid-Indische rug kruisen

24) 0° 85,20°O
Onderzeese vlakte, Ceylon

25) 10,81°N 103,20°O
Kompong Som. Een natuurlijke baai aan de zuidkust van Cambodja, ten zuidwesten van Phnom Penh

26) 0° 121,20°O
Halverwege Teluk Tomini, een baai in het noorden van Sulawesi

27) 10,81°Z 139,20°O
Halverwege de monding van de Golf van Carpentaria

28) 0° 157,20°O
Midden van het Solomonplateau

29) 10,81°N 175,20°O
Midden van de onderzeese vlakte tussen de Marshalleilanden, de mid-Pacifische oceaanrug en het Magellanplateau

30) 0° 166,80°W
Nova Canton-trog

31) 10,81°Z 148,80°W
Genootschapseilanden

32) 0° 130,80°W
Galápagosbreuklijn

33) 10,81°N 112,80°W
Oostelijk uiteinde van de Clippertonbreuklijn

34) 0° 94,80°W
Kruising van de Cocos- en Carnegierug, ten westen van de Galápagoseilanden

35) 10,81°Z 76,80°W
Het Punrrunmeer op de hoogvlakte van Peru, aan de kust

36) 0° 58,80°W
Watervallen in de Braziliaanse staat Amazonas

37) 10,81°N 40,80°W
Vemabreuklijn

38) 0° 22,80°W
Romanchebreuklijn

39) 10,81°Z 4,80°W
Rand van mid-Atlantische rug in het Angolabassin, ten zuidoosten van de Ascensionbreuklijn

40) 0° 13,20°W
    Hoogland van Gabon, op een drielandengrens
41) 26,57° 31,20°O
    Luyengo aan de rivier de Usutu in Swaziland
42) 31,72° 67,20°O
    Kruising van de mid-Indische rug en de Zuidwest-Indische rug
43) 26,57° 103,20°O
    Rand van het Wallabiplateau
44) 31,72° 139,20°O
    Laagland ten oosten van St Mary Peak (hoogste punt in dit gebied) en ten noordoosten van de Spencergolf
45) 26,57° 175,20°O
    Rand van de Hebridentrog, ten zuidwesten van de Fiji-eilanden
46) 36,72° 148,80°W
    Zuid-Pacifische Oceaan
47) 26,57° 112,80°W
    Paaseilandbreuklijn
48) 31,72° 76,80°W
    Nazcaplaat
49) 26,57° 40,80°W
    In de diepe oceaan, aan de rand van het continentaal plat, ten zuidoosten van Rio de Janeiro
50) 31,72° 4,80°W
    Walvisrug
51) 58,28° 31,20°O
    Onderzeese vlakte, Enderby
52) 52,62° 67,20°O
    Kerguelenplateau
53) 58,28° 103,20°O
    Oceaanbodem, halverwege de onderzeese vlakten van Kerguelen en Wilkes
54) 52,62° 139,20°O
    Kangaroobreuklijn
55) 58,28° 175,20°O
    Rand van de Scottbreuklijn
56) 52,62° 148,80°W
    Udintsevbreuklijn
57) 58,28° 112,80°W
    Eltaninbreuklijn
58) 52,62° 76,80°W
    Punt van Zuid-Amerika aan de rand van het Haeckeldiep
59) 58,28° 40,80°W
    Zuid-Sandwichbreuklijn
60) 52,62° 4,80°W
    Bouvetbreuklijn
61) NOORDPOOL
62) ZUIDPOOL

Rasterpunten van William Becker en Bethe Hagens, gebaseerd op hun UVG-aardraster

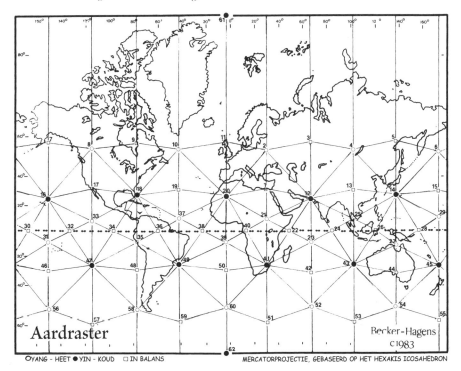

Aardraster   Becker-Hagens c1983

OYANG - HEET ●YIN - KOUD □ IN BALANS   MERCATORPROJECTIE, GEBASEERD OP HET HEXAKIS ICOSAHEDRON

100 OPMERKELIJKE UFOWAARNEMINGEN

1878, januari. John Martin, een boer uit Texas, was ten noorden van Dallas aan het jagen toen een donker, vreemd gevormd voorwerp met grote snelheid over hem heen vloog. Martin was voor zover bekend de eerste die sprak van een 'schotelvormig' voorwerp.

1909, Peterborough, Engeland. Twee politieagenten namen om 5.10 uur afzonderlijk van elkaar een langgerekt luchtschip waar dat een zoeklicht voerde en een constant brommend geluid maakte.

1910, Invercargill, Nieuw-Zeeland. Een dominee, burgemeester en agent namen een 'vliegende sigaar' waar, met een man bij een 'deur' die in een vreemde taal schreeuwde, waarna de deur sloot en de ufo verdween.

1914, Ontario, Canada. Acht getuigen zagen boven de Georgische Baai een ufo zweven met aan 'dek' acht mensachtige wezens die een slang in het water hielden. Toen de wezens doorhadden dat ze gezien werden, gingen er zeven naar binnen. De achtste was nog buiten toen de ufo verdween.

1942, februari, Los Angeles, Californië. Boven het verduisterde Los Angeles werden 's nachts ufo's gespot, waarvan een in zoeklichten werd gevangen en met luchtafweergeschut bestookt. Als het, zoals sommigen beweerden, een weerballon zou zijn geweest, zou die moeten zijn neergestort.

1944-1945. Tijdens de oorlog werd door Amerikaanse piloten vaak melding gemaakt van helwitte, vuurrode of oranje lichtbollen, met name boven Duitsland en de Stille Oceaan, die zich snel en in groepjes door de lucht verplaatsten en daarbij vliegtuigen leken te volgen – eerder op een speelse dan op een bedreigende manier.

1944, augustus, Frankrijk. Op de weg terug naar Engeland zag de achtkoppige bemanning van een Lancasterbommenwerper een enorm schotelvormig voorwerp verschijnen dat drie minuten later binnen een seconde weer was verdwenen. Bij terugkomst werd de bemanning geheimhouding opgelegd en ook in het logboek mocht geen enkele verwijzing naar de waarneming worden gedaan.

1948, 1 oktober, Fargo, North Dakota. Een goed gedocumenteerde waarneming van luitenant George F. Goman, die als ervaren piloot binnen een tijdsbestek van 27 minuten twee keer bijna in botsing kwam met

een ufo die op ongelooflijk korte afstand voor zijn vliegtuig manoeuvreerde. De ufo werd ook vanaf de grond waargenomen.

1951. Bij een testvlucht met een P-51 Mustanggevechtsvliegtuig bij Minneapolis, Minnesota, zag astronaut Deke Slayton iets wat hij eerst voor een vlieger of weerballon hield, maar wat bij nadering een schotelvormig voorwerp bleek te zijn dat zich met een snelheid van 480 km/u voortbewoog. De ufo versnelde vervolgens en verdween.

1952, juli. Tijdens een vlucht van New York naar Miami zag piloot William B. Nash ufo's 'die in hun vlucht naar links kantelden, waarbij rechts een gloeiend oppervlak zichtbaar werd. Hoewel de onderzijde niet duidelijk te zien was, kregen we de indruk dat die niet verlicht was. Aan de hand van de eveneens onverlichte hoeken schatten we de hoogte op zo'n 4,5 meter. De bovenkant leek plat. Hun vorm was helder omlijnd en rond en deed nog het meest denken aan enorme muntstukken.' Diezelfde nacht werden ook door een andere piloot ufo's waargenomen.

1952, augustus. Op de radar van een in Haneda, Japan, gestationeerd Amerikaans gevechtsvliegtuig was een ufo zichtbaar die door majoor Dewey Fournet als een buitenaards ruimtevaartuig werd aangemerkt.

1952, oktober. In het Franse Oloron zagen meer dan dertig mensen rode bolvormige ufo's en een cilindrische ufo. Uit deze vliegende voorwerpen kwam een witte, haarachtige substantie die als 'engelenhaar' op telefoondraden, boomtakken en daken bleef liggen.

1952, september, luchtmachtbasis Topcliffe, Engeland. Een RAF Gloster Meteor werd door een zilverkleurige, roterende schotel gevolgd, terwijl zes andere RAF-vliegtuigen boven de Noordzee door bolvormige voorwerpen werden gevolgd.

1954, juni. Bij Goose Bay, Labrador, zagen zowel de bemanning als de passagiers van een vliegtuig gedurende achttien minuten een grote, van vorm veranderende ufo die werd begeleid door een aantal kleinere ufo's. Piloot James Howard wist zeker dat 'de ufo's door intelligente wezens werden bestuurd'.

1954, juli. Bij de achtervolging van een ufo stortte een Amerikaanse F-94 Starfire boven Walesville, NY, neer, waarbij enkele doden vielen.

1954, augustus, Tananarive, Madagaskar. Nadat een groene, elektrisch geladen bol eerst rechtstandig achter een heuvel was verdwenen, dook hij weer op en vloog op zo'n 100 m hoog door de straten. Achter de bol zweefde een bijna 40 meter lang metalen voorwerp dat een spoor blauwig vuur achterliet. Alle lichten in de stad vielen uit, maar deden het weer zodra de ufo was verdwenen. De honden in de stad hieven een gehuil aan en de koeien braken in paniek los.

1954, oktober, luchtmachtbasis North Weald, Engeland. Luitenant James Salandin vloog in een RAF Gloster Meteor F-8 boven Southend-on-Sea toen hij bijna in botsing kwam met twee cirkelvormige ufo's, een zilverkleurige en een goudkleurige.

1954, november, Italië. Rosa Lotti, een veertigjarige boerenvrouw, liep op de weg naar Cennina toen ze een voorwerp zag staan dat ze beschreef als een 'spindel'. Twee wezens van nog geen meter hoog kwamen erachter tevoorschijn en spraken haar vriendelijk in een Chinees klinkende taal aan, maar gristen even later de bloemen en een paar kousen die ze bij zich had uit haar handen, waarna Rosa vluchtte. Op de betreffende plek werd een diepe kuil gevonden.

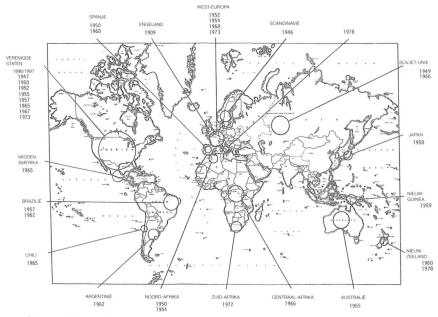

Golven van ufowaarnemingen

1954, december, Venezuela. Bij Floresta, niet ver van Caracas, zagen een dokter en zijn vader twee kleine mannetjes een bosje inrennen. Even later rees er een helder verlichte schijf van achter het bosje op die met grote snelheid aan hoogte won en verdween, waarbij een schril, sissend geluid hoorbaar was.

1955, juli. In Bexley, Londen, zagen dertig mensen op klaarlichte dag een schotelvormig voorwerp boven de straat zweven. Toen de ufo met een brommend geluid landde, sloegen automotoren af. Een paar straten verderop landde nog een ufo.

1956, augustus, Lakenheath-Bentwaters, Engeland. Op de radar van de Amerikaanse luchtmacht werden twee ufo's waargenomen die zich met een snelheid van respectievelijk 6400 en 19.000 km/u verplaatsten. Door piloten van de Britse luchtmacht werden ufo's gezien die in formatie vlogen en zich tot een grotere figuur vormden die zich zwenkend voortbewoog.

1957, juli. Boven de Verenigde Staten werd een Amerikaanse B-47 bommenwerper over een afstand van ruim 1100 kilometer gevolgd door een helder licht dat ook op de ECM-apparatuur aan boord kon worden waargenomen. Het licht maakte een aantal zeer scherpe draaiingen zonder vaart te minderen. Volgens een andere USAF-piloot, luitenant-kolonel Bruce Bailey kwamen dergelijke incidenten vaker voor.

1957, november, Brazilië. Bij Fort Itaipu bij São Paulo zagen twee schildwachten een helder licht uit de lucht neerdalen en met grote snelheid richting het fort vliegen. Hoewel de schildwachten gewapend waren, waren ze zo bang dat ze niet durfden te schieten of zelfs maar alarm te slaan. De ufo maakte een gonzend geluid en er straalde zo veel hitte van af dat de kleren van de schildwachten vlam vatten. Een van hen viel flauw, de ander zocht dekking. Hun geschreeuw had de aandacht getrokken van andere soldaten, maar voor zij ter plekke waren, was het licht al gedoofd. Enkele minuten later werd er opnieuw een licht zichtbaar, maar was de hitte verdwenen. Enkele soldaten zagen de ufo opstijgen.

1960, augustus. In Red Bluff, Californië, dachten twee politieagenten een neerstortend vliegtuig te zien tot het plotseling weer naar boven zwenkte, waar het nog een aantal ingewikkelde manoeuvres uitvoerde.

1960, oktober. In Cressy, Tasmanië, zagen een dominee en zijn vrouw een sigaarvormig 'moederschip', begeleid door vliegende schotels.

1962, mei-juni. Piloot Joseph Walker beweerde in opdracht van de NASA ufo's op te sporen en filmde er vijf of zes. In dezelfde omgeving zag majoor Robert White een 'grijzige' ufo. Ook NASA-astronauten Gordon Cooper en Edgar Mitchell zijn ervan overtuigd ufo's te hebben gezien.

1963, november. Voor de kust van Argentinië verscheen een enorme, ronde, geluidloze ufo die het kompas van de schepen in de buurt verstoorde.

1964, september, Cisco Grove, Placer County, Californië. Een jager verschool zich in een boom voor een zigzag bewegende ufo die vlakbij landde. De buitenaardse wezens die uitstapten, probeerden hem uit de boom te schudden. Uit angst schoot hij pijlen op hen af, maar er kwam versterking en ze bleven hem een groot deel van de nacht belagen.

1965, december. De Amerikaanse astronauten Frank Borman en James Lovell zagen een ufo tijdens hun ruimtereis met de *Gemini 7*. Borman maakte melding van een voorwerp vlak bij hun capsule; toen de mensen op de grond zeiden dat het vast een deel van de lanceerraket was, zei Borman dat hij het afgestoten raketdeel ook kon zien, maar dat dit echt iets totaal anders was.

1965, Exeter, New Hampshire. Een groot aantal gerespecteerde inwoners van de stad, onder wie politieagenten en militair personeel, waren getuige van een reeks ufoverschijningen. De vreemde ruimtevaartuigen werden 's nachts waargenomen.

1979, april. Tijdens een ruimtevlucht zag Victor Afanasyev een ufo zijn richting op komen. De kosmonaut omschreef de ufo die hem een tijd volgde, als 'een bouwkundige constructie, gemaakt van een soort van metaal. Het was ongeveer 40 meter lang en op sommige plekken smaller en op andere weer breder. Op sommige plaatsen was de romp voorzien van uitsteeksels, als kleine vleugels.'

1979, november, Dechmont Law, Schotland. Op een open plek in het bos zag houthakker Bob Taylor net boven de grond een groot, grijs, rond object zweven waaruit twee gepunte bollen tevoorschijn kwamen die hem naar de ufo probeerden te trekken. Hij verloor het bewustzijn. Toen hij weer bijkwam, was er niets meer te zien. Taylor wordt als een betrouwbare getuige gezien.

1980, april. Commandant Oscar Santa Maria Huertas van de Peruaanse luchtmacht werd erop uitgestuurd om een ongeïdentificeerde ballon te onderscheppen die in het beveiligd luchtruim bij de luchtmachtbasis La Joya was gesignaleerd. Op 8000 voet hoog schoot hij op de 'ballon', maar dit had geen effect. Toen de ufo er vervolgens vandoor ging, zette hij de achtervolging in, maar de ufo was hem telkens te snel af en steeg uiteindelijk tot een hoogte van 63.000 voet.

Jaren tachtig. Al sinds de jaren veertig worden er in de lucht boven de Hessdalenvallei in Noorwegen vreemde helderwitte of gele lichten waargenomen die geluidloos door de lucht zweven en soms wel een uur zichtbaar blijven. In 1982 en 1983 waren er opmerkelijk veel lichten te zien. Ondanks nauwkeurig onderzoek is er nooit een wetenschappelijke verklaring voor het verschijnsel gevonden. In de buurt zijn ook enkele 'ruimtevaartuigen' waargenomen.

1981, januari. In een tuin in het Franse Trans-en-Provence landde een ufo die vrijwel direct ook weer opsteeg, een enorme stofwolk achterlatend. Een getuige zag vier openingen aan de onderzijde.

1981, mei. De Russische majoor-generaal Vladimir Kovalyonok zag een ufo die 'alle natuurwetten tartte', en de Russische kosmonaut Alexandr Baladin zei dat hij vlak bij het ruimtestation MIR vliegende schotels had gezien.

1982, oktober, Nancy, Frankrijk. Een celbiologisch onderzoeker zag in zijn tuin een klein glanzend ruimtevaartuig dalen dat gedurende twintig minuten een meter boven de grond bleef zweven, waarna het razendsnel de lucht weer inschoot en verdween. De uiteinden van het blad van een amarant die daar groeide, waren volledig verdroogd.

1982, november, Torres Vedras, Portugal. Luchtmachtpiloot Julio Guerra zag vanuit zijn Chipmunk een metalige schotel van zo'n 3 meter doorsnee met grote snelheid door de lucht bewegen. De ufo voerde een reeks manoeuvres uit en cirkelde daarbij een aantal keer om het vliegtuig. Ook twee andere piloten zagen de ufo.

1983, maart. Ed Burns van IBM reed in noordelijke richting over de Taconic Parkway in de staat New York toen hij direct boven zich iets enorm groots in de lucht zag zweven, met veertig gekleurde lichten die het een driehoekige omtrek gaven. 'Dit was geen ruimtevaartuig maar een vliegende stad.'

1983, oktober. Jim Cooke zag op 4,5 meter hoog boven het reservoir Croton Falls bij New York een driehoekige ufo zweven die met negen rode lichtstralen het water leek te onderzoeken. Telkens wanneer er een auto voorbijkwam, doofden de lichten en was de ufo niet langer zichtbaar. Na vijftien minuten steeg de ufo omhoog en verdween in de nacht.

1984, juli. Boven de kernenergiecentrale bij Buchanan, New York, verscheen een enorme ufo 'in een driehoekige vorm als van een ijshoorn ter grootte van drie voetbalvelden'. Het gevaarte voerde acht lichten en bewoog langzaam in de richting van een werkende reactor. Er werd om een gewapende helikopter verzocht, maar voor er iets kon worden ondernomen, verdween de ufo weer.

1986, november. Kenju Terauchi, gezagvoerder van een Boeing 747-vrachtvliegtuig, vloog in de buurt van Anchorage, Alaska, toen hij aan de horizon een gigantische cirkelvormige, verlichte ufo zag verschijnen. De ufo was zo groot als een vliegdekschip en volgde dertig minuten lang dezelfde koers als de Boeing 747. Op de grond werd de ufo ook op radar waargenomen en in het vliegtuig zagen ook de twee andere bemanningsleden het vliegende gevaarte.

1987-1990, Gulf Breeze, Florida. Hoewel de meeste deskundigen de filmopnames van ufo's van aannemer Ed Walters niet als echt erkennen, zijn hier in dezelfde periode veel ufowaarnemingen gedaan die wel als betrouwbaar worden aangemerkt, met name van de ufo Bubba, die boven de kust langs de Golf van Mexico verscheen.

1988, januari, Nullarbor Plain, Australië. De familie Knowles zei dat een ufo had geprobeerd hun auto van de weg te tillen. Ook hadden zij vreemde, vervormde stemmen gehoord. Tonijnvissers hadden 80 kilometer verderop eenzelfde ervaring.

1989, februari. Honderden of zelfs duizenden mensen zagen zo'n 1,5 kilometer boven de stad Nalchik, in Transkaukasië, een cilindrische ufo zweven. Het ruimtevaartuig was zo'n 450 meter lang en verplaatste

zich met een snelheid van 100 km/u, waarbij de neus lager lag dan de staart. De ufo leek 'voor' en 'achter' licht te voeren en over patrijspoorten dan wel schietgaten te beschikken. Bij het draaien in de lucht leken er vinnen uit de staart te komen, die weer verdwenen nadat de draai was voltooid.

1989, juli, raketbasis Kapustin Yar, Rusland. Zeven militairen zagen drie objecten die samen één helder verlichte schotel leken te vormen 'die ruim een uur boven de raketbasis bleef zweven'. Er werd een gevechtsvliegtuig op afgestuurd, maar de ufo wist het met snelle behendige manoeuvres te ontwijken. De ufo veranderde van een schotel in een driehoek en kon even snel bewegen als 'plotseling midden in de lucht stilstaan'.

1990, maart, Pereslavl-Zalesskiy, ten oosten van Moskou. Kolonel-generaal Igor Maltsev, stafchef van de Russische luchtmacht, meldde dat er op de radar een enorm schotelvormig object was waargenomen dat geluidloos 'om zijn eigen as draaide en S bochten in de lucht beschreef. Het vloog op een hoogte van tussen de 300 en 2400 voet en was twee tot drie keer sneller dan een modern straalvliegtuig.

1990, augustus. Calvine, Pitlochry, Schotland. Diverse mensen waren er getuige van dat er gedurende tien minuten een ruitvormige ufo naast een RAF Harrier zweefde en daarna in de ruimte verdween. Een analyse van foto's van deze ufo tonen een 'constructie van 25 meter doorsnee'.

1990. Aan boord van het ruimtestation MIR zag kosmonaut Victor Gennadij Strekhalov een ufo. Hij riep zijn collega Gennady Monaco om te komen kijken toen er plotseling een glinsterende perfect gevormde bol verscheen die tien seconden later weer verdween.

1991, april. Op een vlucht van Milaan naar Londen maakte piloot Achille Zaghetti bij het dalen melding van een sigaarvormige ufo die hij met grote snelheid langs zijn vliegtuig had zien vliegen. De verschijning werd door de radar bevestigd en bleek het vliegtuig op zo'n 18 kilometer te volgen. Het ministerie van Defensie verklaarde dat er die dag geen raketoefeningen waren uitgevoerd.

1991, mei, Pyatigorsk, Russische Kaukasus. Vier leidinggevenden van een busmaatschappij zagen eerst een door vijf gloeiende bollen omringde ufo, even later gevolgd door een ufo ter grootte van een voetbalveld met in het midden een soort pijp. Dit object bleef, volledig geluidloos, gedurende een minuut zichtbaar, waarna het verdween.

1991, september, Rio Grande do Norte, Brazilië. Jerinaldo Dantes woonde op het platteland en was op de fiets onderweg naar huis toen er een grote veelkleurige lichtbol achter hem aan kwam. Hij verschool zich in eerste instantie onder een boom, waar de ufo twintig minuten boven bleef hangen, waarbij zo veel hitte vrijkwam dat de boom bezweek. Het blauwige licht scheen nog even over de boomstronk voor de ufo verdween. Dantes was op tijd uitgeweken naar een hek verderop.

1992, april. Bij het Washington Monument zag George Wingfield, tegen een stralend blauwe hemel, op zo'n 300 m hoog een kleine witte schotel door de lucht zweven, met in het spoor daarvan zeven minieme lichtpuntjes. Ook zijn twee vrouwelijke metgezellen zagen de schijf en een van hen maakte een foto. De ufo bleef slechts enkele minuten zichtbaar, maar er verschenen andere, die van richting veranderden, oplichtten en weer verdwenen. Tien minuten later verscheen er nog een ufo, die donker van kleur was en van vorm veranderde en een andere, horizontale koers volgde. 'Geen van deze ufo's leek op een vliegtuig of iets wat ons bekend was. Het was een bijna surreële ervaring. We waren alle drie volledig nuchter en klaarwakker. Het leek of deze objecten zich aan ons bewustzijn kenbaar wilden maken.'

1994, juni, Arad, Roemenië. Traian Crisan, een schaapherder, zag om 4 uur 's nachts een cirkelvormige ufo op 3 meter hoog boven een graanveld zweven. Door de enorme luchtdruk werd hij omvergeblazen; zijn schapen sloegen op de vlucht. Uit een deuropening in de ufo kwamen twee figuren met een baard en snor. Toen de ufo weer opsteeg, bleef er een graancirkel achter.

1994, september, Ruwa, Zimbabwe. Zo'n zestig kinderen in de leeftijd van vijf tot twaalf jaar maakten bij de leerkrachten van de Arielschool melding van een ufo die op het schoolterrein zou zijn geland. Toen de leraren gingen kijken, zagen ze uit het gelande voertuig vreemde wezens stappen, waar de kinderen later tekeningen van maakten. Na een kwartier vervaagden het 'ruimtevaartuig' en de wezens.

1994, Wuchang, China. De boer Meng Zhaoguo zag tegen een berghelling een metalige schittering. Toen hij op onderzoek uitging, verloor hij het bewustzijn. Toen hij weer bijkwam, zag hij een 3 meter lang vrouwelijk wezen met een naakt onderlichaam en twaalf vingers met wie hij geslachtsgemeenschap zou hebben gehad. Er werd hem verteld dat er over zestig jaar een hybride kind zou worden geboren.

2000, januari. Op verschillende plaatsen in de omgeving van Highland, Illinois, zagen dienstdoende politieagenten een driehoekige ufo aan de nachtelijke hemel die zich soms uiterst langzaam en dan weer zeer snel en volkomen geluidsloos voortbewoog. Andere getuigen maakten melding van heldere of zelfs verblindende lichten. De ufo bleef zo'n negen uur in de omgeving vliegen, op een hoogte tussen de 1000 en 2000 voet.

2000, mei, Warden, Zuid-Afrika. Inspecteur van politie Kriel maakte melding van een ufo die zo breed was als een vierbaans snelweg. De vliegende schotel met koepel zou hem in zijn auto tot twee keer toe zijn genaderd, waarna het weer verdween.

2001, april. Boven de kerncentrale bij Levice, Slowakije, was een helder verlichte, cirkelvormige ufo zichtbaar, die eerst het gebied rond een kort daarvoor gesloten reactor verkende en vervolgens naar een pas in gebruik genomen reactor vloog. Daar bleef hij volgens een nieuwsverslag op tv gedurende tien minuten op slechts 6 meter hoog boven zweven.

2004, juni. Nadat de Amerikaanse luchtmacht op radar ufo's had waargenomen die bij Antartica vanuit de oceaan leken op te rijzen, werden ter verkenning een aantal gevechtsvliegtuigen uitgezonden. De ufo's doken op en verdwenen telkens uit beeld, precies daar waar ze uit het water leken op te rijzen.

2006, november. Piloten van United Airline en enkele andere getuigen zagen boven gate C17 van het O'Hare Airport in Chicago, op 450 meter hoog, ruim onder een wolkenbank, een metalige schotel zweven. De ufo bleef tussen de vijf en vijftien minuten zichtbaar, waarna hij met hoge snelheid verdween en een strak omlijnde cirkel in het wolkendek achterliet, waarachter de blauwe lucht te zien was.

2007, april. Op zijn vlucht naar Alderney op de Britse Kanaaleilanden zag Ray Bowyer op 90 kilometer afstand twee enorme, heldergele ufo's in de vorm van dunne sigaren, omwikkeld met een zwarte band. Beide waren rond de 1,5 kilometer lang en werden ook door de passagiers aan boord waargenomen. Op de grond waren ze op radar zichtbaar.

2007, november, Dudley, West Midlands, Engeland. Getuigen zeggen een zwarte driehoekige ufo te hebben gezien met rode lichten aan de onderzijde. In 2010 werd eenzelfde ufo gezien.

2008, januari, Stephenville, Texas. Met zijn radarsnelheidsmeter wist een politieagent een laagvliegende ufo op te sporen. 'Ik richtte de radar omhoog en wist dat ik beet had toen de meter 45 km/u aangaf en de snelheid langzaam toenam. Ik wil dat mensen weten dat het de waarheid is wat getuigen beweren (…).'

2008, juni. In Wales vond een golf van ufowaarnemingen plaats. Een daarvan deed zich voor boven een RAF-basis waarbij een politiehelikopter werd ingezet. De driekoppige bemanning achtervolgde de helder verlichte ufo tot de brandstof dreigde op te raken.

2009, januari. Een van de wieken van een windmolen bij een windmolenpark bij Conisholme in het Engelse graafschap Lincolnshire raakte 's nachts door onbekende oorzaak zwaar beschadigd (zie rechts). Omdat rond die periode veel ufo's in de omgeving waren waargenomen, werd een botsing met een ufo als mogelijke oorzaak genoemd. Enkele tientallen getuigen hadden kort voor de klap bij het windmolenpark oranje lichtflitsen gezien.

2009, 21 juli. Toen de Russische marine inzage gaf in haar verslagen van ufovoorvallen, bleek dat de helft hiervan zich in of op de oceaan had voorgedaan. Zo was een kernonderzeeër door zes onbekende objecten achtervolgd. Eenmaal boven water ontpopten de achtervolgende vaartuigen zich als ufo's.

2009, oktober, RMCC-observatorium, Mounds, Oklahoma. Door vijf astronomen werd een ufo waargenomen die van vorm veranderde en aan de onderzijde door roterende lichten werd gekenmerkt. Het voorwerp verdween uit het zicht met een snelheid 'die geen enkel ons bekend vliegtuig of ander militair projectiel zou kunnen evenaren'.

2010, juli. Het Chinese nieuwsbureau Xinhua meldde dat het luchtvaartverkeer bij het vliegveld van Hangzhou een uur lang was stilgelegd nadat een ongeïdentificeerd vliegend object was waargenomen. Een nadere verklaring werd niet gegeven, maar een groot aantal inwoners van de stad die enkele uren daarvoor de ufo hadden waargenomen, omschreven hem als groot, langgerekt en helder verlicht.

Register

A

Aarde, aardmagnetisch veld 250-251; acupunctuur 100, 228; 'duivelsdriehoeken' 260-261; energieën 52-57, 100-101, 115, 116, 136-137, 192, 194, 216, 218, 220, 222, 224-233, 240-241, 247; geluidsgolven van de 306-307; geologie van de 248-249; grootcirkels 280-281; lichten 320-321; opmeting van de, in de oudheid 254, 282-287, 290-291, 300-301; *zie ook* qi

Aardeonderzoek en -metingen in het (verre) verleden 132, 153, 247, 254, 274-277, 282-285, 288-291, 305; en de gulden snede 302-303; en wichelen 188-189, 192

Aardmagnetisme, magnetische velden 67-68, 116, 226, 230-233, 249-251, 306, 312, 354-355

Aardrasters, geomantische 310-311; geometrische 260-269; natuurlijke 310-311

Aardse Takken (feng shui) 377, 380

Amphisbaena 42-43, 48, 50-51

Angelwatervallen 310-311

Angkor Wat 280, 292-293, 302, 310, 395

Antropisch principe 366-367

Apollo-Athenalijn 39, 52-53, 296-297

Apsu 10

Archeocryptologie 298-299

Asthenosfeer 304

Astronomische verbanden op archeologische vindplaatsen 120-123, 128-135, 158-161, 175

Athena 26

Aura's 354-355

Avebury 52, 162-163, 226, 252, 288, 296-297, 300, 393, 395

B

Ba Gua 92-93, 103-104, 378, 381, 382, 384; binnen het luopan 98-99, 109; Fu Xi en *Wen Wang* 94-95; in de *Yijing* 96-97

Baalbek 293, 300-301, 303, 305

Basilisk 40-41, 373

Beijing, plattegrond van 378-379

Beltane 128-129, 381; oriëntatie op 160-161, 252

Bermudadriehoek 260-261, 269

Bolbliksem 250, 320-321

Breuklijnen, geologische 101, 140-141, 248-249

Brodgar, ring van 160-161

Buitenaardse wezens 252, 312, 326-327, 330-331, 338, 340, 352-35, 360-361; ontmoetingen met 116, 334-337, 356-359; voorkomen 364-365; waar zijn ze? 362-363

C

Caduceus 42, 48, 50-52

Carnac (Bretagne) 140, 172-173, 293, 395

Chi: zie qi

Chichén Itzá 292-293, 298-299, 303, 395

Convergente evolutie 364-365

Cuzco 124, 294-295, 395

Cymatica 306-307

D

Dierensymboliek in Chinese mythologie 385

Draco 8, 26-27, 47

Draconcopedes 32-33

Draken, aarddraak 56-57; als vaandel 47; binnen de christelijke symboliek 24, 32-33, 42-45; Chinese en Japanse 18-19, 376; en het vrouwelijke 10-11, 14-15; Europese, naar land 370-375; in Amerika 22-23; in de alchemie 48-49; in de heraldiek 46-47; in heidense mythologie 7; in het landschap 20-21, 30-31, 52-54, 72-75, 80-81, 112, 136; oorsprong van 7-8; Welshe 46

Driehoeksmeting 274-277

Droompaden (*songlines*) 54

Dwaallichten 320-321

Dymaxionwereldkaarten 256-257

E

Einstein, Albert 304

Elfen 116-117, 138-139, 333, 336-337, 354; als archetypische visioenen 358-359

Elfenpaden 138-139, 170-171

Energielichaam 216
Enuma Elish 10
Equinox 65, 95, 377; oriëntatie op 128-131, 160
Ezechiëls visioen 322-323

F

Feng shui, het begrip qi 68-75; filosofie van 63-65; genezing of beperking van schadelijke qi 100-103; geschiedenis van 64-65; inrichting van het huis 106-107; oriëntatie in het landschap 78-83; tuinontwerpen 108-109; Vier Hemelse Geesten 78-79; vorm van bouwplek en huis 104-105; vormschool en kompasschool 82
Fermiparadox 362-363
Fuller, Buckminster 256-257, 266, 306

G

Gaia 7, 30, 266, 272
Geestespaden 146; *zie ook* lijkwegen
Genius loci 38
Geodesie 286-287, 298
Geomantie als westerse voorspelkunst 388-391
Geopathische stress 100-101, 270-271
Gizeh 267-268, 280, 282, 284, 287, 292-294, 296, 298, 300, 302, 305, 310-311, 395
Glastonbury 52, 252, 272, 278, 280-281, 392, 395
Gobeki Tepe 305, 395
Goncharov, Nikolai 262-263
Groene Man 7, 44
Grootcirkels 280-281, 282, 310
Grote Piramide 276, 282-283, 287, 298, 300-301, 302
Gulden snede 259, 270, 273, 302-303

H

Hapgood, Charles 390, 304
Hartmann- en Curryraster 270-271
Heinsch, Josef 122
Hemelse Stammen (feng shui) 377, 380
Hera 26
Herschel, William 326
Ho Tu en *Lo Shu* 86-88, 92, 94, 98-99, 382-384
Hydra 24-25

I

I Tjing: *zie* Yijing
IJstijd, alternatieve theorie m.b.t de 304-305
Imbolc 95, 128-129, 381
Ionosfeer 306

J

Jupiter 84, 89, 308, 377, 388-389; tempel in Baalbek 300

K

Kaarten, oude 290-291
Kennet Avenue 162-163
Kilauea 308, 310-311, 395
Kilmartinvallei 156-157
Kundalini 50-51

L

Ladon 26
Lammas 128-129
Landschap, geometrie van het 252-253, 272; dierenriemen in het 278-279
Leylijnen 52-53; Aboriginals (Australië) 54, 252; astronomische oriëntatie 120-121, 128-129; Belgische 176-177; Britse, een selectie van 392-394; Chinese 136-137, 252; definities van 115, 150-151; Duitse 122-123; en geestenpaden of spookwegen 146-147, 178-179; en geologische breuklijnen 140-141; Engelse 152-153, 158-159, 162-163, 164-165, 170-171, 174-175; Franse 140, 172-173; Ierse 166-167; in Midden- en Noord-Amerika 126-127; in Zuid-Amerika 124-125; langs kerken 154-155, 168-169; modern onderzoek naar 115-119; Nederlandse 178-179; Schotse 156-157, 160-161
Lhasa 305, 310-311, 395
Lichtbollen 354-355
Lijkwegen 142-143, 144-147, 164-165, 170, 172, 178-179, 394
Lintworm 34, 370-373
Lithosfeer 304
Loxodroom 288-289
Luopan (fengshuikompas) 64, 82, 84, 86, 96, 98-99, 377, 381-382

M
Machu Picchu 228, 280, 293-294, 395
Maes Howe 160-161
Makarov, Valery 262-263
Mauna Loa 310-311
Maya 22-23, 126, 292-293
Megalieten 162-163, 176-177, 252-253, 270, 288-289, 293, 295, 300, 305, 310, 312
Menhirs 172-173, 176-177
Meteorieten 28, 320-321
Metrologie 286-287
Michell, John 192, 252-254, 284, 296-297, 358
Ming ('lotsbestemming') 66
Ming Gua 384
Ming tang 71-72, 74, 78-79, 82, 105
Moedergodinnen 14-15, 26,32
Morozov, Vyacheslav 262-263

N
Nabta Playa 130
Nazca 124-125, 278, 280, 293, 302, 305, 310, 395, 397
Neptunus 308
Newark, aarden monumenten van 132-133, 298-299, 300-301, 395
Newgrange 120, 130, 166-167, 298, 395
Nulmeridiaan 282-283, 287, 290-293

O
Orkney-eilanden 160-161
Ouroboros 48
Oxford, kerkenleylijnen 154-155

P
Pinyin, uitspraak van het 385
Planetaire geometrie 308-309
Plato 284
Platonische lichamen 258-259, 266
Polen, verschuiving van de 304-305
Psychometrie 236-237

Q
Qi (feng shui) 68-76, 78, 82-84, 86-87, 90-94, 98-99, 105, 106-107, 377-378, 381, 383-384; schadelijke 100-104

Quetzalcoatl 22-23

R
Regenboogslang 54-55, 280-281, 310
Rollright Stones 296, 395
Roswell 330-331

S
Samhain 95, 128-129, 381; oriëntatie op 160-161, 252
Saturnus 84, 89, 308-309, 388-389
Shasta, berg 228, 310-311
Slang 8-10, 12, 16-17, 22-23, 30, 32, 34-37, 40-42; energiestromen 52-55; symboliek en mythologie 14-15, 26-27, 44, 48-51, 255; *zie ook* draken, lintworm, worm en wyvern
Slangenheuvel (Ohio, VS) 112
St.-Michaëlslijn 52-53, 252, 272-273, 278-279, 280, 293
St Michaël's Mount (Cornwall, Engeland) 227, 395
Steenkringen 1, 116, 120, 134, 162-163, 226-227, 254, 284, 296, 298
Stenness, stenen van 160-161
Stonehenge 26, 120-121, 130, 132-133, 158-159, 174-175, 226, 250-251, 272, 280, 286, 288, 293, 296-297, 305, 310, 312, 392-393, 395

T
Taoïsme, filosofie 66-67, 77; kosmologie 84-85
Tassili n'Ajjer 280, 323
Tellurische stromen 38, 44, 140-141, 220-221, 249-251; *zie ook* aarde (energieën)
Teudt, Wilhelm 123
Typhon 30

U
Ufo's 319, 322-325, 338-353; als archetypische visoenen 358-359; als bewust opgeroepen manifestaties 356-357; opmerkelijke waarnemingen 398-406

V
Veelhoekige constructies 294-295
Victoriawatervallen 310-311
Vijf Elementen 64, 87-89, 378, 381; in het landschap 90-91
Vliegende schotels 319, 328-329, 356, 358, 401

Vouivre 38-39
Vuurdraak 28-29

W
Washington, DC, ontwerp van 272-273
Watkins, Alfred 114-115, 116, 142, 150-153, 252
Westerse voorspelkunst 388-391
Wichelen, andere benamingen 190; definities van 185; geschiedenis van 186-193; in de mijnbouw 186-189, 192; instrumenten 196-201; naar ley- en energielijnen 224-229; naar water 65, 186, 192-193; op afstand 238-239; praktische toepassing van 200-223, 232-233, 236-237; zonder instrumenten 234
Wilmington, leylijn van 152-153
Witte Piramide (Xian, China) 302-303, 395
Worm 34-37, 370-374; *zie ook* lintworm
Wright, Thomas 326
Wyvern 36-38, 370-374

X
Xue 69-74, 78, 80-83

Y
Yggdrasil (noordse wereldboom) 12-13
Yijing 64, 67, 84, 95-97, 99, 382, 386-387
Yin en yang 76-77
York 168-169

Z
Zeus 30
Zodiak (dierenriem), in landschap 78, 278-279; in westerse voorspelkunst 391
Zonnejaar 128-129
Zonnewendes 128-129

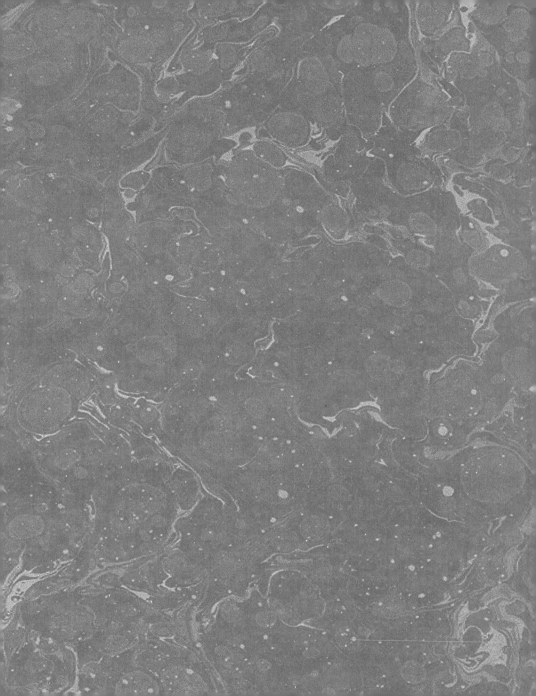